U0525102

国家社科基金青年项目"营商环境对中国企业全要素生产率影响的实证研究"(批准号：19CJL008)

Human Capital Quality and the
Growth of Total Factor Productivity:
Micro Evidence from China

人力资本质量与全要素生产率增长：
来自中国的微观经验证据

李 唐 著

中国社会科学出版社

图书在版编目（CIP）数据

人力资本质量与全要素生产率增长：来自中国的微观经验证据/李唐著．
—北京：中国社会科学出版社，2020.10
ISBN 978-7-5203-1776-4

Ⅰ.①人… Ⅱ.①李… Ⅲ.①人力资本—质量—关系—全要素生产率—增长—研究—中国 Ⅳ.①F249.21

中国版本图书馆 CIP 数据核字（2017）第 323426 号

出 版 人	赵剑英
责任编辑	田 文
责任校对	张爱华
责任印制	王 超

出 版	中国社会科学出版社
社 址	北京鼓楼西大街甲 158 号
邮 编	100720
网 址	http://www.csspw.cn
发 行 部	010-84083685
门 市 部	010-84029450
经 销	新华书店及其他书店
印 刷	北京君升印刷有限公司
装 订	廊坊市广阳区广增装订厂
版 次	2020 年 10 月第 1 版
印 次	2020 年 10 月第 1 次印刷
开 本	710×1000 1/16
印 张	15
字 数	211 千字
定 价	86.00 元

凡购买中国社会科学出版社图书，如有质量问题请与本社营销中心联系调换
电话：010-84083683
版权所有　侵权必究

目 录

引言 …………………………………………………………… (1)
  一 研究价值 ……………………………………………… (1)
    (一)问题的提出 ……………………………………… (1)
    (二)研究目的 ………………………………………… (3)
    (三)研究意义 ………………………………………… (6)
  二 研究综述 ……………………………………………… (11)
    (一)人力资本质量与全要素生产率关系的研究 ……… (12)
    (二)人力资本质量与企业全要素生产率的测评
        方法 …………………………………………… (17)
  三 研究路径与方法 ……………………………………… (23)
    (一)研究路径 ………………………………………… (23)
    (二)研究方法 ………………………………………… (24)
  四 研究内容、创新点与数据特色 ……………………… (25)
    (一)研究内容 ………………………………………… (25)
    (二)研究创新点 ……………………………………… (30)
    (三)数据特色 ………………………………………… (32)

第一章 人力资本研究的理论回顾 (34)

一 古典、新古典经济增长理论与人力资本概念的提出 (35)
  (一)古典经济学 (35)
  (二)新古典经济增长理论 (38)

二 内生经济增长与当代人力资本研究 (43)
  (一)内生经济增长理论 (43)
  (二)内生经济增长理论下的人力资本研究 (47)

三 人力资本对全要素生产率增长的作用及影响因素 (59)
  (一)人力资本对全要素生产率增长的作用 (59)
  (二)影响人力资本质量升级的制度和环境因素 (61)

第二章 新常态下中国企业全要素生产率的测算分析 (64)

一 研究背景 (64)

二 测算方法介绍 (66)
  (一)企业全要素生产率的主要测算方法 (66)
  (二)主成分分析与线性加总 (68)

三 企业全要素生产率的行业与地区变化 (70)
  (一)企业全要素生产率的行业分布 (70)
  (二)企业全要素生产率的地区分布 (74)
  (三)小结 (77)

第三章 人力资本质量与企业全要素生产率的异质性研究 (79)

一 研究背景 (79)

二 指标测算与计量模型 (82)
  (一)指标测算 (82)
  (二)计量模型设定 (84)

三 不同特征企业人力资本质量与全要素生产率的
　　统计 ·· (87)
　　（一）数据来源 ··· (87)
　　（二）描述性统计 ··· (89)
四 异质性的稳健性检验 ··· (99)
　　（一）OLS估计结果 ·· (99)
　　（二）工具变量法（IV）估计结果 ··························· (105)
　　（三）小结 ·· (112)

**第四章 企业家人力资本质量与全要素生产率增长：基于年龄
　　　　效应的分析** ··· (115)
一 研究背景 ·· (115)
二 指标选取与计量模型设定 ······································ (120)
　　（一）企业家年龄效应的指标选取 ·························· (120)
　　（二）企业全要素生产率的测算方法 ······················ (120)
　　（三）模型设定 ·· (121)
三 企业家年龄效应与全要素生产率的统计分析 ··········· (124)
四 企业家人力资本质量的年龄效应：因果测度 ··········· (133)
　　（一）OLS估计结果 ··· (133)
　　（二）3SLS估计结果 ·· (137)
　　（三）进一步的讨论 ··· (139)
　　（四）小结 ·· (141)

**第五章 专用性人力资本质量与生产效率改进：以技能
　　　　培训为例** ··· (143)
一 研究背景 ·· (143)
二 变量选取与计量模型建构 ······································ (148)
　　（一）参与技能培训的分类指标 ····························· (148)

（二）员工工资的测算方法 …………………………………（150）
　　　（三）识别策略 ……………………………………………（151）
　三　统计分析与实证检验 …………………………………………（156）
　　　（一）统计分析 ……………………………………………（156）
　　　（二）估计结果 ……………………………………………（158）
　　　（三）稳健性检验 …………………………………………（164）
　四　不同技能培训影响效应的异质性分析 ………………………（167）
　　　（一）不同类型技能培训的异质性影响 …………………（167）
　　　（二）平衡性检验 …………………………………………（173）
　　　（三）小结 …………………………………………………（176）

第六章　农民工人力资本质量与生产效率的提高：基于城镇化融合视角的实证分析 …………………………………（179）
　一　研究背景 ………………………………………………………（179）
　二　研究假说与计量模型 …………………………………………（183）
　　　（一）研究假说 ……………………………………………（183）
　　　（二）两阶段最小二乘法（2SLS）模型 …………………（185）
　三　农民工人力资本质量与生产效率的统计分析 ………………（187）
　四　因果效应检验 …………………………………………………（193）
　　　（一）OLS 估计结果 ………………………………………（193）
　　　（二）工具变量法（IV）估计结果 ………………………（197）
　　　（三）有限信息极大似然估计法（LIML）估计结果 ……（202）
　　　（四）小结 …………………………………………………（205）

第七章　政策建议 …………………………………………………（207）
　一　企业家能力升级的政策建议 …………………………………（209）
　　　（一）增强经济换血功能，鼓励企业正常退出 …………（209）
　　　（二）推动资本市场发展，促进企业治理能力优化 ……（209）

(三)避免政府"父爱主义"行为,打破企业家的制度依赖 …………………………………………………………… (210)
(四)弥补现有企业家群体的能力短板 …………… (211)
(五)加强企业家"创二代"培育,实现企业家精神代际传承 ……………………………………………… (211)

二 加快职业技术教育改革的政策思考 ………………… (212)
(一)加快推进教育财政支出向职业技能教育倾斜 …… (212)
(二)适应产业转型升级要求,合理教育资源布局 …… (213)
(三)建立完善的职业教育需求预测体系 ………… (214)

三 释放企业专用性人力资本投资活力的政策思考 ……… (214)
(一)推动企业实施效率工资,增强专用性人力资本投资积极性 …………………………………………… (214)
(二)构建完善的企业内部晋升渠道,减少专用性人力资本流失 …………………………………………… (215)
(三)通过企业文化的"隐性契约"建设,释放人力资本投资活力 …………………………………………… (215)

参考文献 ……………………………………………………… (217)

致　谢 ………………………………………………………… (233)

引　言

一　研究价值

（一）问题的提出

近年来，中国经济正处于"结构性减速"的关键发展期。随着低成本劳动力供给"刘易斯拐点"的到来，中国经济的"人口红利"渐趋消失，改革开放前30余年所依靠的低成本劳动力无限供给的比较优势已难以为继。据国家统计局公开数据显示，2011年以来中国16—59岁的适龄劳动人口已连续4年出现下降，劳动力供给从总体充裕逐渐转向短缺。与此同时，劳动力成本也处于不断上涨的趋势，2011年以来全国居民人均可支配收入的年均复合增长率高达10.84%，较同期宏观经济年均增速高出2.11个百分点。工资成本的快速上升，也给中国企业尤其是制造业企业的经营绩效形成了较大压力。一定规模以上的制造业企业所实现利润的增速，已从2011年的25.4%快速跌落到2015年的-2.3%。微观企业经营绩效的长期底部徘徊，造成宏观经济下行压力持续加大。近5年来，宏观GDP增速从2011年的9.2%逐渐下降到2015年的6.9%，潜在增长率在L型经济走势下持续探底。[①] 如何有效

[①] 以上数据根据《中国统计年鉴》《国家经济和社会发展统计公报》等公开统计数据进行整理。

对冲人口转型带来的劳动力成本上升压力，如何尽快实现中国经济从人力资源优势向人力资本优势转型，已成为中国经济能否成功跨越"中等收入陷阱"，进而实现均衡、稳健、有质量的中高速增长的内在要求。

围绕上述问题，国内经济学界进行了大量的理论和实证研究，也得出了若干有益的研究启示。学者们普遍发现，人力资本质量升级是对冲"人口红利"减退的有效方法，也是实现经济潜在增长率提升尤其是全要素生产率提高的重要手段（Fleisher and Chen，1997；蔡昉、王德文，1999；杨建芳等，2006；钱晓晔等，2010）。然而，由于数据限制，现有文献对于人力资本质量的测度并不统一。一方面，除受教育程度、适龄劳动人口总数等数量指标外，现有文献较少将工作经验、劳动者体能状况、技能构成、健康水平等质量因素纳入人力资本质量的测评，从而使人力资本质量的指标构建难以完整反映劳动力的真实状况（李海峥等，2014；李海峥、唐棠，2015）。由于测度误差的存在，国内文献对于中国人力资本质量的实证结论也存在较大差异。其中，较多学者发现，人力资本质量不高对中国长期经济增长动力产生了较为明显的负向效应，地区间和城乡间的人力资本质量差距对中国全要素生产率的提高产生了不利影响（钞小静、沈坤荣，2014；袁富华等，2015）。与之对应，较早的经验研究则发现，教育程度提高所引致的人力资本升级，对中国宏观经济的全要素生产率增长具有显著的促进作用。考虑到教育年限增长的因素后，劳动力投入对全要素生产率提高的贡献度将提高 79.4%（岳希明、任若恩，2008）。另一方面，由于高质量微观数据的缺乏，现有文献对于中国人力资本质量的研究，多集中于国际比较、跨国流动和区域分析等宏观维度（王立军等，2015；李杏等，2011；赵伟、汪全力，2006），来自中国的微观经验证据尤为不足。由于宏观计量分析难以规避"加总谬误""遗漏变量偏误"对参数估计结果的潜在影响，从而对现阶段中国人力资本质量升级与全要素生产率增长的实证关系难以做出科学推断。更为重要的是，人力资本质量从本质上说就是一个微观个体问题；而企业全要素生产率的增长变化则构成了宏观经济潜在增长率的重要微观基础。从微观层面对上述关系进行实证研究，不仅有助于厘清现阶段中国人力资本质量与全要素生产率的真实演化状况，更有利于展开人力资本质量与全要素生产率的分层研究，从而对如何提升人力资本质量进而实现全要素生产率的增长做出更具针对性的研究发现。为此，本书以《人力资本质量与全要素生产率增长：来自中国的微观经验证据》为题，系统运用经济学的研究方法，对上述主题进行多层次、多角度的理论和实证研究。

（二）研究目的

本书将围绕人力资本质量升级与企业全要素生产率的影响关系，逐一探讨我国人力资本质量升级与企业全要素生产率的变化状况、不同维度人力资本质量对于企业全要素生产率的影响效应、提升人力资本质量的政策与路径设计等问题。通过一手微观数据的系统运用，本研究将对中国人力资本质量与企业全要素生产率的问题展开深入剖析，并结合新常态下中国经济发展面临的新形势，对如何提升中国人力资本质量的问题，从政府、企业两个角度展开具体的政策与路径研究。在梳理和厘清这些问题的过程中，实现理论价值与实践价值相结合。

1. 理论目的

提升人力资本质量是我国经济转型升级的重要途径。经过30余年的高速发展，中国经济逐渐进入新一轮发展周期。在劳动力成本快速上涨的外部冲击下，宏观经济增速下行压力不断加大，GDP增速从2011年的9.2%逐渐下降到2015年的6.9%，L型经济走势下宏观经济的整体回暖仍未明朗；与此同时，国际市场需求持续疲软，出口增速从2011年的20.3%快速滑落到2015年的-1.8%；而多年来"稳增长"所依赖的需求管理政策，其边际收益也逐渐下降。低劳动力成本比较优势的衰减，使中国经济进入新常态的发展阶段。在"刘易斯拐点"面临转折并且"人口红利"趋于消失的背景下,中国通过劳动力在部门间的转移所获得的资源重新配置效应,以及劳动力无限供给所赢得的稳定的资本报酬效应,都将逐渐消失(蔡昉,2013)。正确引导新常态将有助于及时挖掘新的增长源泉,保持合理稳定的增长速度。在产业结构调整的过程中,人力资本的作用已经至关重要。当前,中国面临的紧迫任务是如何提高人力资本质量,依靠人力资本的积累保持长期可持续增长。

然而,由于高质量微观一手数据的缺乏,现有文献对于上述问题的研究仍有待深入。一方面,现有文献多将人力资本、人力资本质量与受教育程度视作相同的经济概念,对受教育年限、入学率对于地区经济发展以及微观个体经济回报率的影响效应展开了大量的理论和实证研究(陈维涛等,2014;钱雪亚等,2014;黄乾,2015;袁富华等,2015)。上述研究普遍发现,提高劳动者的受教育年限将显著提高地区发展水平和劳动生产率。总体而言,如果重视以受教育程度为代表的人力资本数量的提高,可以在未来为中国贡献约0.1个百分点的潜在增长率(蔡昉,2015)。但是,人力资本并非一个简单的数量概念,不同地区和年龄的出生人群尽管所受的教育年限可能相同,但在教学理念、教育内容和讲授方法上存在较大差异,即教育质量有可能存在较强的异质性。如果忽略人力资本质量因素的潜在影响,则有可能对人力资本的影响效应存在较为严重的估计偏差(姚洋、崔静远,2015)。部分文献也发现,地区劳动力人口的受教育程度差异并不足以充分解释我国地区的投资效率差异和人均GDP差距,"人力资本悖论"的背后,更重要的是未能充分测度以教育质量为代表的人力资本质量因素(杜两省、刘发跃,2014)。另一方面,现有文献对于学校教育等一般性渠道的人力资本积累给予了大量关注,但对于企业员工技能培训等专用性人力资本积累、合作交流等"隐性"人力资本积累的关注并不充分,这就造成现有人力资本质量升级的政策建议多集中于促进学校教育投资的政府层面,对于社会角度、企业角度的政策建议并未给予充分关注（胡浩志、卢现祥，2010；王建国、李实，2015）。

为此，本书参照现有国内外人力资本质量、全要素生产率的最新测度方法（李海峥、唐棠，2015；姚洋、崔静远，2015；王立军等，2015），对新常态下中国微观企业的人力资本质量、全要素生产率状况进行全面地统计测度与实证分析。通过对人力资本理论、微观全要素生产率测评模型的系统梳理，本研究对于人力资本质量、企业全要素生产率等核心概念进行了清晰的一般性理论界定，并构建了符合主流经济学范式的人力资本质量、企业全要素生产率指标的测算模型。在此基础上，结合新常态下中国经济大分化的发展趋势（程虹，2016），运用大规模一手调查数据，本书对人力资本质量对于企业全要素生产率的影响效应进行了稳健的实证检验，并对不同类型企业人力资本质量影响效应的异质性问题进行了分组的实证分析，进而为细分人力资本质量影响效应的实证研究和政策分析奠定理论基础。

2. 实践目的

现有政策分析对于人力资本积累的重要性已有较多关注，然而就人力资本质量提升对于经济增长的影响效应、不同分项人力资本对于投入—产出效率贡献度的异质性等问题缺乏针对性的定量分析。因此，现有研究的政策建议多停留在提高教育财政投入、推动地区与城乡之间教育公平等宏观视角，对于如何促进细分人力资本质量升级、如何加快劳动力关键性人力资本的高质量积累等问题，并未给予充分的重视。本研究则发现，现阶段中国企业的人力资本质量、企业全要素生产率状况存在较为明显的分化趋势。对于产能过剩严重、受制传统低成本发展模式而转型升级缓慢的地区和行业而言，人力资本质量、企业全要素生产率水平普遍较低，人力资本质量对于企业全要素生产率的贡献度也不高；而对于创新动能较强、转型升级较早的地区和行业而言，人力资本质量、企业全要素生产率水平相对较高，人力资本质量对于企业全要素生产率的贡献度也明显较高。即使对于相同的行业和地区而言，企业间的人力资本质量、全要素生产率水平也存在显著的差异。哪些因素对人力资本质量、企业全要素生产率的提升产生了重要影响？微观企业内部，企业家群体、管理层员工、一线员工的人力资本质量状况对企业全要素生产率又起到了怎样的影响作用？考虑到人力资本质量升级是一个全生命周期的投资过程（Jorgensen and Fraumeni, 1992），哪些人力资本质量升级政策对于其影响效应的发挥具有显著的因果效应？考虑到城乡户籍分隔所造成的劳动力市场分层状况，提高农民工的人力资本质量，对于其加深城镇融合、提高产出效率又具有怎样的影响？

为此，本研究选取企业家人力资本、员工技能培训等专用性人力资本、农民工交流合作能力等有代表性的细分人力资本质量领域，就细分人力资本质量对于企业全要素生产率的影响效应进行了细致的定量考察。基于工具变量法、倾向得分匹配法、三阶段最小二乘法等主流的因果效应识别策略，本部分对不同细分领域人力资本质量的经济效应展开了深入研究。在此基础上，本书针对性地提出了企业家能力升级、职业技能教育改革、优化现代企业治理结构等具体的人力资本质量升级政策。

（三）研究意义

1. "刘易斯拐点"下"人口红利"优势的消失

学界普遍认为，改革开放以来中国经济的高速增长的重要原因在于低成本劳动力的丰裕供给。通过农业部门剩余劳动力向二、三产业部门的大规模转移，中国的现代经济部门获得了大量低成本的普通劳动力，因而有效激发了中国经济前30余年快速增长的内生动力。一方面，非农就业比重持续上升，从1976年以前20%的历史均值快速上升到2010年的60%；劳动年龄人口与此同时也不断攀升，从1976年以前的56%增长到2010年的72%[①]。大量低成本劳动力涌入现代

---

① 根据《中国劳动统计年鉴》数据计算得来。

经济部门，使经济发展获得了充足的劳动力供给，并保证中国资本的边际收益长期保持在高水平，投资效率较高对全球 FDI 的对华转移具有了较强的吸引力，并进一步加强了先进生产技术通过"干中学机制"对我国的溢出效应（李扬、殷剑峰，2005；蔡昉，2008）。另一方面，"人口红利"尤其是人口抚养比较低的劳动力市场结构状况，使中国经济在前 30 余年的经济发展过程中消费率偏低，而储蓄率则较高。这对于中国走出资本匮乏的不发达状态，实现发展经济学"资本原教旨主义"所谓的资本宽化、资本深化十分重要（波金斯，2006），因而人口红利推动了中国资本积累的高速进程，劳动力与资本的有机匹配使中国经济高速增长的内生动力获得了有力支撑（殷剑峰，2006；殷剑峰，2012）。

然而，近年来随着中国人口老龄化的加剧和工业化进程的加深，人口红利渐趋消失。一方面，劳动年龄人口比重在 2011 年达到峰值之后，已连续 4 年出现下降，劳动力供给从整体丰裕逐渐向结构性短缺过渡；劳动年龄人口的下降，将造成人口抚养比攀升，从而使投资/储蓄率出现下降而消费率增长，对中国经济进一步的资本深化与现代经济部门资本有机构成的提高产生了不利影响（Cai, 2010；姚上海，2009；Wang and Nick, 2013）。另一方面，随着农业剩余劳动力非农转移的基本完成，"刘易斯拐点"已悄然到来。目前，现有文献发现，中国经济已基本越过"刘易斯拐点"的第一阶段，即随着农业剩余劳动力向非农部门转移的深化，无限低成本劳动力供给条件下农业部门的固定工资成本已经打破，农民工的工资水平正在快速上涨（张永丽、景文超，2012；王必达、张忠杰，2014）；加之农村劳动力老龄化问题的加剧，"刘易斯拐点"的第二阶段也在快速逼近，即中国经济即将全面完成农村剩余劳动力的非农转移，并实现现代经济部门与农业经济部门之间工资报酬的均等化。现有实证文献认为，至迟 2020 年以前中国即将越过"刘易斯拐点"的第二阶段（Nazrul and Kazuhiko, 2008；蔡昉，2011）。

因此，随着中国人口转型进程的加快，低成本劳动力比较优势将渐趋衰减。在此背景下，研究中国经济如何从劳动力数量优势转向人力资本质量优势，进而实现长期经济增长条件下比较优势的蝶化，就显得十分重要。

2. 人力资本质量升级对经济内生增长十分重要

多年来，学者们对于人力资本给予了持续性的广泛关注。改革开放以来，伴随教育水平与劳动力素质的大幅提高，中国经济实现了多年的持续增长。不少学者将人力资本作为解释这一增长奇迹的重要原因。边雅静和沈利生（2004）、姚先国和张海峰（2008）、宋家乐和李秀敏（2011）的研究都发现人力资本存量的增长对地区经济增长具有显著的促进作用。胡永远（2011）通过建立联立方程考察人力资本积累与经济增长的互动关系，研究结果表明人力资本增长与经济增长之间存在同向变化特征。考虑到产业结构的动态演进因素，周少甫等（2013）则进一步发现，人力资本对于产业结构优化升级、经济增长具有显著的促进作用。人力资本存量的增加，有利于地区产业结构优化升级，并对经济增长具有额外的边际贡献。综上所述，现有文献普遍认为，人力资本是中国经济内生增长的重要引擎。

近年来，学者们将研究视角进一步深入到人力资本的质量层面，实证考察人力资本质量差异对于经济增长的影响效应。考虑到不同年龄、不同地区的劳动者即使在受教育年限上相同，但是由于学校教育的教学理念、教育内容和讲授方法上存在较大差异，人力资本质量有可能存在异质性。运用 J－F 终生收入法和当期收入法，李海峥等（2010，2013，2014）、李海峥和唐棠（2015）对人力资本质量与地区经济增长的关系进行了长期的实证研究。结果发现，中国的人力资本质量存在较为显著的异质性，东部地区的人力资本质量显著高于西部和中部，并且地区差异还在不断扩大；地区间农村劳动力的人力资本质量差异要大于城镇劳动力的人力资本质量差异，但是地区间城镇劳动力的人力资本质量差异扩大速度更快。通过对人力资本质量与地区经济增长的实证检验，现有文献发现：在控制人力资本数量因素后，人力资本质量因素对于地区经济增长具有额外的边际影响，人力资本质量差异是地区经济差距的重要解释变量，人力资本质量使人力资本对于经济增长的解释力度将提升10—20个百分点。因此，基于宏观数据，学者们发现：人力资本质量对于经济内生增长具有十分重要的促进作用。考虑到新常态下中国劳动力成本快速上涨的客观事实，对有效对冲劳动力成本上升的不利影响，我们需要研究如何加快提升劳动力的人力资本质量，从而为中国经济稳定在中高速增长的合理区间提供充足的内生动力。

3. 新常态下中国人力资本质量亟待升级

基于"中国企业—员工匹配调查"的长期观测，笔者发现新常态下中国经济转型升级面临的关键问题在于人力资本质量水平不高，从而造成中国经济投入—产出效率整体不高，产业结构未能摆脱质量阶梯低端的低附加值陷阱。根据质量阶梯理论的理解，以人力资本为代表的生产要素投入的质量提升是长期经济增长的重要基础。人力资本质量水平的提升，既反映了最终产品的垂直创新状况，本身也是全要素生产率改善的重要源泉。从供给侧来看，如果一个企业的人力资本质量越高，则该企业的质量阶梯越长，即最终产品质量改善的空间也越大。在市场出清条件下，高质量产品的消费替代弹性要低于低质量产品。因此，人力资本质量的有效改进将推动企业在最终产品市场中议价能力的提高，实现"优质优价"并最终提高全要素生产率。近年来，随着中国迈入人均GDP 7000美元的中等收入国家行列，传统低劳动力成本比较优势已难以为继，通过提升人力资本质量增强经济可持续发展动力，更显得尤为迫切。然而，调查数据表明，我国企业人力资本的现有质量仍整体偏低，难以对冲要素成本上升引致的经济增速下行压力。

表0.1给出了2015年首次调查的工资成本状况与劳动生产率情

况，对全部受访企业2013—2014年两年的平均工资成本与劳动生产率的变化情况进行了描述性统计。结果发现，企业平均工资成本从2013年的6639万元增长到2014年的7454万元，年均增速高达13.83%；而劳动生产率则从2013年的10.78万元/人增加为2014年的11.65万元/人，年均增速仅为同期工资成本增速的58.56%。这表明，劳动力要素质量的改善幅度难以对冲劳动力要素成本的上升压力。同时，通过对全部受访员工教育程度和技能结构的进一步考察，2015年首次调查发现，当前我国劳动力的受教育程度绝大多数仍为高中及以下，占全部4988名员工样本的75.9%，大专及以上的高素质劳动力占比仅为24.1%。这说明，我国劳动力的人力资本仍然处于一个较低的水平。图0.1的统计结果则进一步表明，全部劳动力受访样本中，2014年末具有职业资格证书的劳动者仅占10.29%，接受过专业技能培训的员工也仅为25%。考虑到自2011年开始我国16—60周岁适龄劳动人口连续4年下降的严峻现实，我国企业在劳动力要素的供给侧方面，不仅遭受劳动力供给数量短缺的困扰，也面临劳动力供给质量整体偏低的挑战。

表0.1　2015年CEES调查受访企业的平均工资成本与劳动生产率

	2013年	2014年	同比增长率
平均工资成本（万元）	6639	7454	13.83%
劳动生产率（万元/人）	10.78	11.65	8.1%

注：根据2015年"中国企业—员工匹配调查"统计数据进行整理。

2016年调查发现，中国人口红利的消失趋势正在加快。2014年我国企业劳动力平均年龄为36.27岁，2015年劳动力年龄则进一步提高为36.45岁。上述指标表明，我国年轻型劳动力结构已不复存在，劳动力老化现象日趋严重。与此同时，我国企业的人力资本质量并未得到有效改善，人力资本质量亟待升级。对于全部受访企业而

[图表：2015年受访员工拥有职业资格证书与接受培训的占比情况

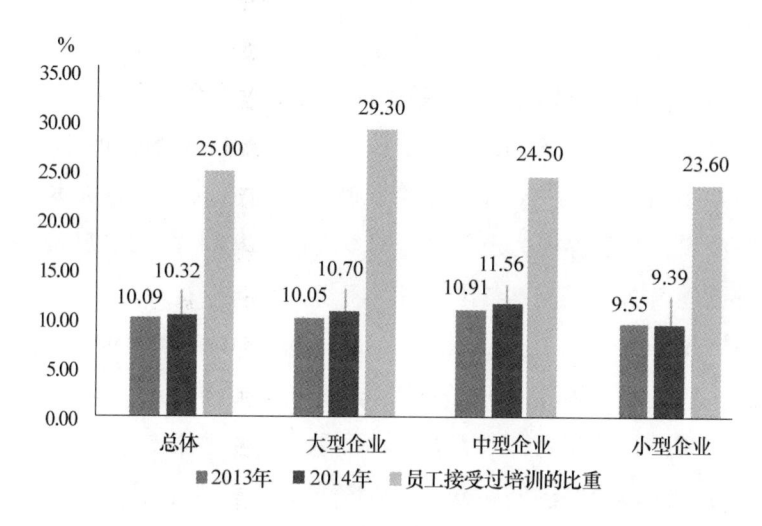

- 总体：2013年 10.09，2014年 10.32，员工接受过培训的比重 25.00
- 大型企业：2013年 10.05，2014年 10.70，员工接受过培训的比重 29.30
- 中型企业：2013年 10.91，2014年 11.56，员工接受过培训的比重 24.50
- 小型企业：2013年 9.55，2014年 9.39，员工接受过培训的比重 23.60]

图0.1 2015年受访员工拥有职业资格证书与接受培训的占比情况

言，2014年员工平均受教育年限为11.09年，2015年上述指标保持在11.08年。这表明，我国劳动力的受教育年限仍在低水平上保持稳定。

因此，加快推动我国人力资本质量升级，对于增强新常态下经济增长的内生动力，促进经济发展方式从"要素驱动"转向"全要素驱动"，具有十分重要的研究意义。

二 研究综述

本书以《人力资本质量与全要素生产率增长：来自中国的微观经验证据》为题，分别就人力资本质量对于企业全要素生产率的影响效应、不同细分人力资本质量与企业全要素生产率的影响等进行分析和论证。因此，为与本书论证分析的角度相匹配，本书在研究综述部分，将就人力资本质量与全要素生产率的影响关系、人力资本质量与企业全要素生产率的测评方法等问题分别对国内外现有经济学文献进行梳理。[①]

(一) 人力资本质量与全要素生产率关系的研究

人力资本理论，是由美国著名经济学家 T. W. Schultz 首创的。1960年，其在就任美国经济学会会长时所发表的《论人力资本投资》的就职演说，被学界视为现代人力资本理论的开端。自此以后，人力资本理论逐渐引起了世界各国学者的密切关注与重视。人力资本研究自从由 Schultz (1964)、Becker 等 (1965) 和 Mincer (1974)[②] 开创以来，一直是经济学界的研究热点。经过几十年的发展，学者们对人力资本的研究日益深入，对人力资本质量和全要素生产率的关系认识日益清晰。从转变经济发展方式的角度，我们可对人力资本质量的重要作用及其相关文献做如下的梳理：

第一，人力资本质量与技术进步和全要素生产率的关系研究。人力资本作为知识和技能的凝结体，具有正外部性，表现为现实经济中知识的传播和技术的扩散。因此，人力资本的外部性是推动经济长期增长的重要源泉。对这一思想，Lucas (1988)[③] 开创性地进行了规范表达。在他的模型框架中，平衡增长路径下人均产出的增长率等于人均人力资本的增长率，人力资本积累及其质量升级是全要素生产率提高的基础，也是长期经济增长的源泉。同时，他进一步指出，由于人力资本外部性的存在，微观决策者进行人力资本积累和人力资本质量提升时无法获取其全部收益，因此，基于微观、分散决策下的人均人

[①] 绪论部分，我们就人力资本质量与全要素生产率、人力资本质量与企业全要素生产率的测评方法等问题进行总体角度的文献评述，对人力资本理论现有文献的详细评述将在第二章展开。

[②] Schultz Theodore, *Transforming Traditional Agriculture*, New Haven: Yale University Press, 1964; Becker Gary S. and Robert J. Barro, "A Theory of the Allocation of Time," *Economic Journal*, Vol. 75, 1965, pp. 493 – 517; Mincer J., *Schooling, Experience, and Earnings*, New York: Columbia University Press, 1974.

[③] Lucas Robert E., "On the Mechanics of Economic Development," *Journal of Monetary Economics*, Vol. 22, 1988, pp. 3 – 42.

力资本增长率的竞争性均衡解要小于社会福利最优水平。所以,政府有必要在政策措施上推动人力资本积累和人力资本质量升级。通过引入人力资本外部性的理念,Lucas(1988)对人力资本积累和技术进步以及长期增长的关系进行了表达,但是他并未就人力资本积累和质量升级对于技术进步的影响机制进行详细讨论。而且,近年来的一些实证研究也对人力资本外部性的存在产生了质疑。Acemoglu 和 Angrist(2000)[1] 和 Duflo(2001)[2] 等实证文献表明:从局部劳动力市场(local labour market)来看,人力资本外部性并不显著。

从内生技术进步的角度,Romer(1990)[3] 探讨了人力资本质量升级对技术进步的影响。他指出,人力资本是知识生产部门的重要投入要素,人力资本质量升级推动了内生的技术进步,而后者是一国经济长期增长的源泉。然而,对于作为技术引进者的发展中国家而言,对外生技术的引进、消化和吸收在相当长的时间内比自主创新更为重要。人力资本质量升级对技术扩散的影响机制如何?对这一问题的探讨,是人力资本研究的又一重点和难点。

Nelson 和 Phelps(1966)[4] 首次就人力资本质量升级和技术扩散的关系进行了探讨。他们认为,人力资本不仅具有增进全要素生产率的作用,更可使工人足以应付新技术和变化。因此,人力资本质量提升可以使更多外生技术的引进成为可能,更高质量的人力资本有助于吸收更多前沿技术,从而加快本国的经济增长。Nelson 和 Phelps

---

[1] Acemoglu Daron and Josh Angrist, *How Large are Human Capital Externalities? Evidence from Compulsory Schooling Laws*, in NBER Macroeconomics Annual 2000, Cambridge: MIT Press, 2000, pp. 9 – 59.

[2] Duflo Esther, "Schooling and Labor Market Consequences of School Construction in Indonesia: Evidence from and Unusual Policy Experiment," *American Economic Review*, Vol. 91, No. 4, 2001, pp. 795 – 813.

[3] Romer Paul M., "Endogenous Technical Change," *Journal of Political Economy*, Vol. 98, No. 1, pp. S71 – S102.

[4] Nelson Richard R. and Edmund S. Phelps, "Investment in Humans, Technological Diffusion, and Economic Growth," *American Economic Review*, Vol. 56, 1966, pp. 69 – 75.

(1966)的这一思想是重要的,为Benhabib和Spiegel(2005)①、Aghion和Howitt(1998)②和Howitt和Violante(2003)③等文献继承,并得到了部分实证研究的证实。例如Foster和Rosenzweig(1995)④表明,教育程度更高的农民更有可能采用农业新技术和良种。

从适宜技术的角度,Acemoglu和Zilibotti(2001)⑤探讨了人力资本质量升级对于外生技术吸收效率的影响。他们指出,外生技术是根据发达国家的高质量人力资本水平情况而研发的,并未考虑到发展中国家人力资本质量偏低的要素禀赋。因此,即使外生技术可以完全的跨国扩散,由于人力资本水平和外生技术的不匹配,发展中国家对于外生技术的使用存在效率损失,并且这种效率损失可以较大程度地解释跨国的收入差距。因此,人力资本积累对提高技术吸收能力、促进技术进步至关重要。但是,相关实证研究都是从人力资本数量角度出发,并未对人力资本质量和技术进步与经济长期增长的关系进行研究。这就无法解释如下疑问:为什么人均受教育年限最高的东欧地区,其人均产出与发达经济体相比仍存在很大差距?

或许,人均受教育年限并不是人力资本的良好表征量,人力资本的差异不仅体现在受教育年限的差别上,还体现在一生教育投入的多

---

① Benhabib Jess and Mark M. Spiegal, *Human Capital and Technology Diffusion*, in Philippe Aghion and Steven Durlauf (editors), *Handbook of Economic Growth*, Amsterdam: North Holland, 2005, pp. 935 – 966.

② Aghion Philippe and Peter Howitt, *Endogenous Growth Theory*, Cambridge: MIT Press, 1998.

③ Aghion P., Howitt P. and Violante G., *Wage Inequality and Technological Change: A Nelson-Phelps Approach*, in P. Aghion, R. Frydman, J. Stiglitz and M. Woodford (editors), Knowledge, Information, and Expectations in Modern Economics, Princeton: Princeton University Press, 2003, pp. 443 – 461.

④ Andrew D. Foster and Mark R. Rosenzweig, "Learning by Doing and Learning from Others: Human Capital and Technical Change in Agriculture," *Journal of Political Economy*, Vol. 103, No. 6, 1995, pp. 1176 – 1209.

⑤ Acemoglu Daron and Fabrizio Zilibotti, "Productivity Differences," *Quarterly Journal of Economics*, Vol. 116, No. 1, 2001, pp. 563 – 606.

寡上。Ben Porath（1967）①首次从人力资本质量的角度做出了解释。在他们的劳动力市场局部均衡模型中，人力资本投资在一生的周期中进行，而不再由学校教育年限决定。因此，生命周期中人力资本投资总和最高的个人可以获得更高的人力资本，从而获得更高的收入。Manuelli 和 Seshadri（2005）、Guvenen 和 Kuruscu（2007）②等则借鉴了 Ben Porath 的这一思想，探讨了人力资本质量和跨国收入差距之间的关系。他们认为，在职培训投资的差异会对人力资本造成无法测度的差异，这使得人力资本质量在跨国间存在差异，从而对技术进步和人均产出造成影响。然而，他们对于人力资本质量的研究仍然存在局限，他们的方法仅仅捕捉到了部分的人力资本质量差异。Caselli（2005）③认为，以这种方法测度的人力资本质量差异无法显著提高人力资本积累对于全要素生产率增长的贡献度。

第二，人力资本质量升级和劳动生产率及企业全要素生产率的关系研究。Mincer（1974）和 Ben Porath（1967）的劳动力市场局部均衡模型表明：人力资本积累促进了劳动者技能水平的提升，提高了劳动力的边际产出，从而提高了均衡工资水平，并进而对企业全要素生产率的增进产生影响。因此，人力资本投资对工资报酬具有正向的影响，而且这种关系得到了实证研究的验证（James Rauch，1993；Card，1999④）。而且，文献表明：提高一年的受教育年限平均而言会

---

① Ben Porath Y., "The Production of Human Capital and the Life Cycle of Earnings," *Journal of Political Economy*, Vol. 75, No. 1, 1967, pp. 352 – 365.

② Manuelli Rodolfo and Ananth Seshadri, *Human Capital and the Wealth of Nations*, Mimeo: University of Wisconsin-Madison, 2005; Guvenen F. and Kuruscu B., "A Quantitative Analysis of the Evolution of the US Wage Distribution: 1970 – 2000," *NBER Working Paper*, No. 13095, 2007, pp. 1 – 49.

③ Caselli F., *Accounting for Cross-Country Income Differences*, in Aghion Philippe and Steven Durlauf (editors), Handbook of Economic Growth, Amsterdam: North Holland, 2005, pp. 680 – 743.

④ James Rauch, "Does History Matter Only When It Matters Little? The Case of City-Industry Location," *Quarterly Journal of Economics*, Vol. 108, No. 3, 1993, pp. 843 – 867; Card D., "The Casual Effect of Education on Earnings," in Ahenfelter Orley and Card D. (editors), *Handbook of Labor Economics*, Vol. 3A, Amsterdam: North Holland, 1999, pp. 1801 – 1863.

使工资报酬增长6%到10%（Card，1999）。因此，人力资本积累在促进劳动者报酬提升和扩大内需方面具有重要的作用；重视人力资本积累有助于中国经济从过度依赖外需的出口导向型经济向以内需为主的经济的转型。但是，上述理论关系是从无摩擦的完全竞争环境出发做出的；考虑到不完全竞争和市场扭曲，结论将发生变化。Acemoglu（1997）[1] 研究了在不完全竞争的劳动力市场环境下劳动者对工资的谈判能力强弱对人力资本质量升级和工资报酬的影响。在不完全竞争的劳动力市场下，均衡工资和均衡利率不再由人力资本和物质资本的边际产出决定，而是由总产出的分成比例决定，而分成比例的高低取决于劳动者对工资的谈判能力。谈判能力越弱，工资水平越低，人力资本投资的私人回报率越低，这反过来又会影响劳动者对于人力资本质量升级的意愿。因此，市场扭曲将会削弱人力资本质量升级对于工资报酬和企业全要素生产率的增进作用。这一理论视角对于分析当前中国在促进人力资本质量升级和提高劳动报酬方面面临的制度障碍也具有一定的借鉴意义。

此外，一些文献还从人力资本和物质资本具有互补性的视角探讨了人力资本质量升级对于全要素生产率增长的重要意义（Katz and Autor，2000[2]）。他们认为，单纯重视物质资本积累的政策做法忽略了人力资本和物质资本在生产过程中具有互补性关系的现实，因而无法使经济增长达到均衡路径。要想获得持续、均衡的增长，人力资本积累和物质资本积累必须保持一个均衡的比例。这支研究文献为我们重视人力资本积累，转变过去过度依赖物质资本投资和基础设施建设的增长模式提供了一定的启示。

总的来说，从20世纪90年代以来，关于人力资本质量的研究在

---

[1] Acemoglu Daron, "Training and Innovation in an Imperfect Labor Market," *Review of Economic Studies*, Vol. 64, No. 3, 1997, pp. 445 – 464.

[2] Katz L. F. and Autor D. H., *Technological Change, Computerization and the Wage Structure*, Boston: Harvard University Press, 2000.

国内外经济学界逐渐形成热潮。在人力资本质量与全要素生产率的关系研究中，学者们普遍认为：与其他物质资本相比，人力资本具有收益递增作用，是全要素生产率提升与经济持续增长的重要源泉。此外，国内外大量的实证研究也表明，一个国家和地区的人力资本投资和人力资本质量对于该国或该地区的经济发展具有重要和积极的作用。应该看到，经济学界对于人力资本与长期经济增长关系的现有研究成果十分丰富，对本书系统分析人力资本对长期经济增长的作用，研究人力资本在促进经济增长方式转变中的关键作用提供了丰富的理论营养；但是，上述研究主要是从发达国家情况出发得出的结论，并未考虑中国经济的特殊制度环境，尤其是并未考虑中国经济在促进人力资本质量升级和促进全要素生产率增长方面所面临的劳动力市场层面的特殊制度障碍。同时，由于来自中国企业—员工匹配性数据的缺乏，从微观角度对中国人力资本质量与企业全要素生产率的关系的实证研究，现有文献也并不多见。

(二) 人力资本质量与企业全要素生产率的测评方法

1. 人力资本质量的测评方法

人力资本是凝聚在劳动者身上能够创造个人、社会和经济福祉的知识、技能和能力，是劳动力素质的体现（Schultz, 1961; Becker, 1964）。人力资本作为技术创新、经济增长和可持续发展的动力及源泉（Lucas, 1988; Romer, 1990; Mankiw, et al., 1992），对中国经济增长和地区经济发展的作用日趋显现。国内学者对中国人力资本的研究集中讨论了其对经济发展的影响，发现人力资本对中国地区经济发展有显著的影响（Fleisher and Chen, 1997; 蔡昉、王德文，2008; 杨建芳等，2006; 钱晓晔等，2010）。Li 等（2015）发现，中国内陆与沿海地区收入差异中，人力资本的贡献率达到 50% 以上，表明人力资本是造成地区间经济发展和收入差异的主要原因。然而，受到技术和数据条件的制约，人力资本的综合度量仍然是尚待解决的难题。许多研究采用特征法建立人力资本指标体系，例如将受教育程度、升学率等作为人力资本度量的指标，忽视了特征值之外人力资本中的人力资本质量因素，例如学前人力资本、教育质量、工作经验质量、健康等。李海峥等（2010，2013，2014）J – F终生收入法（Jorgenson and Fraumeni，1989；1992）构建了一套中国人力资本综合度量的国家和省级面板数据，该方法考虑了劳动者终生所创造的劳动价值。目前该指数已完成了中国31个省份的人力资本存量面板数据的构建，结果显示劳动力人力资本（16—59岁的就业人口）的地区差异在1985—1999年逐渐缩小，在1995年之后东部与中部和西部的差异则逐渐拉大。人力资本的地区差异不仅仅体现在总量上，更重要的一方面反映在质量上，目前对基于人力资本质量（即特征法所难以度量的人力资本部分，简称劳动力质量）问题，还没有太多深入的研究。

在此基础上，李海峥和唐棠（2015）、姚洋和崔静远（2015）等学者参照J – F终生收入法、即期收入法（Hendrick，2002）、教育指标法（岳书敬，2008），提出了针对中国人力资本质量的测评方法。基于本研究报告所使用微观数据的短面板特征，本研究参照即期收入法（Jones，2008；Bagger et al.，2014）的模型设定方式，采用企业员工平均受教育年限表示的文化知识水平、企业员工平均从业年限表示的技术熟练程度、平均周工作时长表示的劳动强度三个维度，测算企业的人力资本质量。该测算方法的优点在于能够综合衡量劳动者体能（劳动强度）、文化知识水平（受教育程度）和技术经验（技术熟练程度）对劳动者工作及创新能力的影响。

首先将人力资本质量（Q）变量引入扩展后的C – D生产函数：

$$Y = A(QN)^{\alpha}K^{\beta}, \alpha + \beta = 1 \qquad (0-1)$$

其中，Y、A、N和K分别表示产出、生产技术、员工人数和资本存量，α、β分别为劳动投入和资本产出弹性。根据现有文献的思路，本报告在实际测算过程中分别采用各企业的工业总产值、企业员工人

数和中间投入作为 Y、N 和 K 的代理变量。人力资本质量 Q 的设定形式如下：

$$Q = Se^{\lambda_1 M + \lambda_2 H} \qquad (0-2)$$

其中，S 表示劳动强度（企业员工相对于每周 40 小时的工作时长）；M 表示工龄代表的劳动熟练程度（企业员工的平均工作年限）、H 表示教育形式的一般人力资本水平（企业员工的平均受教育年限）。上述变量均根据本次调查各受访企业随机抽取的员工样本取算术平均值。λ_1 和 λ_2 分别为劳动熟练程度、人力资本水平系数。将式（0-2）代入式（0-1）并对等号两边取自然对数值，最终可获得式（0-3）：

$$\ln(\frac{Y}{SN}) = \ln A + \beta \ln(\frac{K}{SN}) + \alpha \lambda_1 M + \alpha \lambda_2 H, \alpha + \beta = 1 \qquad (0-3)$$

通过对式（0-3）进行回归检验，我们可求出 λ_1 和 λ_2 参数估计值，并将两者代入式（0-2）完成人力资本质量（Q）的数值测算。

2. 企业全要素生产率的测评方法

对生产率的测算是很多实证研究的基础，它通常被解释为总产出中不能由要素投入所解释的"剩余"。这个"剩余"一般被称为全要素生产率（TFP），它反映了剔除资本、劳动等生产要素投入对决策单元产出增长贡献之后投入—产出效率自身改善的程度，不仅包含技术进步对产出增长的贡献，也包含许多没有体现在生产函数中但对产出增长有实质性贡献的因素，比如生产规模的优化、管理效率的改善等（鲁晓东、连玉君，2012）。

与国家和地区等宏观决策单元不同的是，企业作为微观市场主体的生产决策行为更具确定性，其技术水平在某种程度上是可以事前认知的，企业往往根据已知的技术水平再选择合适的要素投入水平。因此，由于难以联立性偏误和选择性偏差等问题，传统的增长核算法和增长率回归法（索洛余值法）等宏观全要素生产率的测算方法由于存在残差项与回归项的高度相关而不适用于微观企业全要素生产率的计算（鲁晓东、连玉君，2012）。为解决上述问题并基于研究问题的适用性，本研究报告参考主流实证文献的做法，分别采用时间序列的 DEA 方法、随机前沿模型（SFA）和 Levinsohn-Petrin 一致半参数估计法（Levinsohn & Petrin，2003）等测算方法对企业全要素生产率进行指标计算。

（1）时间序列的 DEA 方法

本章首先基于时间序列 DEA 的 Malmquist 生产率指数对企业全要素生产率进行了测算。该模型是一种基于非参数估计的数据包络分析方法，其基本思路是，根据各个观测单元的数据，利用线性规划技术将有效单元线性组合起来，构造出一个前沿的生产面。从而在给定投入条件下，各个单元的实际产出与该前沿生产面之间的距离就测量了生产的效率（夏良科，2010）。上述方法优点在于无须预先设定生产函数，从而规避了因错误的函数形式所带来的问题。在具体做法上，$y_t \in R$ 表示在 t 时期的产出，$x_t \in R^m$ 表示用于生产 y_t 的 m 中投入的向量。假设有一个包含 n 个投入和产出观测值的时间序列数据集 $S = \{(y_t, x_t) : t = 1, \cdots, n\}$，并假设存在一个单调递增的凹函数 $f : R^m \to R$ 以及参数 $\theta_t \in R$、$A_t \in R$ 和 $V_t \in R^m$。我们可以得到生产技术：

$$y_t = f(\theta_t A_t (x_t - V_t)) \quad t = 1, \cdots, n \quad 0 \leq \theta_t \leq 1 \quad (0-4)$$

$$A_1 \leq A_2 \leq \cdots \leq A_n = 1 \quad x_t \geq 0 \quad V_t \geq 0 \quad (0-5)$$

其中，方程中 V_t 表示投入要素松弛向量。A_t 代表技术进步指数，在期末 $t = n$ 标准化为 1。参数 θ_t 测度是在时间 t 所有要素投入使用情况的总体技术效率（overall technical efficiency）。时间序列的 DEA 方法就是在技术进步率（$\dot{A}_t$）非递减的约束条件下，通过线性规划测算每一个企业在 t 期实际的技术进步指数（$A_{jt}, j = 1, \cdots, N$）和给定生产技术条件下要素投入利用效率（$\theta_{jt}, j = 1, \cdots, N$）与最佳生产实践边界（$A_n = 1$，$\theta = 1$ 和 $V = 0$）的相对距离，分别得到第 j 个企业在第 t 期的技术变化指数（TC_{jt}）和效率变化指数（EC_{jt}）。因此，在时间序列的 DEA 模型下，第 j 个企业第 t 期的全要素生产率（TFP_{jt}）可以表示为技术变化指数（TC_{jt}）和效率变化指数（EC_{jt}）的乘积：

$$TFP_{jt} = TC_{jt} \times EC_{jt} \quad j = 1,\cdots,N \quad t = 1,\cdots,n \quad (0-6)$$

在具体指标选取上,本研究根据现有文献的通常做法,采用工业中间投入(intermediate_good)、年末员工人数(labor)作为要素投入变量,以工业总产值(gross_value)作为产出变量来测算企业的全要素生产率(夏良科,2010;陆雪琴、文雁兵,2013)。考虑到企业工业总产值在填报过程中容易存在统计定义不清晰、计算口径不一致的质量问题,我们采用"工业总产值=主营业务收入+期末存货-期初存货"的会计准则进行数据清理,本次调查,对主营业务收入、期末存货和期初存货指标也进行了搜集。对于主营业务收入、期末存货存在缺失的部分企业样本,工业总产值则采用销售收入与期初存货的差额作为近似替代(李唐等,2016)。

(2) 随机前沿模型(SFA)

随机前沿模型(SFA)是现有文献测算企业全要素生产率所普遍应用的一种参数估计方法。与 DEA 方法相比,SFA 方法通过具体的生产函数模型设定,从而使得全要素生产率的测算过程更具经济学含义,并且通过组合误差中的随机扰动项保留了环境影响因素的作用,较之DEA 方法更符合现实情况(张建波、张丽,2012)。同时,SFA 方法也具有测算结果与生产函数模型设定较为敏感的缺陷。在具体做法上,本研究借鉴现有文献(Kumbhakar,2000;涂正革、肖耿,2005),采用基于超越对数形式(trans-log)形式的时变生产函数(time-varying)作为前沿生产函数,将其作为衡量企业投入—产出效率变化的基准:

$$\ln Y_{jt} = \beta_0 + \beta_1 \ln K_{jt} + \beta_2 \ln L_{jt} + \beta_3 t + \beta_4 \frac{1}{2}(\ln K_{jt})^2 + \beta_5 \frac{1}{2}(\ln L_{jt})^2$$
$$+ \frac{1}{2}\beta_6 t^2 + \beta_7 \ln K_{jt} \ln L_{jt} + \beta_8 t \ln K_{jt} + \beta_9 t \ln L_{jt} + (v_{it} - u_{it})$$

$$(0-7)$$

其中,K_{jt} 和 L_{jt} 分别表示第 j 个企业在第 t 期的资本与劳动投入,$\varepsilon_{jt} = v_{jt} - u_{jt}$ 为组合误差项。我们假设 v_{jt} 和 u_{jt} 相互独立,v_{jt} 为第 j 个企

业在第 t 期的随机误差项，服从正态分布 $v_{jt} \sim N(0, \sigma_v^2)$，$u_{jt}$ 为第 j 个企业在第 t 期的技术非效率项，$u_{jt} = u_j e^{-\eta(t-T)}$。假设 u_{jt} 服从非负断尾正态分布，即 $u_{jt} \sim N^+(u, \sigma_u^2)$。通过极大似然估计在式（0-7）条件下估算出 $\beta_0 \sim \beta_9$ 的参数估计值并保存技术非效率项（u_{jt}）的估计值，企业全要素生产率可表示为前沿技术水平（FTP）与技术非效率变化的差值：

$$TFP_{jt} = \exp[\ln Y_{jt} - \hat{\beta}_0 - \hat{\beta}_1 \ln K_{jt} - \hat{\beta}_2 \ln L_{jt} - \hat{\beta}_3 t - \hat{\beta}_4 \frac{1}{2}(\ln K_{jt})^2$$
$$- \hat{\beta}_5 \frac{1}{2}(\ln L_{jt})^2 - \frac{1}{2}\hat{\beta}_6 t^2 - \hat{\beta}_7 \ln K_{jt} \ln L_{jt} - \hat{\beta}_8 t \ln K_{jt} - \hat{\beta}_9 t \ln L_{jt} - u_{jt}]$$

（0-8）

在具体指标选取上，本研究根据现有文献的通常做法，采用工业中间投入（intermediate_good）、年末员工人数（labor）作为要素投入数据，以工业增加值（added_value）作为产出变量来测算企业的全要素生产率。对于工业增加值数据的整理，本章参考刘小玄、李双杰（2008）的做法，对部分异常值（outliers）采用"工业增加值 = 工业总产值 - 工业中间投入 + 增值税"的会计准则进行数据清理。对于工业总产值存在缺失的部分企业样本，则进一步根据"工业增加值 = 产品销售额 - 期初存货 + 期末存货 - 工业中间投入 + 增值税"的会计准则进行数据整理。

（3）Levinsohn-Petrin 一致半参数估计法（LP）

Levinsohn-Petrin 一致半参数估计法（简称 LP 方法）是对企业全要素生产率的 Olley-Pakes 方法（简称 OP 方法）的改进和拓展。该方法考虑到传统 C-D 生产函数即使在加入固定效应的情况下也无法有效解决残差项中技术冲击和测量误差对于生产函数的影响，从而较好地解决了模型估计的联立性偏误和选择性偏差问题。同时，该方法放弃了 OP 方法要求代理变量（proxy）即投资与总产出始终保持单调关系的过于严格假设，从而使模型可较大程度地保留观测样本，使大量当年投资额为 0 的企业的全要素生产率得以进行测算。具体做法上，首先构建一个 C-D 生产函数，并将随机误差项分为 ϖ_{jt} 和 e_{jt} 两个部分：

$$\ln Y_{jt} = \alpha_0 + \alpha_1 \ln K_{jt} + \alpha_2 \ln L_{jt} + \varpi_{jt} + e_{jt} \qquad (0-9)$$

其中，ϖ_{jt} 是传统 C-D 生产函数的随机误差项中可以被企业观测到并影响当期要素选择的部分，e_{jt} 则是符合经典 OLS 假设的真正的随机误差项。LP 方法将 t 期企业的资本存量（K_{jt}）视作内生变量，假设企业根据当前企业生产率状况（ϖ_{jt}）做出投资决策并进而影响企业的资本存量。因此，企业的最优投资策略可表达如下：

$$\ln I_{it} = i_t(\varpi_{jt}, \ln K_{jt}) \qquad (0-10)$$

由于实际观测中大量企业投资数据难以被准确观测，因此采用工业中间投入（intermedia_good）作为投资的替代变量，使 C-D 生产函数中未纳入观测的生产率冲击对于当期企业投入—产出效率的实际影响进行了良好的近似，从而有效解决了生产函数估计的联立性偏误问题。我们将式（0-10）的反函数 $\varpi_{jt} = h_t(\ln I_{jt}, \ln K_{jt})$ 代入式（0-9）：

$$\ln Y_{jt} = \alpha_0 + \alpha_1 \ln K_{jt} + \alpha_2 \ln L_{jt} + h_t(\ln I_{jt}, \ln K_{jt}) + e_{jt} \qquad (0-11)$$

根据 Levinsohn 和 Petrin（2003）的研究，对式（0-11）进行非线性最小二乘估计可得到企业全要素生产率的一致半参数估计值（consistent semi-parametric estimator）。在具体指标选取上，本研究根据现有文献的通常做法，采用工业增加值作为产出变量，以年末员工人数、固定资产净值（capital）作为要素投入变量，以工业中间投入作为生产率冲击的代理变量，对企业全要素生产率进行了估算。

三　研究路径与方法

（一）研究路径

研究的总体思路：在人力资本理论基础上，基于"中国企业—员工匹配调查"的一手微观数据，对人力资本质量与企业全要素生产率进行定量的测评。在此基础上，引入企业家人力资本质量、专用性人力资本质量和农民工人力资本质量等我国当前较具代表性的细分人力资本质量领域，定量分析上述细分人力资本质量对于企业投入—产出效率的影响效应，发现其存在的问题与不足，进而提出解决问题的措施和建议。

具体思路：（1）从人力资本和内生经济增长的基本理论出发，结合经济新常态下对人力资本质量升级的影响因素，剖析人力资本质量升级所面临的机遇与挑战。（2）运用高质量的微观一手调查数据，对人力资本质量与企业全要素生产率的发展现状、人力资本质量与企业全要素生产率的影响效应、不同细分人力资本质量的真实作用等问题进行定量分析。（3）结合定量分析结果和新的经济形势，针对性地提出企业家能力升级、职业技能教育改革、优化现代企业治理结构等具体的人力资本质量升级政策，为新常态下人力资本质量的提升做出针对性的路径设计。

具体技术路线如下图：

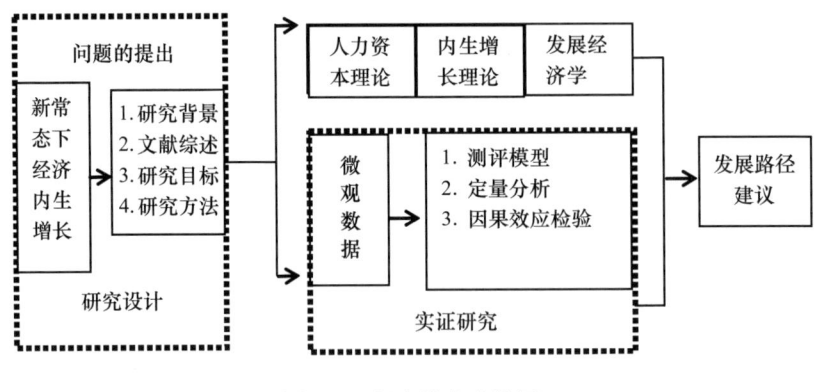

图 0.2 研究技术路线图

（二）研究方法

具体而言，本研究采用的主要方法有：

1. 文献研究法

文献研究是科研中重要前期基础研究方法。目前学术界对人力资本的研究十分丰硕，本研究主要搜集国内外有关人力资本理论与内生增长理论、人力资本质量与全要素生产率的测评方法、人力资本质量提升的影响因素等相关研究成果，为研究奠定理论支撑和资料准备。

2. 定量分析法

本研究主要采用"中国企业—员工匹配调查"这一高质量的微观数据，对新常态下中国企业全要素生产率、人力资本质量状况进行全面的定量计算。在此基础上，选取企业家人力资本质量、专用性人力资本质量和农民工人力资本质量这三个较具代表性的人力资本质量领域，就细分人力资本质量对于企业投入—产出效率的影响效应进行因果测度。

3. 政策研究法

本研究结合我国人力资本质量的发展现状，从制度障碍因素（人力资本投资的非市场化、人力资本配置的非市场化以及企业家精神不足）等出发，针对性地提出企业家能力升级、职业技能教育改革、优化现代企业治理结构等具体的人力资本质量升级政策，为新常态下人力资本质量的提升做出针对性的路径设计。

四 研究内容、创新点与数据特色

（一）研究内容

1. 人力资本理论回顾

人力资本是一个十分成熟并不断发展的经济学研究领域。理论回顾部分，本研究将对人力资本对于全要素生产率提升以及经济内生增长的关键作用进行全面、系统的理论梳理，在现有经济学理论和文献基础上厘清人力资本对于全要素生产率增长和经济内生增长的重要意义，从而为我们更好地认识促进人力资本质量升级在当前中国经济转型升级中的重要作用提供理论基础、认识基础。

2. 新常态下企业全要素生产率的现状与变化趋势

本部分从整体角度出发,对新常态下中国企业全要素生产率的现状与变化趋势进行了全面的统计分析。通过对微观企业全要素生产率测算方法的系统梳理,本部分运用时间序列的数据包络分析(Sequential DEA)、随机前沿分析(SFA)和LP一致半参数估计三种国际主流的微观全要素生产率测算方法对中国企业的TFP进行了详细测算。运用主成分分析法,本部分对中国企业全要素生产率进行了线性加总,结果发现:基于微观一手调查数据,企业全要素生产率2013—2014年的平均增长率为5.09%,总体增速略低于当年宏观GDP增长速度。这表明,中国宏观经济潜在增长率已趋于平稳下行,经济增长模式亟待从"要素驱动型"向"全要素驱动型"转型。此外,通过对不同代表性行业企业全要素生产率的统计分析,结果发现:企业全要素生产率较高的产业主要为技术密集型和内需主导型产业,而全要素生产率较低的产业则多为劳动密集型产业、出口导向型产业。统计结果说明,随着中国经济自2013年进入新常态以来,低劳动力成本优势已大幅下降,劳动密集型产业的投入—产出效率不高且受到国际市场需求震荡的较大冲击。我国经济亟待从依赖低成本劳动力进行简单加工的价值链低端环节向技术密集型的价值链高端环节升级。引入企业全要素生产率的地区差异分析,研究发现:对于东部经济发达地区而言,企业全要素生产率的增长空间已出现边际递减趋势,产业结构的转型升级亟待开展。随着产业梯度转移进程的开展,空间近邻的中部地区企业全要素生产率增速明显加快。对于经济地理空间边缘的西部地区,技术扩散和外溢效应并不明显,企业全要素生产率增长的"后发优势"并不显著。

3. 人力资本质量与企业全要素生产率的异质性分析

在借鉴人力资本理论、内生增长理论对人力资本质量现有理论与实证研究基础上,本部分构建了一个涵盖受教育水平、工作经验、劳动强度、健康状况和工资回报水平的人力资本质量综合指标。以此作为解释变量,本部分对人力资本质量对于企业全要素生产率的影响效应进行了基于工具变量的因果检验。结果表明,人力资本质量对于全要素生产率具有显著正向的因果效应,并且对于不同企业分组回归而言,人力资本质量的影响程度存在异质性。对于外资、非出口和非高科技企业而言,人力资本质量的影响程度更强,而对于加工贸易出口企业则统计不显著。为促进中国经济转型升级,应重视提高人力资本质量,并通过产业结构调整政策优化人力资本质量在不同类型企业的资源配置。这一部分就人力资本质量的测评模型、人力资本质量对于企业全要素生产率的影响效应等问题进行了总体的实证研究,从而使本研究报告的核心主题有了一个清晰的研究框架。从中可以看出,人力资本质量对于企业全要素生产率具有显著的正向促进效应,人力资本质量升级是新常态下"全要素驱动型"增长模式的重要手段。然而,不同类型企业人力资本质量作用的发挥具有较为明显的异质性,对于加工贸易企业这一处于"微笑曲线"底部、全球价值链分工低端的劳动密集型企业而言,人力资本质量升级的作用则并不明显。因此,为深入探寻人力资本质量对于企业全要素生产率的影响效应,我们需要从企业家创新精神、专用性人力资本、非认知能力等细分人力资本质量入手,对该问题进行更为深入的理论和实证研究。

4. 企业家人力资本质量与企业全要素生产率的实证分析

企业家创新精神是推动企业转型升级的关键性人力资本要素。企业家人力资本的质量升级,对于企业全要素生产率提升具有重要的研究意义。从代际差异角度,本部分研究了企业家人力资本质量的年龄效应及其对于企业全要素生产率的影响。基于 OLS 回归的单方程识别策略和三阶段最小二乘(3SLS)的联立方程估计法,本部分对企业家人力资本质量的年龄效应与企业全要素生产率的非线性关系进行了稳健的因果推断。结果发现,企业家人力资本质量的年龄效应与企业全要素生产率之间具有显著的 U 形关系;通过对 U 形拐点的测算,研究表明，对于出生于 20 世纪 60 年代的中年企业家群体而言，其所在企业的全要素生产率显著低于其他年龄分组的企业家群体。然而，出生于 20 世纪 60 年代的企业家是我国目前的主要企业家群体。根据调查数据显示，20 世纪 60 年代企业家的企业数量占全部有效样本总数的 64%；工业总产值占 85.24%；工业增加值占 84.40%，这一代企业家伴随着改革开放成长，在目前中国经济发展中发挥着"中流砥柱"的重要作用。上述主流企业家群体处于 U 形关系的底部，或表明对于我国目前的企业家群体而言，企业家人力资本在风险偏好、国际经验等渠道方面的不足或在整体上强于其通过认知能力、管理经验和社会资本等渠道对自身人力资本质量的增进作用。新常态下，随着经济发展内外环境的改变，"创一代"企业家群体的人力资本质量或存在较为严重的"中年危机"，由于认知能力、管理经验和社会关系网络所带来的"中年红利"效应则并不显著。主流企业家群体在人力资本质量上的低迷，也是造成新常态下微观企业绩效下行压力较为明显的重要原因。

5. 专用性人力资本质量与企业投入—产出效率的实证分析

对于企业员工尤其是管理层员工而言，专用性人力资本积累是自身人力资本质量升级的重要渠道。人力资本理论认为，除学校正规教育外，劳动力基于企业工作经验积累、技能培训所形成的专用性人力资本对员工个体劳动生产率提高以及企业整体全要素生产率的改善，均具有重要的促进作用。然而，与欧美、日本等发达市场经济体相比，中国劳动力市场尤其是企业的劳动力流动性较强，频繁的工作变动造成工作经验积累对于专用性人力资本积累的实证效应并不明显。因此，企业针对员工的专项技能培训对于员工专用性人力资本积累就具有重要意义。然而，由于数据的限制，现有研究缺乏不同分项技能培训的微观数据，从而无法对员工专用性人力资本质量的有效升级路径提出具体的政策指引。为此，以员工工资薪酬作为人力资本质量的代理变量，本部分采用倾向得分匹配法（PSM），就技能培训对于员工专用性人力资本质量的影响效应进行了因果检验。结果发现，参与技能培训对于员工人力资本质量具有稳健的正向因果效应，平均处理效应（ATE）在5.3%—8.2%。引入不同类型技能培训的分类变量，本部分对各类具体技能培训对于员工人力资本质量的异质性影响进行了更为深入的实证检验。研究发现，与母语技能和专业技能培训相比，英语能力、管理技能和交流沟通对于员工人力资本质量的促进作用更加显著。为通过专用性人力资本质量升级进而实现企业全要素生产率提升，本部分建议：应在加强技能培训投入、扩大劳动力获得技能培训机会的同时，加快推进技能培训的结构优化，加大各类资源向有效技能培训项目的倾斜力度。

6. 农民工人力资本质量与企业投入—产出效率的实证分析

作为占全社会就业人员总数35.83%的劳动力群体，农民工是中国企业一线劳动力的重要组成部分。由于城乡教育资源的较大差距，农民工群体的受教育程度较低，一般性人力资本水平普遍不足，其制约了自身劳动生产率的提高。不仅于此，由于城乡分隔户籍管理体制的存在，农民工的城市融入度始终不强，作为城市社区"边缘人"的身份存在致使农民工难以通过与企业其他员工、社区居民的深度交流获取有用的知识和技能，从而实现其人力资本质量的升级与劳动生产率的提高。在一线员工工资普遍上涨、人口转型的大背景下，如何有效提升这一重要而特殊的劳动力群体的人力资本质量水平，进而提高其劳动生产率？为此，本部分对上述问题展开了实证研究。从交流合作这一重要的非认知能力出发，本部分研究了交流合作能力对于农民工城市融合程度、劳动生产率的因果效应。结果发现，以交流合作为代表的非认知能力能显著提高农民工的城市融合度，从而对农民工整体人力资本质量的升级具有显著作用。不仅于此，非认知能力的提升，也将促进农民工劳动生产率的提高，并对企业的全要素生产率产生积极作用。为此，从政策时效性上观察，尽快提升农民工群体的交流合作等非认知能力，使农民工的城镇化融合程度增强，对于促进人力资本质量升级、企业全要素生产率增长具有重要作用。

7. 新常态下人力资本质量升级的政策建议

前述部分的实证研究表明，为提高企业全要素生产率水平，加快企业家创新精神的培育、专用性人力资本积累和部分群体非认知能力的提升均十分重要。然而，来自微观一手调查数据的经验证据发现，现阶段中国企业家的创新精神仍然整体不足，技能培训等专用性人力资本积累的途径并未得到充分发挥，不同劳动力群体间的非认知能力仍存在较大差距。中国人力资本质量与企业全要素生产率提升遇到了怎样的阻碍？新常态下，为加快推动中国人力资本质量的转型升级，我们需要提出哪些具体的政策路径？本部分结合我国人力资本质量的发展现状，从制度障碍因素（人力资本投资的非市场化、人力资本配置的非市场化以及企业家精神不足）等出发，有针对性地提出企业家能力升级、职业技能教育改革、优化现代企业治理结构等具体的人力资本质量升级政策，为新常态下人力资本质量的提升做出针对性的路径设计。

（二）研究创新点

同现有研究相比，本研究报告具有如下三个方面的特点：

1. 研究视角较为独特

本研究报告的研究视角较为独特。一方面，与现有文献多从受教育程度、入学率等人力资本投入的数量视角研究人力资本质量与全要素生产率的关系有所不同，本研究报告深入人力资本的质量视角，通过系统引入员工受教育程度、工作经验、健康水平和工资回报率等综合的微观个体特征指标，构建了有效测度我国人力资本质量的综合评价模型。在此基础上，本研究报告不仅就人力资本数量特征对全要素生产率的影响进行了实证分析，还对人力资本质量的影响作用进行了完整的经验研究。另一方面，与现有文献多从地区教育差距、跨国人力资本流动和国际比较等宏观视角研究人力资本质量与全要素生产率的理论和实证关系有所不同，本书紧扣微观视角，就人力资本质量与全要素生产率按企业特征、代表性人群特征分别进行了细致的理论与实证分析。研究视角的微观化，使得本书得以对企业家、管理员工和一线员工等不同主体的人力资本质量状况及其对于企业全要素生产率的影响展开深入分析，并就企业家创新精神、专用性人力资本质量、非认知能力等重要的细分人力资本质量对于企业投入—产出效率的影响进行专项研究。

2. 对于大量一手微观数据的系统运用

对于大量一手微观数据的系统运用，是本书的第二个重要创新。与同领域现有研究多运用地区、跨国等宏观数据进行实证研究有所不同，本书各章对于人力资本质量与企业全要素生产率的实证研究，均基于 2015 年"中国企业—员工匹配调查"（CEES）这一重要的一手微观调查数据。上述微观调查数据均由武汉大学质量发展战略研究院主导开展，并联合美国斯坦福大学、法国图卢兹大学、日本早稻田大学、香港科技大学、清华大学、中国社科院等国内外一流学术机构的知名学者共同参与。基于前后多年的试错调整、大规模的人员资金投入与严格的质量控制，上述调查数据在样本抽样随机性、指标问项多元性、样本信息及时性上均达到了很高的质量标准。运用上述一手微观调查数据对人力资本质量、企业全要素生产率等问题进行实证研究，既可有效解决宏观经济数据由于难以规避"加总谬误"，从而对实证研究结论的偏差影响，也可以有效解决官方数据缺乏企业家人力资本状况、专用性人力资本水平、非认知能力等细分的人力资本质量数据等弱点，从而能够对人力资本质量与企业全要素生产率的影响关系展开专项的微观实证研究。此外，本书各章均采用相同的一手调查样本进行定量研究，从而避免了数据来源不一致性所引致的样本选择偏误，有力地保证了本书结论的稳健性与可靠性。

3. 对于经济学实证方法的综合运用

与现有研究或仅从理论上对人力资本质量与企业全要素生产率的

相关问题进行探讨，或仅采用简化的定量分析方法对上述问题进行实证研究有所不同，本书各章对于人力资本质量与企业全要素生产率问题的研究，均较为系统、综合地使用了经济学的实证研究方法。对于新常态下微观企业全要素生产率的测算以及人力资本质量综合指标的建构等问题，本书均从人力资本理论和计量经济学的主流范式出发，基于微观一手调查数据的结构特征，构建了具有可行性的一般测评框架。此外，运用工具变量法、倾向得分匹配法和三阶段最小二乘法等主流的因果效应识别策略，对人力资本质量对于全要素生产率的影响效应、不同细分领域人力资本质量对于企业投入—产出效率的综合影响等问题，也进行了严格的因果测度。对于经济学实证方法的综合运用，本书的研究结论具有较强的逻辑自洽性，也使本书对上述问题的政策建议具有更高的信度。

（三）数据特色

本书大部分研究结论均基于武汉大学质量发展战略研究院主持开展的"中国企业—员工匹配调查"这一重要的一手入企微观调查数据，高质量的调查数据对本研究报告结论的稳健性与可靠性提供了有力保障。该调查为程虹教授与香港科技大学 Albert Park 教授、清华大学李宏彬教授、中国社科院都阳教授等知名专家联合开展的大规模入企调查项目。该调查最初启动于 2012 年，经过 2 年的问卷设计、试调查以及沟通协调，并通过 2014 年 10 月—2015 年 5 月的先后 5 次实地仿真调查及总结试错经验，最终于 2015 年 5—8 月完成首次实地调查，并于 2016 年 6—7 月成功完成新一轮调查样本的扩充与原有样本的追踪访问。问卷调查由 200 余名调查员（含辅助人员）通过"直接入户、现场填报"的方式完成，企业问卷覆盖企业财务绩效、企业家精神、生产经营、销售与出口、技术创新、质量创新、公司治理、人力资本状况、劳动权益保障等维度的 200 余项重要指标，与之匹配的劳动力调查问卷则囊括个人基本信息、当前工作状况、技能水平、工资薪酬、劳动合同、健康状况、工作历史、劳动力流动、性格特征等方面的300余项指标。2015年首次调查选择我国经济总量最大、制造业规模最大、地区经济发展水平差距显著的广东省作为调查区域，2016年第二次调查则拓展到广东、湖北两省。此外，"中国企业—员工匹配调查"采用了严格的随机分层抽样方法，首先根据制造业规模分布，每省随机抽取19—20个县级行政单元作为受访区域。然后，根据第三次经济普查清单（2013）为总体，根据就业人数规模大小随机等距抽取50家企业，并按抽样编号顺序对前36家企业进行现场调查，问卷回收率严格控制在70%以上。对于员工的抽样，是根据受访企业提供的全体员工名单，首先将中高层管理人员和一线员工分类，然后分别在每一类中进行随机数抽样，中高层管理人员占30%，一线员工占70%。截至目前，"中国企业—员工匹配调查"已有效收集了超过1000家企业、10000名员工2013—2015年度的相关信息。在样本抽样的随机性、调查指标的及时性和全面性上，"中国企业—员工匹配调查"有效弥补了现有企业—员工数据在抽样误差、样本信息时效性和多元性上的缺陷。从企业—员工匹配性来看，本次调查是全世界范围内首个关于大于发展中经济体的企业—员工匹配研究样本，也为人力资本质量、企业全要素生产率的实证研究积累了丰富的实证素材。

第一章
人力资本研究的理论回顾

在进入对于人力资本质量升级影响因素的实证分析之前，我们有必要对西方经济学的人力资本研究进行理论回顾，从而对人力资本在全要素生产率增长和经济内生增长中的关键作用得到充分的理解与认识。这是因为，本书技术章节对于人力资本质量与全要素生产率影响因素的定量分析，其理论意义和实际意义是建立在如下基础之上的：人力资本对于经济长期持续增长具有关键作用，从而影响人力资本质量升级的结构性因素——如企业家创新精神不足、企业专用性人力资本投资的激励不充分以及农民工人力资本质量亟待提升等问题都对中国经济从"要素驱动"转向"全要素驱动"产生了重要影响。

人力资本理论是随着经济增长理论的演化而逐渐萌芽、诞生和发展的，其研究轨迹是伴随着西方经济学的增长理论、研究者们对于经济增长源泉的认识不断深入而向前发展的。因此，对于人力资本研究的理论回顾，我们需要从经济增长理论的发展演化脉络出发进行理论梳理，进而对人力资本在全要素生产率增长和经济内生增长中的作用机制、影响人力资本质量升级的结构性因素等进行归纳分析。在本章中，第一节我们对经济增长理论从古典经济学到新古典增长理论的发展历程进行简单的回顾，探寻人力资本理论从萌芽、孕育到正式提出的过程；第二节则是对现代内生经济增长理论与人力资本理论的评述，从现有理论和实证文献出发对学界关于人力资本理论的研究成果进行梳理，并对人力资本理论的最新发展进行介绍；第三节我们结合现有文献的研究成果，对人力资本在全要素生产率增长和经济内生增长中的作用进行归纳总结，就影响人力资本对经济增长作用充分发挥的因素进行全面的分析，其中关于影响人力资本质量升级的结构性因素的分析，将是本书后面章节的研究重点。

一　古典、新古典经济增长理论与人力资本概念的提出

经济增长理论以经济长期增长为研究对象，分析各增长因素在经济长期增长过程中的作用。传统经济增长理论的起源，可以追溯到1776年问世的亚当·斯密的《国民财富的性质和原因的研究》。其后，大卫·李嘉图在1817年出版的《政治经济学及赋税原理》一书中分析了他的经济增长论点，强调资本积累是经济增长的关键。尽管早在18世纪古典经济学家就对经济增长进行了研究，但是，他们未能给出关于经济增长的数学模型。直到20世纪40年代前后，哈罗德和多马几乎在同一时间分别发表了极为相似的长期经济增长模型，因此，主流经济学家认为哈罗德和多马的理论是现代经济增长理论出现的标志。本节，我们将就经济增长理论从古典经济学、新古典经济增长理论到内生经济增长理论的发展过程进行简要的回顾，并从中探寻人力资本从萌芽、孕育到诞生的历程。

（一）古典经济学

就经济学的发展历史而言，经济学自其诞生之日起就将经济增长问题作为研究对象。古典经济学家亚当·斯密（1776）、大卫·李嘉图（1817）、托马斯·马尔萨斯（1798）、弗兰克·拉姆齐（1928）、

艾林·杨（1928）、弗兰克·奈特、约瑟夫·熊彼特（1934）奠定了经济增长的基本成分：竞争性行为和均衡动态的基本方法，递减报酬的作用及其与物资资本和人力资本积累的关系，人均收入与人口增长率之间的互动，以不断增长的劳动专业化分工以及新产品和新生产方法为形式的技术进步的效果和作为对技术进步的激励的垄断力量的作用，等等。

然而，着重研究长期经济运行规律的古典经济理论并没有设立专门的分支学科来说明经济增长问题。但是，在经济增长最终决定于投入要素的质量和数量这一问题上，古典经济理论是非常明确的。在资本、劳动力和土地这三者中，由于土地的不可再生性和其数量的相对固定等特征，如果单纯依靠土地资源推动经济增长，则随着土地资源开发趋于极限和人口数量的不断增加，长期经济增长将趋于停滞。马尔萨斯曾就此对人类社会经济增长的前景做出了明确而悲观的论述，他指出：由于土地资源及土地生产力的有限，对人口增长如果不主动加以控制将使经济增长陷于停滞，甚至需要依靠疾病、战争等灾难对人口进行削减才能使人均收入保持在维持生存所必需的水平上。因此，古典经济学家指出，长期经济增长的决定因素应该而且必然取决于资本（尤其是人均资本）和劳动力的数量和质量的不断提高。在经济体系中，资本的增加依赖于经济主体的自身积累，而决定积累快慢的主要因素则取决于储蓄率的高低，因此，研究资本尤其是人均资本数量的提高对增长的意义就转化为研究储蓄与经济增长之间的关系；而资本质量即所谓资本生产效率的提高则取决于技术进步。在劳动力对经济增长的影响方面，分析劳动力数量的增长需涉及出生率、死亡率及劳动力的迁徙和流动，而劳动力质量的提高则是一个专业化的人力资本积累的过程。因此，为了探寻经济长期增长的源泉，人力资本这一概念就通过古典经济学家论述劳动力质量在经济增长中的重要作用而得到了最初的萌芽。

在就劳动力质量对长期经济增长重要贡献的论述上，古典经济学创始人之一、英国经济学家亚当·斯密最早提出了与现代人力资本定义相类似的概念。他在1776年的著作《国民财富的性质和原因的研究》中明确提出："一个国家全体居民的所有后天获得的有用能力都是资本的重要组成部分。"因为获得能力需要花费一定的费用，所以它可以被看作是在每个人身上固定的、已经实现了的资本。当这种能力成为个人能力的一部分时，也就成为了社会财富的一部分。他还指出："对于任何一个从事需要特殊技能的职业的人来说，他必须花费许多劳动和时间来获得相应的教育。"（亚当·斯密，1972）值得注意的是，亚当·斯密不仅关注到劳动力质量和人才培育在经济增长中的重要作用，而且还在促进人才培育和教育投入的政策措施方面提出了很多颇具深远意义的前瞻性意见。一方面，他认为"有关促进劳动力质量提高的投资可以由私人处于追求利益的投资来完成"，这就隐喻地指出了完全契约的劳动力市场制度有助于个体人力资本投资收益的充分实现，从而有利于增进人力资本投资；另一方面，他也同意由国家"推动、鼓励甚至强制全国国民接受最基本的教育"，从而潜在地揭示出政府教育投入对促进人才培育、人力资本积累及长期经济增长的重要作用。

除亚当·斯密外，其他古典经济学家也对提高劳动力质量、加强人才培育对长期经济增长的作用有不少精彩的论述。例如，萨伊（J. B. Say）在《政治经济学原理》中明确指出，由于人的技艺和能力的形成需要花费成本，并可以提高工人的劳动效率，因此，可以将其看作资本；马歇尔则在其《经济学原理》中指出："在所有投资中，对人本身的投资最优价值"，"我们必须考察人的体力的、精神的、道德的、健康及其程度所依存的各种条件。唯有这些条件才是劳动生产率的基础。物质财富的生产是依存于劳动生产率的"。他认为，"知识是最强有力的生产发动机，它使我们能降服自然而满足我们的需要"[①]。熊彼特则认为，经济增长是通过经济周期的变动而实现的，

---

① 马歇尔：《经济学原理（上册）》，朱志泰、陈良璧译，商务印书馆1965年版，第125页。

经济从旧的均衡状态变迁到新的均衡状态必须依靠技术的革新和创新，而企业家正是这种创新的动力与源泉。在熊彼特的经济理论体系中，经济增长的动力是创新者，而创新者不仅包括企业家，也包括技术的革新与创造者。不论是企业家的组织规划创新，还是技术人员的科学技术创新，都需要进行培育。①

然而，在这一时期，人力资本尚未作为一个独立的概念被古典经济学家明确提出，而且古典经济学理论关于劳动力质量提高对经济长期增长的推动作用的认识尚是朦胧的思想零散闪光，由于受到自身历史的局限，古典经济学者们未能就这一论题进行全面、系统的分析论述。而且由于古典经济学主要强调市场经济自身的和谐运行，在古典经济理论家眼中，经济增长被视作市场经济和谐运行的必然结果，这样对政府政策及制度变革对于人力资本投资乃至于经济长期增长的作用往往被视作无效的、不必要的。除亚当·斯密以外，古典经济学理论家对于人力资本投资和人才培育政策的论述大都缺乏足够的认识深度。

（二）新古典经济增长理论

1956 年，Robert Solow 修正了哈罗德—多马模型关于生产函数的假设，采用标准新古典假设构建了全新的、可操作性的新古典主义经济增长理论分析框架——索洛模型。这一贡献，被视作新古典经济增长理论的开端。从这一时期开始，经济增长理论作为一个独立的分支正式从理论经济学的大厦中分离出来，并引起经济学界的极大关注。

新古典增长理论分析一般建立在以下的假设之上：第一，技术水平外生给定，且持续不变；第二，生产函数使用资本、劳动两种生产要素，且满足一次齐次假设与稻田条件；第三，储蓄率外生给定；第四，劳动供给外生，并且以固定速率增长。新古典增长理论认为，当

---

① 赵崇龄：《外国经济思想通史》，云南大学出版社 1991 年版，第 175 页。

外生的技术以固定比率增长时，经济将在平衡增长路径上增长，劳动力数量和人均消费都以固定的增长速度增长；而当外生技术水平固定不变时，经济将趋于停滞，投资仅能补偿固定资产折旧和装备新工人。因此，经济的长期增长取决于资本的积累、劳动力的投入和技术进步，而技术进步是最为主要的动力，从长期看我们可将技术进步称作经济增长唯一的源泉。此外，新古典增长理论的另一个重要假设是在机会均等的条件下，各国没有技术条件的差别。因此，新古典增长理论据此得出结论：各个相互独立的国家有很强的使经济发展水平和增长率趋于一致性的倾向，在各国间要素可自由流动的情况下，这一趋势将更为得到加强。

在技术框架上，以 Solow 模型为代表的新古典经济增长模型的关键特征是其新古典形式的生产函数，它假设了不变规模报酬，对每种投入的边际报酬递减，而且各种投入（资本、劳动）之间具有某种正的、平滑的替代弹性。这种生产函数与外生不变的储蓄率规则结合起来，产生了一个极为简单的一般均衡经济模型。在经济增长源泉的分析中，该派理论结论如下：如果缺乏外生技术的持续进步，那么人均产出的增长将最终停止。这个答案是不那么令人满意的，因为可观察到的经济现实是：正的人均产出增长率已经持续了一个世纪或更长，而且没有明显的迹象表明这些增长率有下降的趋势。

此外，新古典经济增长理论的另一个局限性在于它无法对世界各国人均收入水平的差异和实际人均 GDP 增长率的差异提供具有足够说服力的解释。根据新古典增长理论，资本边际报酬递减的假设——人均资本更少的经济（相对于其长期人均资本而言）趋于有更高的回报率和更高的增长率，这就隐含的推导出如下结论：真实人均 GDP 的起始水平相对于长期或稳态位置越低，增长率越快。换句话说，低收入国家经济增长要快于高收入国家。但是，世界各国的经济发展现实并不能证实新古典增长理论的这一结论。在 1960—1989 年的 30 年间，低收入国家的经济增长率最低，高收入国家次之，而中等收入国家的经济增长率最高。

此外,新古典增长理论的局限性还在于:在外生技术进步的假设和外生人口增长率的条件下,经济长期的人均产出增长率完全取决于外生给定的技术进步率和人口增长率。因此,新古典增长模型对于增长的解释是不足的:它能解释一切,却唯独不能解释长期增长。

由于新古典增长理论无法有效解释经济长期增长,为探寻经济长期增长的奥秘,学者们对技术进步因素和人口因素展开了关注。在实证研究中,美国学者 Edward Denison(1962)将经济增长因素分为两大类,生产要素投入量和全要素生产率。① 其中,生产要素投入量包括:劳动者的数量、劳动者的质量(即受教育程度)、劳动者的工作时间、生产资本、土地。全要素生产率包括:规模经济效用、资源配置、组织管理改善、知识状态、短期需求压力的格局和强度。② Denison 认为,由于知识和生产的进展保持一定比例,它便能从既定资源数量的提高中获取产出量。对于单位投入产出量的持续增长来说,知识进展是最大和最基本的原因。根据经济增长因素的上述分类,Denison 对美国 1948—1969 年实际年增长率进行了测算,得出各因素对经济增长总量贡献率的排序。根据他的研究,知识进展和教育两项之和的贡献率占总贡献率的 45%,这一比例在各经济增长因素中是最高的。因此,学界逐渐形成共识:知识创新和教育状况的改善是全要素生产率增长乃至长期经济内生增长的决定因素。而由于技术进步和教育改善都凝结在微观个体——人的身上,因此对于人力资本的研究,理论界逐渐给予了重视。

20 世纪 60 年代,人力资本理论逐渐盛行起来,关于这一方面的研究,以 Schultz 和 Becker 等人为主要代表。1960 年,Schultz 发表了

---

① Edward Denison, *The Sources of Economic Growth in the United States and the Alternatives before Us*, New York: Harvard University Press, 1962.
② 高素英、金浩、张燕、杨鹏鹏:《河北省人力资本培育状况的经济学分析》,《经济论坛》2005 年第 7 期,第 96—99 页。

报告《人力资本的投资》，对人力资本做了系统论述，由此掀起了经济学家对人力资本理论研究的热潮。Schultz 在报告中指出：和体现在物质产品上的资本被称为物质资本一样，体现在个人尤其是劳动者身上的各种有用能力，则可被称作人力资本，如劳动者的智力、知识、技能和健康状况等。Schultz 使用人力资本的概念，分析了战后发达国家的经济增长——尤其是日本和西德的经济复兴中出现的用传统资本理论无法解释的以下三个事实：第一，根据传统理论，资本—收入比率将随经济增长而不断提高，但是统计数据显示，这个比例却不断下降。Schultz 认为，这是因为没有把人力资本因素考虑在内。人力资本的增长不仅比物质资本，而且比收入增长都快。由于人均收入的增长很大程度上由人力资本积累与质量升级而推动，所以统计数据中显示的物质资本和人均收入的比率就出现了不增反降的趋势。第二，根据传统经济理论，国民收入的增长与资源消耗的增长将同步进行，然而统计资料显示的结果却表明，国民收入的增长远远大于其所投入的土地、物质资本和劳动力等资源总量，即所谓的"全要素驱动型"增长。Schultz 认为，投入和产出之间的增长速度的差距，一部分应取决于规模收益；另一部分则应该是由于人力资本质量改进所引致的技术进步的结果。而且，规模收益的取得，人力资本质量改进在其中也发挥了十分重要的作用。第三，战后劳动者报酬有大幅增加，这一事实所反映的内容则是传统理论所无法解释的。Schultz 指出，劳动者报酬在战后的大幅增长正是源于人力资本的质量升级。

通过分析，Schultz 有力地证明了人力资本质量在全要素生产率增长和经济内生增长中所起的决定性作用：第一，一国的人力资本存量越大，人口的素质越高（人口受教育程度、科技文化水平和生产能力越高），它将导致人均产出或劳动生产率的提高。第二，人力资本还会引致各种物质资本的生产效率的改善。它可以通过提高劳动者技能、技术操作的工艺水平从而提升各种物质资本的使用效率。同时，人力资本存量的不断累积、质量的不断改进，还能直接地推动物质资本更新速度的加快。在他的《教育与经济增长》一文中，Schultz 对人力资本收益率做了开创性的实证研究，他采用三种方式测算了美国 1929—1957 年教育投资的收益率。他所得出的这些经验估计参数，至今仍然被人们作为考察人力资本投资收益率的参考依据。

在人力资本理论的建构过程中，Becker 也做出了十分重要的贡献，他全面论述了人们为何要进行人力资本投资、怎样进行人力资本投资的选择以及人力资本形成、投入于经济增长和人们消费之间的内在关联。并且，他从人力资本投资、人力资本投资收益和人力资本投资收益率等关系出发，给出了各种不同类型的人力资本投资——基础教育、专业教育和在职培训投资收益率的计量模型，从而在方法论上奠定了人力资本尤其是专用性人力资本计量体系的基本框架。同时，Becker 在分析人力资本的形成过程中，还重点分析了在职培训的方式、支出与劳动者收入三者之间的联系。他指出，劳动者通过在生产和工作中学习新技术，能增加自身的人力资本质量，通过对雇员的在职培训，企业能由此增进劳动者的人力资本质量，进而提高劳动生产率。①

与此同时，Jacob Mincer 在收入分配领域对人力资本问题进行了深入研究。在其《人力资本投资与个人收入分配》一文中，Mincer 率先运用人力资本投资的方法研究收入分配，并构建了个人收入分配与其接受教育水平之间关系的数理模型。在这篇重要文献中，他正式提出了"收益函数"的概念。通过收益函数，Mincer 揭示了劳动者接受教育和获得工作经验年限长短与收入差别之间的关系。这一分析思路，将劳动力市场环境与劳动契约状况对人力资本投资的影响纳入理论界研究的视野，对后来学者在分析影响人力资本质量升级的制度环境因素上起到了重要的启示作用。自此以后，人力资本投资的概念及

---

① 加里·贝克尔：《人力资本理论——关于教育的理论和实证分析》，郭虹译，中信出版社 2007 年版，第 5 页。

人力资本的分析方法便被正式引入经济理论之中。之后,他又围绕收入分配、劳动市场与家庭决策等领域进行了一系列成果卓越的人力资本分析与探索,在推动现代人力资本理论构建的过程中发挥了不可磨灭的重要贡献。①

随着人力资本理论影响力的日渐扩展与深入人心,学者们对人力资本积累与技术进步和长期经济增长之间的关系也产生了日益浓厚的研究兴趣。20世纪80年代后期,以 P. Romer 的《收益递增和长期增长》② 与 Robert Lucas 的《论经济发展的机制》这两篇里程碑式的论文为标志,经济增长理论进入了内生增长理论这一新的发展阶段。

二 内生经济增长与当代人力资本研究

(一) 内生经济增长理论

内生经济增长理论的主要贡献在于揭示了长期经济稳态增长率即全要素生产率差异的原因,并探寻了持续经济增长的可能。尽管新古典经济增长理论为说明经济的持续增长引入了外生技术进步率和外生的人口增长率,但是技术进步和人口增长的外生假设并无法从理论上说明长期经济持续增长的问题。因此,在新古典经济增长模型的基础上,内生经济增长理论逐渐发展起来,其理论突破在于放松了新古典经济增长理论的假设,将相关变量予以内生化:第一,储蓄率内生;第二,劳动供给内生;第三,技术进步内生。根据 Schultz 等人的研究,探寻经济长期持续增长的奥秘,收益递增是必不可少的;而新古典增长理论之所以不能很好地解释经济的持续增长,就在于其基本假设前提将经济增长的稳态均衡建立在收益递减规律的基础上。作为重

---

① 雅各布·明塞尔:《人力资本研究》,张凤林译,中国经济出版社2001年版,第231—240页。

② Romer P. M., "Increasing Returns and Long-Run Growth," *the Journal of Political Economy*, Vol. 94, No. 5, 1986, pp. 1002 – 1037.

要突破，内生经济增长理论对技术进步引入了模型框架，通过以下三种方式消除了新古典增长模型中报酬递减的制约：

第一，要素报酬不变的生产函数形式。关于生产函数形式的选择是研究经济增长的关键。在新古典增长理论框架中，由于资本的边际生产力递减规律决定了资本的净增长上限必然为零，所以资本的边际生产力决定了资本投入量的上限，从而使得均衡增长状态下的效率人均资本的增长也等于零。如果能够避免资本边际生产力递减现象的出现，我们则有可能使得均衡增长状态下的效率人均资本能够持续增长。而新古典增长理论之所以对生产函数做出报酬递减的假设，其关键因素在于，新古典增长理论家们未能充分考虑人力资本在经济成长中的重要作用。然而，如果将人力资本也纳入广义的资本概念中进行分析，由于人力资本和物质资本之间具有充分的替代性，所以人力资本的数量扩张与质量改进可能抵消物质资本存量增加最终必然出现的边际生产力下降，因此一个充分考虑了人力资本重要作用的生产函数，其形式应该是要素报酬不变而非递减。一个不存在递减报酬的最简单的生产函数就是 AK 模型。由于避免了资本边际生产力递减现象的出现，新增长理论则可以揭示在其均衡增长状态下效率人均资本是不断增长的。Jones 和 Manuelli（1990）和 Rebelo（1991）论证了规模报酬不变的生产函数足以保证经济实现内生增长[1]。具有物质资本和人力资本的单部门模型在某种意义上是与 AK 模型一致的。但是，为了区别物质资本和人力资本形成机制的差异，许多内生增长模型都假设经济是由两个部门组成的，资源需要在两个部门之间进行配置。Uzawa-Lucas 模型则是两部门内生增长模型的代表。除了要素报酬不变的生产函数假设外，新增长理论还将技术因子视作经济的内生变

---

[1] Jones L. and R. Manuelli, "A Convex Model of Equilibrium Growth: Theory and Policy Implications," *Journal of Political Economy*, Vol. 98, No. 5, 1990, pp. 1008 – 1038. Rebelo T. S., "Long-Run Policy Analysis and Long-Run Growth," *Journal of Political Economy*, Vol. 99, No. 3, 1991, pp. 500 – 521.

量，从而试图解释技术进步的源泉和影响因素。对技术进步源泉的探寻，就涉及对技术外溢、人力资本和研究与开发（R&D）的研究，而这三者也正是新增长理论对新古典增长理论重要的修正方面。

第二，干中学与知识外溢。早期，Arrow（1962）和Sheshinski（1967）就提出了干中学与知识外溢的经济思想。① 他们假设，知识的创造是投资的一个副产品，而这种假设可以消除要素报酬递减的趋势。Arrow指出，人们是通过学习而获得知识的，技术进步是知识的产物和学习的结果，而学习又是经验的不断总结，经验的累积体现在技术进步上。一方面，一个增加了其物质资本的企业同时也学会了如何更有效率地生产，生产或投资的经验有助于生产率的提高——经验对生产率的这一正向影响被称为干中学（learning-by-doing）或边投资边学（learning-by-investing）。另一方面，一个生产者的学习会通过一种知识的外溢过程传播给另一个生产者，从而提高其他人的生产率。在一个经济范围内，更大的资本存量将提高对每一个生产者而言的技术水平。因此，递减资本报酬在总量上不适用，而递增报酬则有可能。

干中学和外溢效应抵消了单个生产者所面临的递减报酬，但社会水平上则是要素报酬不变的。社会总体层面上资本报酬的这种不变性将产生内生增长。模型的关键在于：第一，干中学要靠每个企业的投资来获得。特别地，一个企业资本存量的增加导致其知识存量同样增加。第二，每一个企业的知识都是公共品，其他任何企业都能无成本的获得。因此，知识一经发现就能立刻外溢到整个经济范围中。之所以这样一个瞬时的扩散过程在技术上是可行的，是因为知识的非竞争性。后来Romer（1986）证明，在这种情形下仍可以在竞争性框架中

---

① Arrow K., *Economic Welfare and the Allocation of Resources for Invention*, in Arrow K., *The Rate and Direction of Inventive Activity*, Princeton: Princeton University Press, 1962, pp. 609–625. Sheshinski E., *Essays on the Theory of Optimal Accumulation with Learning by Doing*, Cambridge: MIT Press, 1967.

决定一个均衡的技术进步率，但是所造成的增长率将不再是帕累托最优。更一般地来说，如果技术发明的部分依赖于有目的的研发努力，而且如果一个人的创新只能逐步扩散给其他生产者，则竞争性框架将无法持续。因此，在这样的现实构架中，一种方法是把不完全竞争整合到模型中去。另一种方法则是假设所有的非竞争性研究——一种经典的公共品——都由政府通过非自愿的税收来予以融资。

第三，人力资本。内生增长理论家们指出，人力资本积累与质量改进是全要素生产率提高的另一个重要途径。尽管之前新古典增长理论模型已将劳动力要素引入柯布—道格拉斯生产函数，从而使得有关人力资本因素在经济增长中的作用的研究在技术上成为可能；但是其缺陷在于，柯布—道格拉斯生产函数中的劳动力投入是指一般的劳动投入，并没有考虑到人力资本质量或技术熟练程度的不同对产量增进过程所起的作用的差异，因此有必要对生产要素的投入进行进一步的区分，以说明人力资本投资在经济增长中的作用。Lucas 引入了 Schultz 和 Becker 所提出的人力资本概念，在借鉴 Romer（1986）的技术处理的基础上，对 Uzawa 的技术方程做了修正，建立了一个专业化人力资本积累的经济增长模型。在 Lucas（1988）中，企业能获得知识的多少不依赖于总资本存量，而依赖于经济的人均资本。Lucas 假设学习和外溢涉及人力资本，而且每一个生产者都得益于人力资本质量水平的提高而非人力资本数量的提升。因此，Lucas 的模型不再考虑其他生产者所累积的知识或经验，而是考虑从与掌握了平均水平的技能与知识的平常人的互动中得来的收益。

第四，研究和开发（R&D）。与新古典增长理论将技术进步视作外生给定的"黑箱"不同的是，内生增长理论家们认为，技术水平可以被诸如研发支出之类的有目的的活动所推进，这样的内生技术进步将使得我们从总量水平上的递减报酬的束缚中摆脱出来，特别是如果技术上的进步能以一种非竞争的方式被所有生产者分享的话。对于技术进步而言，这一非竞争性也是存在的。

在引进技术创新、专业化分工和人力资本之后，内生增长理论得出了如下结论：技术创新是全要素生产率增进和长期经济增长的源泉，而劳动分工程度和专业化人力资本的积累水平是决定技术创新水平高低的最主要因素。因此，在内生增长理论框架下，学者们对人力资本及其政策影响因素、制度影响因素等展开了更为细致、深入的研究。

（二）内生经济增长理论下的人力资本研究

在内生经济增长理论下，学者们对人力资本及其政策影响因素、制度影响因素等方面从理论和实证两方面展开了细致、深入的研究。在这一部分，本研究从理论研究和应用研究两个角度出发对现有研究成果进行总结与归纳。

1. 人力资本理论研究

在内生经济增长理论下，人力资本理论研究的主要工作在于建立了人力资本投资决策内生化的基本模型，从而使得技术进步率和长期经济增长率得以内生化。具体而言，在内生增长理论框架下，人力资本理论研究主要在 AK 模型、具有物质和人力资本的两部门内生增长模型这两个方面取得了重要的进展。

第一，AK 模型。内生增长理论的主要任务之一，在于揭示经济增长率差异的原因和解释持续经济增长的可能。因此，在经济增长理论框架中寻找能使得资本报酬不再递减的生产函数就成为内生增长理论研究的重要内容之一。如果假设储蓄率外生给定且保持不变，技术水平固定，那么一个不存在要素报酬递减的最简单的生产函数就是 AK 函数：$Y = AK$。其中，Y 为产出，A 是反映技术水平的正的常数，资本 K 则是一个既包含物质资本，也包括人力资本在内的广义的资本。由于物质资本和人力资本之间具有完全的替代性，从而人力资本可能抵销物质资本最终必然出现的边际生产力下降，使得资本报酬率不会下降。这样，资本收益不变的假设就与物质资本的边际收益率递减规律不再矛盾。AK 模型的生产函数设定形式，意味总产出是资本存量的线性函数。因为资本的边际产出和平均产出都是正的常数 A，所以不存在资本边际报酬递减。

由于 AK 模型假设资本具有不变的边际产出，所以在该种模型环境中资本积累过程不会停止；因此，即使经济中不存在任何技术进步，资本积累也足以保证经济沿着一条平衡增长路径增长。AK 模型与新古典经济增长模型的显著差异在于长期人均增长率的决定。在 AK 模型中，长期增长率①取决于技术参数 A 的扩张速度即全要素生产率的增长。技术参数 A 决定了储蓄意愿以及资本生产率，它的提高能够增进资本边际产出与资本平均产出，从而提高经济增长率，降低储蓄率。在 AK 模型中，参数 A 具有一般化解释的特征，我们可将各种政府政策的变动视作技术参数 A 的移动。

通过避免长期的资本报酬递减，AK 模型在逻辑层面构建出了内生增长；但是这一特殊的生产函数形式也意味着资本边际产出和平均总产出是不变的，因而经济增长率无法呈现出收敛的性质。如何构建一个理论框架，使得既保留长期中资本报酬不变的特征，又使得经济增长率的收敛性成为可能，就成为内生增长理论家们亟待解决的一个问题。为此，Jones（1995）② 提出了对应的解决思路。为了说明资本积累足以保证经济实现内生增长，Jones（1995）将 AK 模型和新古典增长模型结合起来，初步统一了长期资本报酬不变与经济增长率的收敛性特征。但是，Jones（1995）的研究虽然说明了资本积累不会导致资本边际产出的无限降低，但没有说明该条件不成立的原因。Rebelo（1991）则通过一个两部门模型对此提出了解释。与 Lucas 用外部性和总量生产函数的收益递增说明经济增长的思路不同，Rebelo 认为，只要人力资本部门的生产函数具有线性特征，或者更一般地说，

---

① 在 AK 模型中，长期增长率与短期增长率是相等的。
② Jones Charles I., "R&D-Based Models of Economic Growth," *Journal of Political Economy*, Vol. 103, No. 2, 1995, pp. 759–784.

只要经济中存在一类核心资本，它由规模收益不变的生产技术生产出来，并且不可再生因素对它的生产没有任何直接或间接的影响，那么资本积累过程就不会中断，经济将沿着平衡增长路径增长。

根据 Jones（1995）、Rebelo（1991）的研究，我们可以得出如下结论：一国的核心资本（人力资本）生产率水平越高，或者消费者的储蓄意愿越强，经济增长率就越高。这样，各国增长率水平的差异就主要取决于各国经济政策的差异，税率较高国家的增长率将较低；因此，政府应对核心资本积累即人力资本积累实行税收减让政策，以此推动经济的较快增长。

第二，具有物质资本和人力资本的两部门内生增长模型。早期，Uzawa（1964）在新古典学派的资本积累框架中，运营两部门模型结构研究了如何通过必要劳动投入实现最优技术进步的问题。① Uzawa 建模的基本思路是：假设劳动不仅用于物质资本的生产过程，而且也用于与技术进步相关的知识积累过程。技术进步则源于专门生产思想的教育部门。如果社会配置一定的资源到教育部门，则会产生新知识（人力资本积累），而新知识（人力资本积累）会提高全要素生产率并被其他部门零成本取得，进而提高生产部门的产出。所以，在 Uzawa 的两部门建模思路中，为我们提供了如下的思想贡献：无须外生的"增长发动机"，由于人力资本质量改进和新知识的生产就能导致全要素生产率的持续增长。

随后，沿着 Schultz（1965）和 Becker（1964）的研究思路，Lucas（1988）在两部门模型中引入了人力资本要素，并将 Uzawa 的技术进步方程作了修改，从而构建了一个专业化人力资本积累的增长理论。在 Lucas（1988）所构建的专业化人力资本积累的两部门内生增长模型中，教育部门的活动不仅限于人力资本的生产和积累，而且教

---

① Uzawa H., "Optimal Growth in a Two-Sector Model of Capital Accumulation," *Review of Economic Studies*, Vol. 31, No. 1, 1964, pp. 1 – 24.

育部门的生产活动仅仅使用人力资本,而不使用物质资本。在Lucas(1988)的研究中,构建了两种基本模型:"两时期模型"(Two Periods Model)和"两商品模型"(Two Goods Model)。在"两时期模型"中,采用与Arrow(1962)、Romer(1986)的单部门模型相似的思路,Lucas(1988)将资本区分为物质资本和人力资本两种形式,将劳动划分为"原始劳动"(Raw Labor)和"专业化的人力资本"(Specified Human Capital)。他指出,只有专业化的人力资本积累才是促进经济增长的真正动力。然而在人力资本积累的过程中,首先需要采用正规教育的传统方式,然后通过干中学的方式积累。由于在"两时期"模型中,人力资本完全是在生产过程以外形成的,所以Lucas又建构了基于"干中学"的两部门人力资本内生增长模型——"两商品模型"。在"两商品模型"中,所有的人力资本积累都是按照干中学的方式进行的。而且,生产某一种商品所需的特殊或专业化的人力资本是产出增长的决定性因素。人力资本的获得则具有如下两种途径——通过学校教育和在实践中学习,而专业化的人力资本主要通过"干中学"获得。基于此,Lucas区分了人力资本投资的内部效应和外部效应。由于人力资本的外部效应(即社会劳动力的平均人力资本)具有收益递增的特征,人力资本积累就可成为"增长的发动机"。

2. 人力资本理论的应用研究

在内生增长理论框架下,关于人力资本与全要素生产率增长和长期经济增长的关系,学者们从人口、劳动供给、收入分配、专业化人力资本积累、劳动分工、政府公共开支与税收制度、开放经济条件下人力资本积累的跨国差异等角度展开了应用层面的广泛研究,取得了丰硕的成果。

(1)人口、劳动供给与经济增长

第一,劳动力的跨区流动与经济增长。劳动力的跨区流动,是造成一个经济的人口和劳动力发生变化的机制之一。而且,与人口的自然增长及出生与死亡不同的是，劳动力的跨区流动使得迁入地区的人口增加恰好就等于迁出地区的人口减少。因此，在考察劳动力流动对经济增长的影响时，需要把人口的流入和流出作为一个过程的两个方面来加以考虑。同时，劳动力的流动会直接造成其所凝结的人力资本的转移，对人口流入的国家或地区而言，人口的流入不仅会带来劳动力数量的增加，还会带来其所积累的人力资本。Barro（1991）、Braun（1993）使用来自美国各州、日本各地区和5个欧洲国家的数据来估计一国内部的劳动力流动对人均收入差异的影响。根据他们的研究，净流动速度对初始人均收入或产品的对数的回归系数为年均0.012，并且人口流动对人均收入的影响在统计上是显著的。[①] Hatton 和 Williamson（1992）则分析了跨国劳动力流动对人均收入差异的影响。他们考察了从1850—1913年11个欧洲国家到美国的劳动力跨国流动行为。根据他们的研究，跨国劳动力流动对人均收入差异的影响要更小一些，其年均回归系数为0.008，仍然在统计上显著。[②] 上述实证研究表明，劳动力流动所带来的人力资本转移对经济增长确实具有一定的影响。

第二，生育决策与经济增长关系研究。虽然大多数现代经济增长理论都假设人口增长率是一个外生给定的常数，但大量的经验研究表明，人均收入、工资率、父母教育水平以及城市化程度都对生育决策有重要影响，那种将人口增长率外生于经济增长的观点是不符合现实的。在经济学发展的早期，古典经济学者马尔萨斯就指出，经济因素对出生率和死亡率的影响是经济发展理论的核心。内生增长理论充分意识到了马尔萨斯的观点的重要性，并试图通过人均收入和父母学历等经济因素对人口增长的趋势做出合理解释。在考虑出生率的决定因

---

① Barro Robert J., "Economic Growth in a Cross Section of Countries," *Quarterly Journal of Economics*, Vol. 106, No. 2, 1991, pp. 407–443.
② Hatton Timothy J. and Williamson Jeffery G., "International migration and world development: A historical perspective," *Nber Historical Working Paper*, No. 41, 1992, pp. 1–61.

素的基础上，Becker 和 Barro（1988、1989）研究了生育决策和经济增长的相互关系①。

在 Becker 和 Eric 等人构建的以代表性家庭为决策主体的微观模型中，生产函数中包含两种生产要素——体现知识和技能的人力资本与无需知识与技能的原始劳动力（raw labor），进而以此分析家庭中由投资回报率决定的父母对孩子数量和质量（人力资本）的投资，从而确定人力资本投资、生育率与经济增长之间的关系。Becker 等（1990）② 指出，人力资本和内生生育决策的相互作用决定了一国的经济增长，而人力资本则是"增长的发动机"，其不仅直接具有生产作用，而且在新知识生产中更有生产性作用。更进一步的，Becker 等人指出，生育和人力资本收益都是人力资本存量的函数。当人力资本丰裕时，人力资本投资收益就较高，因而生育率较低；当人力资本稀缺时，人力资本投资收益率较低，因而生育率就较高。因此，这一模型预见，不同的人力资本存量会使得经济增长率存在多重均衡状态：一种是持续增长的均衡状态；另一种则是增长停滞的马尔萨斯均衡状态。这一模型强调，政府的教育政策具有积极效应，如果它们能够提供人力资本积累的足够刺激，则可使一国摆脱马尔萨斯的增长停滞均衡而迈向持续增长。这一模型也为战后德国和日本的经济复兴提供了一个具有足够解释力和富有启发性的答案：正是由于两国在战前累积了足够的人力资本，战争虽然破坏了大量的物质资本，但是战前累积的人力资本依然被大体保存，因而在两国鼓励人力资本投资的政策的引导和刺激下，德国和日本的经济在战后就迅速走上了复兴之路。

第三，劳动与闲暇的选择和经济增长。从理论上说，如果我们允许劳动力在劳动和闲暇之间进行权衡取舍，此时劳动力和人口之间就

---

① Becker Gary S. and Robert J. Barro, "A Reformulation of the Economic Theory of Fertility," *Quarterly Journal of Economics*, Vol. 103, No. 1, 1989, pp. 1–25.

② Becker Gary S. and Kevin M., "Murphy and Robert Tamura, Human Capital, Fertility, and Economic Growth," *Journal of Political Economy*, Vol. 98, No. 2, 1990, pp. S12–S37.

不再存在固定的数量关系。对于一个给定的人口,劳动力供给变动表现为劳动力就业、工作时间和工作努力程度上的变化的某种组合。通过把闲暇作为效用函数的一个额外自变量引入,Becker(1965)、Rebelo(1991)、Greenwood(1990,1997)① 和 Benhabib(1991)② 等学者的研究表明,微观个体在劳动与闲暇之间的选择引入模型之中并不会改变增长过程中的主要结论。

(2) 收入分配、专业化人力资本积累与经济增长

政治制度是收入分配影响经济增长的重要机制。在极度的收入不平等国家中,中间阶层在任何时候都很少持有可积累型要素,因此倾向于向要素收益收取高税率。所以,收入分配平等的社会其积累要素(人力资本)的动力要大大强于收入分配不平等的社会。Perrson 等(1994)③ 指出,税收制度对人力资本和长期经济增长有重要影响。收入分配越平等,对于要素收益的征收的税率越低,越有利于人力资本积累和长期经济增长。

Alesina 和 Rodrik(1994)④ 的研究表明,相对于原始劳动力而言,个人拥有的相对资本禀赋存在差异。经济增长的动力来自资本积累和政府公共基础设施的供给。而资本所得税是公共开支的来源。不同的个人对税率的偏好不同:拥有人力资本的个人偏好于这样的一个税率,这个税率能够支撑使得经济增长达到最大化的公共开支;而只拥有原始劳动力的个人偏好于更高的税收。

---

① Greenwood J. and Boyan Jovanovic, "Financial Development, Growth and the Distribution of Income," *Journal of Political Economy*, Vol. 98, No. 6, 1990, pp. 1076 – 1107. Greenwood J., Zvi Hercowitz and Per Krusell, "Long-Run Implications of Investment Specific Technological Change," *American Economic Review*, Vol. 87, No. 1, 1997, pp. 342 – 362.

② Benhabib J. and Mark M. Spiegel, "The Role of Human Capital in Economic Development: Evidence from Aggregate Cross-Country Data," *Journal of Monetary Economics*, Vol. 34, No. 1, 1994, pp. 143 – 173.

③ Persson, Torsten and Guido Tabellini, "Is Inequality Harmful for Growth? Theory and Evidence," *American Economic Review*, Vol. 84, No. 2, 1994, pp. 600 – 621.

④ Alesina, Alberto and Dani Rodrik, "Distributive Politics and Economic Growth," *Quarterly Journal of Economics*, Vol. 109, No. 2, 1994, pp. 465 – 490.

Galor 和 Tsiddon（1997）、Glomm 和 Ravikumar（1992）强调了家庭溢出效应对人力资本积累的重要性。① 他们认为，对年轻人获得人力资本的投资取决于他的父母的教育水平。相对于接受过较低教育的父母而言，教育水平高的父母更加有激励去投资孩子的人力资本。在人力资本总量较低时，只有受到良好教育的家长才会觉得在人力资本上投资是值得的。当人力资本总量很高时，投资于教育的回报率达到很高的水平，此时使得所有人都有激励投资于人力资本。

（3）劳动分工、专业化人力资本积累与经济增长

全要素生产率和劳动分工的关系是经济学的核心问题。技术进步之所以可以内生，就在于它是这个关系演进的结果。经济长期增长的关键在于收益递增，而收益递增正是这个关系的最基本特点。进入市场的产品种类的增加；市场一体化程度的提高；新企业的出现；全要素生产率的提高；市场的扩大；收入的增加，都是劳动分工加深的若干个侧面。

在内生增长理论中，Romer（1987）可以说是运用劳动分工解释经济增长的代表。② Romer 模型的核心是劳动分工与规模经济之间的权衡取舍。模型假设存在两个部门：中间产品生产部门和最终消费品生产部门。中间产品有无数多种，最终产品的生产以中间产品作为投入。

假如中间产品具有不完全替代性，如果中间产品的生产技术的规模报酬是不变的，就可以通过增加其种类而使得最终产品的产出达到无穷大。为避免这一问题，Romer 假设每一种新产品的生产都需要实现投入一定数量的固定成本。固定成本使中间产品的生产具有规模经济，它导致了两个结果：第一，不可能在保持中间产品总量不变的前

---

① Galor Oded and Daniel Tsiddon, "Technological Progress, Mobility and Growth," *American Economic Review*, Vol. 87, No. 1, 1997, pp. 363 – 382. Glomm Gerhard and B. Ravikumar, "Public vs. Private Investment in Human Capital: Endogenous Growth and Income Inequality," *Journal of Political Economy*, Vol. 100, No. 3, 1992, pp. 818 – 834.

② Romer Paul M., "Growth Based on Increasing Returns Due to Specialization," *American Economic Review*, Vol. 77, No. 1, 1987, pp. 56 – 62.

提下增加其种类；第二，中间产品的市场结构是垄断竞争的。中间产品总量与种类之间的矛盾使市场范围具有重要的作用：只有当对最终产品的需求足够大时，一种新的中间产品才值得被生产出来。由于规模经济，每种中间产品的生产都由一家厂商垄断，但由于面临着生产其他中间产品的厂商的竞争，该厂商却无法获得正的经济利润。由于厂商不断进入中间产品市场，其最终结果是形成了一个所有厂商经济利润为零的垄断竞争均衡。这样，劳动分工的演进就被表示为中间产品的种类随着经济增长而不断扩展。

Kim 和 Mohtadi（1992）则对人力资本、劳动分工与经济增长（全要素生产率增长）的关系做了进一步的研究。[①] 在他们的理论框架中，全要素生产率不随各种产品生产的间接增加而增加，而是随以人力资本为基础的劳动专业化程度的增加而增加。而这种劳动专业化是以集约型的人力资本与粗放型的人力资本的区分为基础的，前者是在既定生产活动中提高工人生产率的专业化知识和技能的存量；后者是使工人在各种生产活动中更具有适应性的一般知识存量。所以，提高专业化即意味着具有更多的集约型人力资本和较少的粗放型人力资本。Kim 和 Mohtadi 强调，即使没有技术变化或干中学，只要提高这种基于集约型人力资本增长的劳动专业化水平，长期经济增长就是有可能的。

Becker 和 Murphy（1992）则继承了自 Arrow 以来所强调的知识积累过程具有"溢出效应"的思想，将知识在劳动分工发展中的重要作用做了理论表达。而且，他们进一步指出，劳动分工不仅如亚当·斯密所强调的那样受市场范围的限制，而且主要受"协调成本"以及可获得一般知识的数量的限制，并且分工的拓展与知识的积累相互作用。

---

① Kim S. and Mohtadi H. , "Labor Specialization and Endogenous Growth," *American Economic Review*, Vol. 82, No. 2, 1992, pp. 404–408.

(4) 政府部门公共开支、税收与专业化人力资本积累

在解释形成持久而广泛的人均收入和经济增长率跨国差异的原因方面，政府部门的公共开支与税收政策是无法忽略的重要方面。政府是一把"双刃剑"，它既可以带来"增长奇迹"，也可以使一国陷入马尔萨斯陷阱。通过税收和公共开支，政府可以影响经济个体对人力资本的投资，进而影响经济的长期增长。

采用包括人力资本和非人力资本在内的广义资本概念，Barro（1990）研究了政府公共支出政策与人力资本积累和经济增长的关系。由于政府发挥了向生产者提供公共服务的职能（即政府支出），Barro（1990）强调政府服务是与私人投入一样的生产性支出，如果离开了它的作用，私人生产投入只会具有递减收益，而一旦生产性政府服务进入，生产就具有不变的规模收益，从而使持续增长成为可能。在这里，政府支出是增长的催化剂，政府活动完全被内生化了。政府可选择最优的税收和生产性支出，刺激个人对公共服务的潜在需要，实现持续的人均消费增长。通过维护经济基础和保护财产权利的职能，政府对个人的资本积累起到了重要作用。不仅于此，Barro还强调了不同的政府结构对资本积累和经济增长的影响不同。他指出，相对于利他主义的政府而言，自利的政府会降低消费增长率和经济福利。

Jorgensen（2005）则研究了税收对人力资本积累和长期增长的影响。[1] 他们考察了美国1986年税收改革法案对经济增长的影响，发现增税的潜在可能会阻碍福利的提高，这是因为1986年法案中的增税计划很大程度上是用于控制通货膨胀的。King等（1993）[2] 则以美国

---

[1] Jorgensen Dale, *Accounting for Growth in the Information Age*, in Aghion Philippe and Steven Durlauf (editors), Handbook of Economic Growth, Amsterdam: North Holland, 2005, pp. 744 – 815.

[2] King Robert G. and Ross Levine, "Finance, Entrepreneurship, and Growth: Theory and Evidence," *Journal of Monetary Economics*, Vol. 32, No. 2, 1993, pp. 513 – 542.

数据估计了所得税率对经济增长的影响,他们发现:所得税率每上升10%,平均而言使经济增长率下降大约1.6%。这是因为,所得税的提高会使得人们减少资本积累和人力资本投资,从而抑制了人力资本和物质资本积累,降低了人均收入的长期增长率。

(5) 开放经济条件下人力资本积累和跨国增长差异

Romer (1986) 把生产函数中的企业知识视作知识和某种有形资本复合的产物,通过国际贸易和开放环境,知识不但可以在不同国家间自由传播,而且与资本相称的知识的外在影响也可扩散到其他国家,从而被知识密集度较低的国家模仿。Lucas (1988) 强调各国间人力资本禀赋的差异可以通过国际贸易不断被强化,形成专业化生产,从而降低成本,促进经济增长。

根据新古典增长理论,由于假设投入要素的报酬递减,因而相对于经济发达国家而言,经济欠发达国家资本的报酬率较高,物质资本将从富裕国家快速流向贫穷国家。然而,实际中国际物质资本流动存在障碍。Lucas (1990) 从人力资本禀赋差异等角度探讨了国际资本流动存在障碍的四种可能原因:人力资本差异、人力资本的外部性、资本市场的不完全性和殖民时代的殖民地垄断。

3. 人力资本研究的最新进展

人力资本理论发轫于 Schultz (1965)、Becker (1965) 和 Mincer (1974) 的研究,而在劳动经济学领域和其他经济学领域所广泛应用的人力资本标准模型,则是由 Becker (1965)、Mincer (1974) 和 Porath (1967) 所发展的。近年来,对这一标准人力资本模型的宏观经济学含义的讨论重新燃起了学术界的兴趣。对此,Manuelli 和 Seshadri (2005)、Guvenen 和 Kuruscu (2006) 等做出了一定的理论贡献。他们修改了传统的 Ben Proath 模型的参数假设,从而使得该模型能更好的解释跨国收入差异与工资不平等的演化进程。Manuelli 和 Seshadri (2005) 还强调了各国在职培训投资的差异是如何导致人力资本不可测度部分在跨国间的系统性差异的,从而将人力资本质量纳入考虑范围，使得人力资本对跨国收入差距的解释力更强。对于 Manuelli 等（2005）的这一做法，Caselli（2006）则提出了不同的看法。他指出，上述所谓的人力资本质量差异，并无法显著提高人力资本对总量生产率的解释力度。

此外，有相当一部分文献从实证角度研究了学校教育的收益率，Card（1999）对这一支文献做了较为详细的综述与评价。根据这些文献的研究，每增加一年的学校教育，对劳动者收益平均而言将增加6%—10%。关于资本与技能互补性的研究，也是学界的又一关注重点。这一思想最早为 Griliches（1969）① 所提出，而且得到了许多文献的经验支持。对于资本技能互补性在经验证据方面的最新进展，Katz 和 Autor（1999）进行了总结。

所谓人力资本外部性，是指人力资本要素的集中可以通过要素投入和产业之间的配置改善而使总量生产率得以提高。自这一思想由 Jacobs（1965）、Lucas（1988）、Azariadis 和 Drazen（1990）② 等学者提出以来，引起了学者们极大的研究兴趣。Acemoglu（1996、1997）从理论上分析了劳动力市场不完全契约、资本技能互补性等因素对人力资本外部性的影响，他指出，劳动力市场制度和资本技能的互补性等是影响人力资本外部性的重要因素，并对此做出了微观机制的解释。此外，Rauch（1993）、Acemoglu 和 Angrist（2000）、Duflo（2004）、Moretti（2002）③ 和 Cicconne 等（2006）④ 等学者则对人力资本外部性做出了实证检验。

---

① Griliches Zvi, "Capital-Skill Complementarity," *Review of Economics and Statistics*, Vol. 51, No. 2, 1969, pp. 465–468.

② Azaruadis Costas and Allan Drazen, "Threshold Externalities in Economic Development," *Quarterly Journal of Economics*, Vol. 105, No. 2, 1990, pp. 501–526.

③ Moretti Enrico, "Estimating the External Return to Education: Evidence from Repeated Cross Sectional and Longitudinal Data," *Journal of Econometrics*, Vol. 121, No. 1, 2004, pp. 175–212.

④ Ciccone Antonio and Giovanni Peri, "Identifying Human Capital Externalities: Theory with Applications," *Review of Economic Studies*, Vol. 73, No. 2, 2006, pp. 381–412.

此外，人力资本在适应经济环境变迁与技术革新方面的重要作用，自 Schultz（1965）、Nelson 和 Phelps（1966）等学者开创以来，近年来也取得了一定的进展。Foster 和 Rosenzweig（1995）实证检验了人力资本在适应经济环境变迁与技术革新方面的作用，他们发现，这一作用在统计上是显著的，从而对 Schultz（1965）和 Nelson 等（1966）的开创性思想提供了经验佐证。Benhabib 和 Spiegel（1994）、Aghion 和 Howitt（1999）则对 Nelson 和 Phelps 关于人力资本作用的这一思想进行了广泛的讨论。近年来，一些宏观经济模型，如 Galor 和 Tsiddon（1997）、Greenwood 等（1997）、Caselli（1999）、Galor 和 Moav（2001）[1]以及 Aghion 等（2004）[2]等，则对人力资本在应对经济技术环境变迁方面作用的微观机制进行了深入与完善，并取得了一定的研究成果。

三　人力资本对全要素生产率增长的作用及影响因素

（一）人力资本对全要素生产率增长的作用

综合学界关于人力资本的研究成果，对于人力资本对全要素生产率增长的作用，我们可归纳为以下四个方面：

第一，人力资本是全要素生产率持续增长的保证。人力资本可以产生收益递增，从而消除了物质资本等其他生产要素的边际收益递减对经济长期增长的不利影响。人力资本投资可以提高物质资本的边际生产率，从而提高整个生产过程的全要素生产率。内生经济增长理论

---

[1] Galor Oded and Omer Moav, "From Physical to Human Capital Accumulation: Inequality in the Process of Development," *Review of Economic Studies*, Vol. 71, No. 3, 2004, pp. 1101–1026.

[2] Aghion Phileppe, Peter Howitt and Gianluca Violante, "General Purpose Technology and Wage Inequality," *Journal of Economic Growth*, Vol. 7, No. 2, 2004, pp. 315–345.

家们在人力资本溢出模型中对人力资本的作用进行了具体的分析,将其分为内部效应(Internal Effect)和外部效应(External Effect),而且指出:正是人力资本扩展了的外部效应,使得其边际生产率高于物质资本,促进了经济的持续增长。

第二,人力资本是产业结构转变和优化的基础。所谓经济增长过程,实质上就是产业结构不断升级的过程。一方面,旧的传统产业不断萎缩,在国民经济中所占比重不断下降;同时新的现代产业不断涌现,在国民经济中所占比重不断上升,这种转变的顺利实现需要以人力资本的不断提高为前提。简单来说,如果将一个经济分作三类产业部门——农业、制造业和服务业,则在不同的经济发展阶段,各部门在经济中所占比重和人力资本对经济增长的贡献度也不同。在传统社会,农业所占比重最大,人力资本对经济的贡献最小,经济增长主要依赖劳动投入;在经济起飞阶段和工业化阶段,工业在国民经济中所占比重逐渐增大,对人力资本的要求也逐渐提高,人力资本对经济增长的贡献也逐渐增大;到了后工业化阶段,服务业尤其是现代服务业在国民经济中所占比重居于主导地位,此时经济发展对人力资本的要求最高,全要素生产率增长主要依赖人力资本积累。

第三,人力资本通过对物质资本的能动作用促进全要素生产率增长。物质资本是生产力的被动因素,而人力则是主动力量,具有主体性和能动性,它是物质资本实现并发挥效益的基础。首先,任何物质资本都是由人开发、设计、创造和运用的,离开人力资本的支撑,再先进的物质资本也很难发挥作用。其次,人通过其能动性的活动有效地促进物质资本结构、性能的改善,减弱或抵消物质资本收益递减规律的影响。再次,人力资本的能动性还表现在对物质资本的吸收能力上,人力资本积累越大,对物质资本吸收能力就越强,就越能促进全要素生产率增长。

第四,人力资本通过促进技术进步、管理水平提高和体制的完善来促进全要素生产率增长。高度社会化的现代市场经济离不开发达的科技、先进的管理和完善的体制,而这些又通过人力资本的开发与积累来实现。这是因为,只有人力资本的开发与积累,才能造就大批科技管理人才,提高人们认识客观规律的能力,从而促进技术进步、管理水平的提高和体制的健全完善,最终推动经济持续、快速、健康的发展。

(二) 影响人力资本质量升级的制度和环境因素

在实际经济环境中,人力资本作用能否充分发挥,取决于制度、市场环境等一系列因素的制约。总体来说,影响人力资本质量提升的制度因素与环境因素有以下五个方面:

第一,培育制度。其中报酬分配制度和教育制度是非常关键的两个方面。报酬收入反映个人投资的收益,是对个人人力资本投资的激励;教育制度则保证了社会对人力资本的投资和培育水平,包括对教育投资的制度保障;教学环境的保证;教室队伍和教学基础设施的建设。

第二,人力资本产权制度。要想激发个体的人力资本潜能,首先必须对其人力资本产权给予充分的肯定和尊重,从而实现外部性激励向内部性激励的转化,同时完善的人力资本产权制度还有优化资源配置、降低不确定性等功能。如果人力资本产权得不到保护,则不仅导致资源配置失误,而且人力资本质量提升将得不到充分的内在激励,经济绩效由此受到损害。

第三,劳动力市场与企业内部劳动力配置制度。一个自由、完善、契约完全的劳动力市场,其作用在于,通过企业和个人自发的分散决策使劳动力资源达到最优配置状态。政府应该建立相应的制度促进劳动力市场的竞争和流动。一个劳动力市场的有效运作依赖于三个方面:竞争机制、择业机制和信息机制。但这并非是说政府可以与允许劳动力市场自由放任,而是说应该从劳动标准、生活保障和雇佣制度等方面促进劳动力市场效率。例如,通过建立公益养老基金、失业保险、生活补贴等保障制度来保证人们的基本生存条件，使得劳动力市场发挥正常的竞争机制；通过制定雇佣政策、建立职业介绍机构、确定职业训练为主的人力资本开发计划来保证劳动力市场对劳动者进行有效的配置；通过建立市场工资体系使工资能真正作为劳动力市场的价格信号；消除劳动力市场分割现象，减少劳动力流动的成本与流动，使得人力资本质量在流动过程中实现动态提升。

第四，开放政策。开放政策对于人力资本发挥作用的重要意义在于，在开放经济的环境下，对外开放能够通过寻求外商投资或者使用外国产品以及学习先进管理制度等得到更广泛的知识获取渠道，这样使得人力资本积累在促进知识交流和缩小知识差距方面的作用更加显著，从而对人力资本投资起到了进一步的刺激作用。对于发展中国家而言，开放的重要意义还在于，可以吸收外国资本补偿本国经济发展所需资本的缺乏，而资本增加即意味着对人力资本市场需求的增加。因此，如果一国或地区的开放度越高，则有可能利于人力资本质量提升与全要素生产率增长。

第五，经济基础。如果缺乏相应的物质资本投入，即缺乏对人力资本的需求，也会导致人力资本低效使用和闲置，对人力资本投资不足还导致人力资本质量的低下。

此外，其他因素，比如社会制度、文化、企业用人制度等因素，如果它们存在不合理之处，则也会对人力资本的作用产生制约。制度变迁与人力资本制度的调整常常滞后于人力物力资产的调整。Schultz（1968）曾提出"人的经济价值的提高产生了对制度的新的需求"的观点，并对"为适应人的经济价值提高的制度滞后"进行了分析。改革就是制度变迁，对于一个改革中的国家，如何积极调整制度安排使其适应于人力资本对制度的需求非常重要。事实上，制度会制约人力资本作用，而不同的人力资本结构和水平也会对制度的均衡和演化路径造成影响，两者实际上互为反应函数。某种意义上说，中国渐进改革在前30多年的成功就是一个制度资产与人力资本、经济组织的演化与人力资本积累相互配套、良性循环的案例。而目前，中国经济在转变发展方式、提高经济增长质量等方面所遇到的一些困难，则是制度改革滞后于经济发展需要的结果。

综上所述，人力资本质量提升对全要素生产率增长具有重要的推动作用，这一点已为学界多年来的理论和应用研究所证实。然而，现有研究多集中于宏观数据或跨国经验证据的层面，对来自一国的微观数据进行全面的实证研究则并不多见。同时，由于制度环境的差异，中国人力资本质量的实际状况、影响作用与发达经济体或存在较大差距。只有从深入中国人力资本质量的角度出发，对人力资本质量与企业全要素生产率的影响效应、不同维度细分人力资本质量对于企业投入—产出效率的影响进行全面的实证分析，我们才能为提升中国的人力资本质量提出针对性的政策建议。

第二章
新常态下中国企业全要素生产率的测算分析

一 研究背景

新常态下,中国经济下行压力不断增大。在宏观经济增速方面,GDP 增长率从 2010 年的 10.3% 逐年下降到 2014 年的 7.4%,而对于产业规模占 GDP 总量 42.6%、就业人数占全社会就业人员总数 30.1% 的制造业企业而言,其下行压力则更为明显。近 5 年来,我国全部工业增加值的增长速度从 2010 年的 12.6% 回落到 2014 年的 7.0%,而同期规模以上工业企业利润总额的同比增速更从 49.4% 的历史峰值快速下行到 2014 年的 3.3%[①]。如何加快实现中国经济从"低成本要素投入型"向"全要素生产率驱动型"转变,已成为"十三五"期间将中国经济增速保持在合理区间的重要课题(蔡昉,2013;胡鞍钢等,2013)。

作为宏观经济的重要微观基础,企业经济活动及其全要素生产率

[①] 以上统计数据分别根据《中国统计年鉴》(2014 年)、《中国国民经济与社会发展统计公报》(2014 年)的相关指标进行整理。

的真实状况对于准确判断新常态下投入—产出效率的整体情况具有重要意义。对上述选题，近年来现有文献也展开了大量的实证研究（刘小玄、李双杰，2008；鲁晓东、连玉君，2012；杨汝岱，2015 等）。然而，由于基于不同企业规模随机抽样的一手企业调查数据的缺乏，现有文献对于上述选题的实证研究多运用 2009 年以前的中国工业企业数据库。由于上述数据在抽样方式、样本信息时效性等方面的缺陷，现有研究成果仅能反映规模以上企业投入—产出效率的部分状况，也难以对我国经济进入新常态以来企业全要素生产率的最新变化情况进行统计分析。

为解决上述问题，本章将采用"中国企业—员工匹配调查"数据，以广东省为代表对新常态下企业全要素生产率进行较为深入的测算分析。之所以选择上述微观数据，是因为该调查以 2013 年第三次经济普查的企业名单为基础，按照随机分层抽样方式调查了广东 13 个地级市、19 个县（区）调查单元的 800 家企业，每家企业根据员工人数随机抽取 6—10 名员工，最终获取了 570 家企业、4988 名员工的有效样本。该调查首次从企业层面完整收集了企业 2013—2014 年有关工业总产值、工业增加值、工业中间投入、员工人数、固定资产净值等全面测算企业全要素生产率的财务数据，也提供了基于不同企业规模随机抽样的关于新常态下企业生产经营活动的最新研究样本。

在此基础上，本章分别采用时间序列的 DEA、随机前沿模型（SFA）和 Levinsohn-Petrin 一致半参数估计法（Levinsohn & Petrin, 2003）等方法，对企业全要素生产率进行了综合测算。根据现有文献的思路，上述三种方法均为测算企业全要素生产率的主流方法，并分别涵盖对于企业投入—产出效率的非参数、参数和一致半参数估计。考虑到不同估计方法在计量尺度方面的差异性，本章采用主成分分析（PCA）方法对基于时间序列 DEA、SFA 和 LP 等方法测算的企业全要素生产率变量进行线性加总（李斌、赵新华，2009），并依此对新常态下企业全要素生产率的行业状况、地区状况进行统计分析。

二 测算方法介绍

(一) 企业全要素生产率的主要测算方法

对生产率的测算是很多实证研究的基础,它通常被解释为总产出中不能由要素投入所解释的"剩余"。这个"剩余"一般被称为全要素生产率(TFP),它反映了剔除资本、劳动等生产要素投入对决策单元产出增长贡献之后投入—产出效率自身改善的程度,不仅包含技术进步对产出增长的贡献,也包含许多没有体现在生产函数中但对产出增长有实质性贡献的因素,比如生产规模的优化、管理效率的改善等(鲁晓东、连玉君,2012)。

与国家和地区等宏观决策单元不同的是,企业作为微观市场主体的生产决策行为更具确定性,其技术水平在某种程度上是可以事前认知的,企业往往根据已知的技术水平再选择合适的要素投入水平。因此,由于难以联立性偏误和选择性偏差等问题、传统的增长核算法和增长率回归法(索洛余值法)等宏观全要素生产率的测算方法由于存在残差项与回归项的高度相关而不适用于微观企业全要素生产率的计算(鲁晓东、连玉君,2012)。为解决上述问题,本章首先参考主流实证文献的做法,分别采用时间序列的 DEA 方法、随机前沿模型(SFA)和 Levinsohn-Petrin 一致半参数估计法(Levinsohn & Petrin,2003)等测算方法对企业全要素生产率进行指标计算。

1. 时间序列的 DEA 方法(DEA)

本章首先基于时间序列 DEA 模型的 Malmquist 生产率指数对企业全要素生产率进行了测算。该模型是一种基于非参数估计的数据包络分析方法,其基本思路是,根据各个观测单元的数据,利用线性规划技术将有效单元线性地组合起来,构造出一个前沿的生产面。从而在给定投入条件下,各个单元的实际产出与该前沿生产面之间的距离就测量了投入—产出效率。上述方法优点在于无须预先设定生产函数,从而规避了因错误的函数形式所带来的问题。根据现有文献做法,本章采用工业中间投入、年末员工人数作为要素投入变量,以工业总产值作为产出变量来测算企业的全要素生产率。

考虑到企业工业总产值在填报过程中容易存在统计定义不清晰、计算口径不一致的质量问题,我们运用"工业总产值=主营业务收入+期末存货-期初存货"的会计准则进行数据清理,本次调查对主营业务收入、期末存货和期初存货指标也进行了收集。对于主营业务收入、期末存货存在缺失的部分企业样本,工业总产值则采用销售收入与期初存货的差额作为近似替代。

2. 随机前沿模型(SFA)

随机前沿模型(SFA)是现有文献测算企业全要素生产率所普遍应用的一种参数估计方法。与 DEA 方法相比,SFA 方法通过具体的生产函数模型设定,从而使得全要素生产率的测算过程更具经济学含义,并且通过组合误差中的随机扰动项保留了环境影响因素的作用,较之 DEA 方法更符合现实情况。但是,SFA 方法也存在测算结果对生产函数模型设定较为敏感的缺陷。在具体做法上,本章借鉴现有文献,采用基于超越对数形式(trans-log)的时变生产函数(time-varying)作为前沿生产函数,将其作为衡量企业投入—产出效率变化的基准。通过假定时变技术非效率指数服从非负断尾正态分布,并假设其独立于随机前沿生产函数的统计误差项,我们可通过极大似然估计在前沿生产函数条件下估算出前沿技术进步率(FTP)、相对前沿的技术变化率(TE)。最终,全要素生产率(TFP)就是 FTP 和 TE 的加总。

在具体指标选择上,本章采用工业中间投入、年末员工人数作为要素投入数据,以工业增加值作为产出变量来测算企业的全要素生产率。对于工业增加值数据的整理,本章参考现有文献,对部分异常值(outliers)采用"工业增加值=工业总产值-工业中间投入+增值税"的会计准则进行数据清理。

3. Levinsohn-Petrin 一致半参数估计法（LP）

Levinsohn-Petrin 一致半参数估计法（以下简称 LP 方法）是对企业全要素生产率的 Olley-Pakes 方法（以下简称 OP 方法）的改进和拓展。该方法考虑到传统 C－D 生产函数即使在加入固定效应的情况下也无法有效解决残差项中技术冲击和测量误差对于生产函数的影响，从而较好地解决了模型估计的联立性偏误和选择性偏差问题。同时，该方法放弃了 OP 方法要求代理变量即投资与总产出始终保持单调关系的过于严格的假设，从而使模型可较大程度的保留观测样本，使大量当年投资额为 0 的企业的全要素生产率得以进行测算。

本章首先构建一个 C－D 生产函数，并将随机误差项 μ_{jt} 分解为符合经典 OLS 假设的 e_{jt} 以及与投入要素存在相关性的 ϖ_{jt} 两个部分。通过将 t 期企业的资本存量视作内生变量，并以工业中间投入作为生产率冲击的代理变量，LP 方法使得不可观测的生产率冲击对于当期企业投入—产出效率的实际影响获得了良好的近似。在非线性最小二乘估计下，LP 方法可获得企业全要素生产率的一致半参数估计值。具体指标选取上，本章参考现有文献的通常做法，以工业增加值作为产出变量，以年末员工人数、固定资产净值作为要素投入变量，以工业中间投入作为不可观测生产率冲击的代理变量，运用 LP 方法获得了企业全要素生产率的第三种估计值。

（二）主成分分析与线性加总

考虑到上述方法在测算企业全要素生产率指标方面互有优缺点，以及由于计量尺度的差异，单纯使用一种方法测度的企业全要素生产率也难以精确反映新常态下企业全要素生产率在不同行业、不同地区的变化情况。为便于统计分析，本章采用主成分分析（PCA），对基于时间序列 DEA、SFA 和 LP 方法测算的企业全要素生产率指标进行线性加总。

通过对上述三种方法测算的企业全要素生产率指标进行主成分分析（PCA），我们得到各主成分的特征根与方差贡献率。表 2.1 给出了总方差分解的统计结果。根据特征根大于1和累计方差贡献率大于85%的经验法则，我们提取第一个主成分（factor 1）来进行主成分分析，其累计方差贡献度已达到85.45%，可见这一个主成分已经对大多数数据做出了充分的概括。由此，我们可以认为主成分的提取结果比较理想。表2.2进一步给出了主成分得分系数矩阵的计算结果。

表2.1　　　　　　　　　　总方差分解表

因子	初始特征根			主因子特征根		
	特征根	方差贡献率（%）	累计方差贡献率（%）	特征根	方差贡献率（%）	累计方差贡献率（%）
1	1.87361	0.8545	0.8545	1.87361	0.8545	0.8545
2	0.63939	0.1131	0.9676			
3	0.48700	0.0324	1.0000			

注：根据Stata14.0计算。

表2.2　　　　　　　　　　主成分得分系数矩阵

变量	因子
TFP（DEA）	0.7832
TFP（SFA）	0.8309
TFP（LP）	0.7549

注：根据Stata14.0计算。

根据表2.2我们可以写出因子得分函数，我们将其作为在主成分分析条件下基于DEA、SFA和LP方法线性加总得到的企业全要素生产率的代理变量：

$$TFP\_factor = 0.7832 \times stdTFP\_DEA + 0.8309 \times stdTFP\_SFA$$
$$+ 0.7549 \times stdTFP\_LP$$

$$(2-1)$$

其中，std代表经过标准化处理后的指标。

三 企业全要素生产率的行业与地区变化

(一) 企业全要素生产率的行业分布

表 2.3 给出了 2013—2014 年本次调查受访企业全要素生产率在不同行业的分布情况，为获得稳健的估计结果，我们分别报告了基于时间序列 DEA、SFA 和 LP 方法的测算指标，并报告了基于主成分线性加总的因子分（factor scores）数值。我们对于 2013—2014 年的企业全要素生产率的因子分（TFP-factor）行业平均值按照降序进行了排列。结果发现，对于本次调查数据而言，2014 年企业全要素生产率最高的 5 个行业分别为铁路、船舶、航空航天和其他运输设备制造业（2.3903），有色金属冶炼和压延加工业（0.7521），酒、饮料和精制茶制造业（0.7444），汽车制造业（0.6579）和印刷和记录媒介复制业（0.6334）；2014 年企业全要素生产率最低的 5 个行业则分别为食品制造业（-0.9334），造纸和纸制品业（-0.4193），农副食品加工（-0.4086），其他制造业（-0.4072）和皮革、毛皮、羽毛及其制造业和制鞋业（-0.2464）。企业全要素生产率较高的产业主要为技术密集型和内需主导型产业，而全要素生产率较低的产业则多为劳动密集型产业、出口导向型产业。上述统计结果表明，随着我国经济自 2013 年进入新常态以来，低劳动力成本优势已大幅下降，劳动密集型产业的投入—产出效率不高且受到国际市场需求震荡的较大冲击。我国经济亟待从依赖低成本劳动力进行简单加工的价值链低端环节向技术密集型的价值链高端环节升级。同时，由于国际市场需求低迷以及技术性贸易壁垒的存在，出口导向型产业受到了较大冲击；而随着我国居民收入的提升，国内需求尤其是居民的改善型需求得到了较大释放，内需主导型产业的投入—产出效率普遍较高。这表明，新常态下我国产业结构需要从外需导向型进一步向内需主导型转型。

第二章 新常态下中国企业全要素生产率的测算分析

表 2.3 企业全要素生产率的行业分布（2013—2014 年）

序号	二维行业代码	行业名称	TFP–DEA (2013)	TFP–DEA (2014)	TFP–SFA (2013)	TFP–SFA (2014)	TFP–LP (2013)	TFP–LP (2014)	TFP–factor (2013)	TFP–factor (2014)
1	37	铁路、船舶、航空航天和其他运输设备制造业	0.8650	0.9340	0.7494	0.7577	0.6954	0.9223	1.8883	2.3903
2	32	有色金属冶炼和压延加工业	0.6622	0.6988	0.6713	0.6643	0.2855	0.3606	0.5858	0.7521
3	15	酒、饮料和精制茶制造业	0.5080	0.4840	0.7570	0.7431	0.5847	0.5375	0.9125	0.7444
4	36	汽车制造业	0.6404	0.6535	0.6529	0.6563	0.4752	0.3903	0.8166	0.6579
5	23	印刷和记录媒介复制业	0.4118	0.4793	0.6255	0.6411	0.3155	0.7133	-0.1330	0.6334
6	16	烟草制品业	0.3360	0.4545	0.6625	0.7257	0.3555	0.5297	-0.1254	0.6055
7	26	化学原料和化学制品制造业	0.6113	0.6125	0.6863	0.6645	0.3635	0.3766	0.3347	0.3893
8	31	黑色金属冶炼和压延加工业	0.6290	0.5440	0.6596	0.6416	0.6245	0.3878	0.7142	0.3447
9	18	纺织服装、服饰业	0.4152	0.4464	0.5690	0.6258	0.3404	0.4436	-0.1422	0.3395
10	20	木材加工和木、竹、藤、棕、草制品业	0.4423	0.4913	0.6908	0.7126	0.2053	0.2999	0.0171	0.3357
11	30	非金属矿物制品业	0.4775	0.4782	0.6524	0.6375	0.3898	0.3645	0.2487	0.1675
12	17	纺织业	0.4695	0.4708	0.6219	0.6378	0.2583	0.2844	0.0436	0.1551
13	27	医药制造业	0.6453	0.6667	0.5753	0.5369	0.2568	0.2555	0.1864	0.1077
14	33	金属制品业	0.4470	0.4511	0.6372	0.6206	0.3148	0.3567	-0.0197	0.0093
15	38	电气机械和器材制造业	0.4652	0.4857	0.6219	0.6239	0.2612	0.2816	-0.0699	-0.0024

续表

序号	二维行业代码	行业名称	TFP-DEA (2013)	TFP-DEA (2014)	TFP-SFA (2013)	TFP-SFA (2014)	TFP-LP (2013)	TFP-LP (2014)	TFP-factor (2013)	TFP-factor (2014)
16	34	通用设备制造业	0.4587	0.4816	0.6150	0.6249	0.2671	0.2736	-0.1084	-0.0107
17	39	计算机、通信和其他电子设备制造业	0.4429	0.4572	0.6043	0.6145	0.2955	0.3245	-0.1505	-0.0223
18	35	专用设备制造业	0.4910	0.4898	0.6016	0.6036	0.3395	0.3167	-0.0410	-0.0508
19	21	家具制造业	0.4392	0.5132	0.6171	0.5694	0.2364	0.2520	-0.1248	-0.0519
20	40	仪器仪表制造业	0.4587	0.4852	0.6107	0.6255	0.2359	0.2386	-0.1689	-0.0526
21	29	橡胶和塑料制品业	0.3817	0.4044	0.6338	0.6379	0.2877	0.2709	-0.1068	-0.0684
22	24	文教、工美、体育和娱乐用品制造业	0.3401	0.3711	0.6328	0.5951	0.2591	0.4394	-0.3327	-0.1620
23	19	皮革、毛皮、羽毛及其制品和制鞋业	0.3549	0.3571	0.6322	0.6551	0.2309	0.2752	-0.3662	-0.2464
24	41	其他制造业	0.2130	0.2520	0.5684	0.6138	0.1127	0.1373	-0.9077	-0.4072
25	13	农副食品加工业	0.5247	0.5248	0.4873	0.4889	0.0965	0.1064	-0.4009	-0.4086
26	22	造纸和纸制品业	0.4743	0.4486	0.5765	0.5039	0.2893	0.1893	0.1750	-0.4193
27	14	食品制造业	0.3490	0.3560	0.5175	0.5096	0.1111	0.1018	-0.9112	-0.9334
		合计	0.4798	0.4997	0.6270	0.6271	0.3144	0.3493	0.0672	0.1776

注：根据Stata14.0计算并整理。行业分类根据按照国民经济行业分类代码GB/4754—2011中的两位数代码，全部数据按2014年企业全要素生产率的行业平均因子分降序排列。

表 2.4 则按降序依次报告了 2013—2014 年各行业全要素生产率的变动情况。结果发现，基于本次企业调查数据，2014 年企业全要素生产率平均增长 5.09%，这一数据测算结果与现有文献认为中国企业全要素生产率年均增速为 3%—5% 的经验判断相一致（闫坤、刘陈杰，2015；杨汝岱，2015）。并且，通过对本次调查所涉及的 27 个行业全要素生产率的变动进行统计，我们发现：印刷和记录媒介复制业、烟草制品业、文教娱乐用品业等 19 个行业的全要素生产率仍然处于增长状态，占全部抽样企业的 70.37%。这表明，在中国经济进入新常态的条件下，大部分微观企业仍具有较强的经济活力，中长期经济增速具有"筑底企稳"的可能。通过对全要素生产率增长和下降最快的行业类型进行分析，我们发现：对于印刷和记录媒介复制业、烟草制品业、文教娱乐用品业、木材加工、其他制造业和服装制造等以国内需求为主、需求弹性不高的行业而言，其投入—产出效率的增长最为强劲；而对于非金属矿物制品、酒水饮料、汽车制造、造纸和黑色金属冶炼加工等产能过剩严重的行业而言，其全要素生产率则面临较大的下行风险。上述行业分布也与现实的经验判断基本一致。

表 2.4　　　　　企业全要素生产率的行业变化情况

序号	二维行业代码	行业名称	TFP 增速（%）	序号	二维行业代码	行业名称	TFP 增速（%）
1	23	印刷和记录媒介复制业	48.32	15	13	农副食品加工业	3.52
2	16	烟草制品业	31.28	16	40	仪器仪表制造业	3.12
3	24	文教、工美、体育和娱乐用品制造业	24.24	17	34	通用设备制造业	3.00
4	20	木材加工和木、竹、藤、棕、草制品业	20.11	18	29	橡胶和塑料制品业	0.26

续表

序号	二维行业代码	行业名称	TFP增速（%）	序号	二维行业代码	行业名称	TFP增速（%）
5	41	其他制造业	16.03	19	26	化学原料和化学制品制造业	0.20
6	18	纺织服装、服饰业	15.93	20	27	医药制造业	-1.29
7	37	铁路、船舶、航空航天和其他运输设备制造业	13.91	21	35	专用设备制造业	-2.21
8	32	有色金属冶炼和压延加工业	10.26	22	14	食品制造业	-2.61
9	19	皮革、毛皮、羽毛及其制品和制鞋业	7.82	23	30	非金属矿物制品业	-2.88
10	21	家具制造业	5.23	24	15	酒、饮料和精制茶制造业	-4.88
11	39	计算机、通信和其他电子设备制造业	4.92	25	36	汽车制造业	-5.10
12	17	纺织业	4.32	26	22	造纸和纸制品业	-17.51
13	38	电气机械和器材制造业	4.19	27	31	黑色金属冶炼和压延加工业	-18.05
14	33	金属制品业	3.88			合计	5.09

注：根据Stata14.0计算并整理。行业分类根据按照国民经济行业分类代码GB/4754—2011中的两位数代码，全部数据按2013—2014年企业全要素生产率的行业平均增速降序排列。

（二）企业全要素生产率的地区分布

表2.5给出了2013—2014年本次调查受访企业全要素生产率在不同地区的分布情况，为获得稳健的估计结果，我们分别报告了基于时间序列DEA、SFA和LP方法的测算指标，并报告了基于主成分线性加总的因子分数值。我们对于2013—2014年的企业全要

素生产率的因子分地区平均值按照降序进行了排列。我们有如下三个发现：

第一，珠三角地区的全要素生产率水平普遍较高。根据表2.5的统计结果，2014年全要素生产率因子分大于0的地区共有10个，除揭阳（0.5999）、阳江（0.3126）外，其余均为珠三角城市。这说明，对于本次广东省制造业企业调查而言，珠三角地区的投入—产出效率要较之于经济欠发达的粤东、粤西地区更高，集群优势更加明显。这或许与珠三角地区改革开放以来"得风气之先"、制造业产业基础较为雄厚、产业配套较为完善等有较大关系。

第二，临近珠三角地区的"后发优势"较为显著。根据表2.5的统计结果，2014年全要素因子分数值最高的地区分别为粤东的揭阳（0.5990）和粤西的阳江（0.3126），而本次调查所涉及的其他粤东、粤西城市如潮州（-0.0246）、湛江（-0.3975）则分列2014年地区全要素生产率水平的倒数第三、倒数第一位。引入经济地理分析，我们发现：揭阳、阳江两个地区的行政区划均与珠三角城市圈紧密相连①，而潮州、湛江则较为远离珠三角城市圈。这说明，在靠近珠三角的欠发达地区，能较好地发挥劳动力成本较低的优势，从而承接珠三角地区的产业转移，技术扩散和外溢效应明显。而对远离经济核心区的欠发达地区，其"后发优势"并不显著。

第三，传统制造业优势地区面临一定程度的"转型升级"压力。本次调查数据表明，对于以东莞为代表的传统观制造业优势地区，其面临较为迫切的"转型升级"要求。表2.5的统计结果表明，2014年东莞企业全要素生产率的因子分数值仅为-0.2453，在全部13个接受调查的地级市中名列倒数第二，也远低于广东省0.1286的整体得分值。这说明，随着经济进入新常态，原有的劳动力成本优势已渐

---

① 揭阳、阳江分别与珠三角城市圈的惠州、江门相距较近，而潮州、湛江则分属广东省的东、西两端，分别与福建、广西两省相近。

表 2.5 企业全要素生产率的地区分布（2013—2014 年）

序号	地区名称	所属地区	TFP–DEA (2013)	TFP–DEA (2014)	TFP–SFA (2013)	TFP–SFA (2014)	TFP–LP (2013)	TFP–LP (2014)	TFP–factor (2013)	TFP–factor (2014)
1	揭阳	粤东	0.5341	0.5261	0.5937	0.6070	0.4853	0.5422	0.4539	0.5990
2	阳江	粤西	0.4057	0.4248	0.6410	0.6589	0.4335	0.5422	0.0204	0.3126
3	中山	珠三角	0.4926	0.5136	0.6118	0.6395	0.2922	0.2965	0.1575	0.2647
4	佛山	珠三角	0.5180	0.5379	0.6025	0.6201	0.3065	0.3600	0.0170	0.2398
5	深圳	珠三角	0.4180	0.4713	0.6139	0.6190	0.3073	0.4775	−0.1643	0.2261
6	江门	珠三角	0.4713	0.4873	0.6034	0.6348	0.2436	0.3022	−0.0416	0.1982
7	惠州	珠三角	0.5447	0.5644	0.6157	0.6289	0.2374	0.2625	0.0545	0.1798
8	肇庆	珠三角	0.5429	0.5602	0.6508	0.5992	0.3319	0.3264	0.3149	0.1747
9	珠海	珠三角	0.5480	0.5297	0.6239	0.6155	0.3626	0.2934	0.2607	0.0950
10	广州	珠三角	0.4148	0.4286	0.6125	0.6282	0.3205	0.3881	−0.1382	0.0499
11	潮州	粤东	0.4839	0.4721	0.6361	0.6202	0.2894	0.2810	−0.0170	−0.0246
12	东莞	珠三角	0.3780	0.3889	0.6150	0.6133	0.2651	0.2597	−0.2495	−0.2453
13	湛江	粤西	0.4028	0.4091	0.6178	0.6112	0.1812	0.1793	−0.3638	−0.3975
	合计		0.4734	0.4857	0.6183	0.6228	0.3120	0.3470	0.0234	0.1286

注：根据 Stata14.0 计算并整理。其中广州包含海珠区、番禺区 2 个调查单元；深圳包含宝安、龙岗区 2 个调查单元；佛山包含禅城区、顺德区 2 个调查单元；东莞包含长安、东城等 4 个调查单元。其余城市均为 1 个县（区）调查单元。全部数据按 2013—2014 年企业全要素生产率的地区平均因子分降序排列。

趋衰减，在以东莞为代表的劳动密集型制造业较为发达的地区，企业正面临较大的外迁、停产和转型压力，因此造成经济整体投入—产出效率的下降。

最后，表2.6给出了2013—2014年各地区企业全要素生产率的变动情况。表2.6的描述性统计结果与表2.5较为近似，同样支持前文对于珠三角地区拥有较高的全要素生产率水平、临近珠三角地区具有较强的"后发优势"和东莞等传统制造业优势地区"转型升级"压力较大的经验判断。

表2.6　　　　　　企业全要素生产率的地区变化情况

序号	地区名称	所属地区	TFP增速（%）	序号	地区名称	所属地区	TFP增速（%）
1	深圳	珠三角	22.98	8	中山	珠三角	3.42
2	江门	珠三角	10.88	9	东莞	珠三角	0.18
3	阳江	粤西	10.85	10	湛江	粤西	-0.19
4	广州	珠三角	9.00	11	肇庆	珠三角	-2.13
5	佛山	珠三角	8.07	12	潮州	粤东	-2.63
6	惠州	珠三角	5.46	13	珠海	珠三角	-7.92
7	揭阳	粤东	4.16		合计		4.84

注：根据Stata14.0计算并整理。全部数据按2013—2014年企业全要素生产率的地区平均增速降序排列。

（三）小结

运用2015年广东制造业企业—员工匹配调查数据，本章以广东省为案例对2013年经济进入新常态以来企业全要素生产率的变化状况进行了较为全面的指标测算。基于时间序列DEA、随机前沿模型（SFA）和Levinsohn-Petrin一致半参数估计法（LP）等不同估计方法的综合运用，本章对调查样本企业全要素生产率的行业分布、地区分布进行了较为详细的统计分析。行业分布的统计结果表明，新常态下技术密集型、内需主导型行业的企业全要素生产率水平要明显高于劳动密集型、出口主导型行业，我国产业结构需要朝技术密集型、内需导向型产业的方向进一步优化调整。同时，对于内需主导型、需求弹性不大的产业，企业全要素生产率的增长速度更快，而对于产能过剩严重的产业，企业全要素生产率的下行压力较大。因此，"十三五"期间我国应加快淘汰落后产能，切实提高要素投入的资源配置效率。地区分布的统计结果表明，新常态下经济发达地区企业的产业集群优势较为明显，全要素生产率水平普遍较高，应通过改革进一步释放微观主体的创新活力。同时，部分劳动密集型产业为主导的传统制造业地区也面临较大的转型升级压力。为对冲经济下行风险，应大力开展供给侧改革，鼓励一部分技术落后、创新意识不强企业退出市场，并积极引导部分优质企业向紧邻经济核心区的欠发达地区转移，通过技术外溢、技术扩散促进地区经济协调发展，使经济增长稳定在合理区间。

第三章
人力资本质量与企业全要素生产率的异质性研究

一 研究背景

近年来,中国经济正处于"结构性减速"的关键发展期。随着劳动力供给"刘易斯转折点"的到来(蔡昉,2013),中国经济的"人口红利"渐趋消失,改革开放前30余年依靠低成本劳动力无限供给的比较优势已难以为继,提高人力资本质量、改善劳动力要素投入结构已成为"十三五"期间中国经济实现均衡、稳健、有质量的中高速增长的内在要求(胡鞍钢等,2013;程虹,2014)。

从理论和实证角度,国外文献对于人力资本质量与经济增长的关系展开了深入探讨。新增长理论家们普遍认为,劳动力生产要素具有显著的个体差异。随着劳动力在健康、教育和技能水平等方面的质量提升,更高水平的人力资本有利于提高知识生产效率、增强创新能力、优化劳动力与物质资本的匹配性,从而避免宏观经济由于单纯依靠生产要素的投入扩张而引致的规模报酬递减效应,使长期经济增长获得内生动力(Romer,1990;Lucas,1988;Aghion and Howitt,1992;Basu and Weil,1998;Acemoglu,2002)。基于人力资本的研究视角,许多文献运用跨国宏观经济面板数据分别从健康状况(Shastry and Weil,2002)、教育水平(Barro and Lee,2001;Hall and Jones,1999;Cohen and Soto,2007)、劳动技能(Krusell,et al.,2000;Cunha,et al.,2010)等角度实证分析了人力资本质量差异对于人均 GDP、人均工资水平、全要素生产率等经济绩效指标的影响。近年来,考虑到健康、教育和技能等人力资本分项指标在实际经济活动中的交互作用和匹配效应,现有文献从人力资本角度进一步引申出人力资本质量(Human Cpital Quality)的理论定义和测算方法(Jones,2008;Musa Ahmed,et al.,2013;Coulombe,et al.,2014;Li,et al.,2015)[①],基于投入要素质量(Input Quality)的视角,对人力资本质量从劳动力的体能状况、教育程度和技能水平进行综合性地指标构建。在此基础上,部分文献运用丹麦、挪威等国的企业—员工匹配数据(MEE data),对人力资本质量和企业全要素生产率(TFP)的微观实证关系进行了细致研究(Fox and Smeets,2011;Irarrazabal,et al.,2010;Bagger,et al.,2014),结果发现:人力资本质量对企业的全要素生产率具有显著的影响。考虑到企业异质性因素,这种影响具有较大的差异。对于出口企业和高科技企业,人力资本质量对企业的全要素生产率影响程度更大;而外资与内资之间并不存在明显差异。

然而,作为快速发展的、全球经济总量第二的发展中经济体,中国与丹麦、挪威等北欧小型发达经济体而言存在较大差别。并且,中国经济正处于从技术模仿阶段、投资驱动阶段向全要素生产率驱动阶段转型的关键期;对于现阶段中国企业而言,其人力资本质量、企业全要素生产率也与技术模仿阶段、投资驱动阶段的历史状况存在一定差异。中国企业当前的人力资本质量与全要素生产率的真实状况究竟

---

① 此外,部分文献也将其称为劳动质量或劳动力质量(Bolli and Zurlinden,2008;Cubas,et al.,2015)。

第三章 人力资本质量与企业全要素生产率的异质性研究

如何？考虑中国较强的 FDI 技术扩散效应（徐舒等，2011）、加工贸易出口企业占比较大（戴觅等，2014）、高科技企业研发创新效率不高（李向东等，2011）等特征性事实，中国不同类型企业的人力资本质量对于全要素生产率的影响具有怎样的差别？其与现有文献关于小型发达经济体的研究结论有什么差异？对上述问题的研究，不仅可以加深现有文献对于大型发展中经济体的企业异质性、人力资本质量与全要素生产率的微观实证关系的理论认知，对于中国经济如何通过提高人力资本质量、改善劳动要素投入结构而加快实现经济的转型升级而言，更具有较强的政策意义。

但是，由于数据限制，国内现有文献对于上述问题的实证研究与国外同类研究相比尚存在一定差距。首先，样本信息时效性不强制约了现有文献对于当前中国不同类型企业人力资本质量异质性状况的真实判断。现有文献对于不同类型企业人力资本质量异质性的研究多运用 2005 年"家庭动态与财富代际流动抽样调查"（PDFD）（张车伟、薛欣欣等，2008）、2006 年"民营企业竞争力调查"（吴延兵、刘霞辉，2009）、2007 年中国居民家庭收入调查（CHIP）和 2007 年中国工业企业数据库（陈维涛等，2014a；陈维涛等，2014b）等调查数据，上述研究样本距今多已存在 8—10 年的时间滞后。由于经济变量的"渐近独立性"（Asymptomatic Independence）特征①，基于多年前调查样本的研究结论已难以追踪不同类型企业人力资本质量的最新变化。其次，样本指标多元性不足致使现有文献难以完整反映不同类型企业劳动力体能状况、教育程度和技能水平的实际状况。现有调查数据多仅包括劳动力教育程度、学历水平等少数指标，较少涉及平均工作时长、教育年限、工龄等全面反映人力资本质量状况的指标问项。因此，现有文献主要选择教育程度作为企业人力资本质量的代理变量

---

① 渐近独立性，即指经济变量的历史信息与现实状况的相关性将随着时间跨度的延长而趋近于 0（程虹等，2016）。因此，研究结论的现实政策价值将在较大程度上取决于样本信息的时效性。

（王秋实，2013；罗楚亮、李实，2007；刘青等，2013；何亦名，2014），上述指标仅涵盖企业员工在教育形式的人力资本上的差异情况，而无法全面反映我国企业劳动力在体能状况、教育程度和技能水平等方面的人力资本质量状况。最后，由于企业—员工匹配样本的缺乏，现有文献就人力资本质量对于企业全要素生产率的影响系数难以从企业层面进行直接的实证检验，多采用行业面板数据回归、省级面板数据回归等方式进行间接的经验判断（袁开洪，2006；张涛、张若雪，2009；夏良科，2010；罗勇等，2013），对现有研究结论的精度造成了一定影响。

为解决上述问题，本章试图运用"中国企业—员工匹配调查"，并借鉴现有文献（Jones，2008；Bagger, et al.，2014）关于人力资本质量的理论定义和测算方法①，对于企业人力资本质量从体能状况（劳动强度）、文化知识水平（教育程度）和技术经验（技术熟练程度）三个角度进行了全面的测算。在此基础上，本章基于分组回归方式，进一步采用OLS回归、工具变量法（IV）等计量模型，实证分析了不同类型企业人力资本质量对于全要素生产率的影响。通过对合理的工具变量的搜寻，本章较好地解决了企业人力资本质量与全要素生产率两者之间的内生性问题，从而能够对不同企业类型下二者的关系做出更准确的因果性推断。

二 指标测算与计量模型

（一）指标测算

1. 人力资本质量的测算方法

参照现有文献（Jones，2008；Bagger, et al.，2014）的模型设

---

① 部分国内文献采用上述方法对省级人力资本质量的时间序列情况进行了较为详细的统计分析（王立军等，2015）。然而，基于微观企业层面的实证研究则并不多见。

定方式，采用企业员工平均受教育年限表示的文化知识水平、企业员工平均从业年限表示的技术熟练程度、平均周工作时长表示的劳动强度三个维度，测算企业的人力资本质量。该测算方法的优点在于能够综合衡量劳动者体能（劳动强度）、文化知识水平（受教育程度）和技术经验（技术熟练程度）对劳动者工作及创新能力的影响。

首先将人力资本质量（Q）变量引入扩展后的 C - D 生产函数：

$$Y = A(QN)^\alpha K^\beta, \alpha + \beta = 1 \quad (3-1)$$

其中，Y、A、N 和 K 分别表示产出、生产技术、员工人数和资本存量，α、β 分别为劳动投入和资本产出弹性。根据现有文献的思路，本章在实际测算过程中分别采用各企业的工业总产值、企业员工人数和中间投入作为 Y、N 和 K 的代理变量。人力资本质量 Q 的设定形式如下：

$$Q = Se^{\lambda_1 M + \lambda_2 H} \quad (3-2)$$

其中，S 表示劳动强度（企业员工相对于每周 40 小时的工作时长）；M 表示工龄代表的劳动熟练程度（企业员工的平均工作年限）；H 表示教育形式的一般人力资本水平（企业员工的平均受教育年限）。上述变量均根据本次调查各受访企业随机抽取的员工样本取算术平均值。λ_1 和 λ_2 分别为劳动熟练程度、人力资本水平系数。将式（3-2）代入式（3-1）并对等号两边取自然对数值，最终可获得式（3-3）：

$$\ln(\frac{Y}{SN}) = \ln A + \beta \ln(\frac{K}{SN}) + \alpha\lambda_1 M + \alpha\lambda_2 H, \alpha + \beta = 1$$

$$(3-3)$$

通过对式（3-3）进行回归检验，本章可求出 λ_1 和 λ_2 参数估计值，并将两者代入式（3-2）完成人力资本质量（Q）的数值测算。

2. 全要素生产率（TFP）的指标测算

全要素生产率（TFP）是剔除资本和劳动等投入要素对决策单元

产出增长贡献后的残余，它不仅包含了技术进步对产出增长的贡献，也包含了许多没有体现在生产函数中但对产出增长有实质性贡献的因素，如企业规模的优化、管理效率的改善等（鲁晓东、连玉君，2012）。对于企业全要素生产率的估算，现有文献主要采用参数估计的索罗余值法、固定效应法以及半参数估计的OP方法、LP方法和非参数估计的数据包络方法（DEA）等。考虑到本次调查的企业数据基本为2013—2014年两年度的短面板信息，采用参数估计方法难以规避遗漏变量、样本选择性偏差（Selectivity and Attribution Bias）等关键技术性问题，采用半参数估计方法则由于样本历史信息的缺乏，会产生难以获得一致性估计、损失期初调查样本等问题。本章借鉴陆雪琴、文雁兵（2013）的研究思路，采用修正的时间序列DEA方法中Malmquist指数方法计算的全要素生产率（TFP）指数作为企业全要素生产率的代理变量，并选取工业总产值（gross_value）、中间投入（intermediate_good）和年末员工人数（labor）计算样本企业2013—2014年度的TFP指标。

考虑到企业工业总产值在填报过程中容易存在统计定义不清晰、计算口径不一致的质量问题，本章采用"工业总产值=主营业务收入+期末存货-期初存货"的会计准则进行数据清理，本次调查对主营业务收入、期末存货和期初存货指标也进行了收集。对于主营业务收入、期末存货存在缺失的部分企业样本，工业总产值则采用销售收入与期初存货的差额作为近似替代。

（二）计量模型设定

基于此次调查数据的短面板性质，本章对人力资本质量（Q）对于全要素生产率（TFP）实证关系的检验首先采用加入行业、地区和时间固定效应的OLS模型进行测算。采用分组回归方式，本章对外资与内资、出口与非出口、高科技与非高科技等不同企业类型的人力资本质量（Q）对于全要素生产率（TFP）及其分解指标的影响系数进行比较，研究上述影响是否在微观实证关系中呈现出较强的企业异质性。

基本计量模型设定如下：

$$\ln y_{ijdt} = \alpha_0 + \alpha_1 \ln Q_{ijdt} + \alpha_2 \ln r\_d_{ijdt} + \alpha_3 \ln labor_{ijdt} + \alpha_4 \ln stake\_stake_{ijdt} \\ + \alpha_5 \ln foreign\_stake_{ijdt} + X'_{it}\alpha_6 + X'_{dt}\alpha_7 + D_j + D_d + D_t + \varepsilon_{ijdt}$$

(3-4)

式（3-4）根据稳态条件下长期经济增长模型的一般设定要求，计量模型中的各种变量除虚拟变量外均处自然对数值。其中，被解释变量 y_{ijdt} 为企业全要素生产率（TFP）及其分解指标如技术变化指数（TC）、效率变化指数（EC），核心解释变量 Q_{ijdt} 为人力资本质量。r_d_{ijdt} 为企业 R&D 强度，根据企业研发支出除以企业年销售收入总额进行计算。$labor_{ijdt}$、$state\_stake_{ijdt}$ 和 $foreign\_stake_{ijdt}$ 分别为企业年末职工人数、国有和集体股权占比、外资股权占比，前者控制企业规模，后两个变量则控制了企业的市场化程度。X'_{it} 为一系列企业所有性质的控制变量，分别包括是否为国有企业（state_owned）、是否为外资企业（foreign_owned）、是否为出口企业（export_dummy）、是否为加工贸易企业（improv_export）、是否为高科技企业（hightech_dummy），上述变量均为 0—1 二维虚拟变量。考虑到多重共线性（multi-collinearity），对于不同企业分组的回归而言，X'_{it} 的具体控制变量组合稍有差异。参照现有经济增长文献的通常做法，X'_{dt} 涵盖了一系列地区控制变量，包括政府支出规模（government_gdp）、市场化程度（market）、城市化水平（urban）、经济开放度（trade_gdp）、教育经费占政府支出比重（eduex）和社会保障开支占政府支出比重（socialex）等（干春晖、郑若谷、余典范，2011；钞小静、沈坤荣，2014）。上述地区控制变量均整理自《广东省统计年鉴》及各地级市的统计年鉴或统计公报。下文表 3.1 给出了上述地区控制变量的具体计算方法。D_j、D_d 和 D_t 分别为行业、地区与时期的固定效应，其中 D_j

基于一维制造业行业代码（GB/4754—2011）对行业固定效应进行控制，D_d 控制了本次调查涉及的全部19个县级调查单元的地区固定效应。

表 3.1　　　　　　　　　　地区控制变量定义及说明

变量符号	变量名称	变量说明
government_gdp	政府支出规模	政府支出占 GDP 比重
market	市场化程度	地区国有经济固定资产投资额占地区经济固定资产投资额比重
urban	城市化水平	第一产业增加值占 GDP 比重
trade_gdp	经济开放度	进出口总额占 GDP 比重
eduex	教育支出	教育支出占公共财政预算支出比重
socialex	社会保障支出	社会保障开支占政府支出比重

现有文献指出，人力资本质量与企业全要素生产率存在较强的内生性问题（Irarrazabal, et al., 2010；Bagger, et al., 2014），即有可能出现人力资本质量与企业全要素生产率相互影响、相互作用的联立性偏误（simultaneity bias）问题。① 如果仅采用 OLS 回归，则很难完整有效地将人力资本质量对于企业全要素生产率的因果效应测度出来。为此，本章在 OLS 回归的基础上，进一步采用工具变量法（IV）的估计策略。根据现有文献（Blackburn and Neumark, 1992）的做法，我们采用衡量企业员工父辈人力资本状况的相关指标作为人力资本质量的工具变量。根据本次调查的数据可获性，本章选择企业受访员工父亲受教育年限的平均值（Dad）、母亲受教育年限的平均值（Mom）作为工具变量。第一阶段回归，运用上述两个工具变量的自

---

① 第四节实证检验部分，本章将对（5）式全部解释变量进行 Hausman 检验，即考察全部解释变量是否均满足"所有解释变量均为外生"的原假设。

然对数值（lnDad、lnMom）作为解释变量对 lnQ 进行回归，获得 lnQ 的估计值并将其代入第二阶段回归方程式（3-4）对被解释变量 lny 进行实证检验。在稳健性回归条件下，如果工具变量（lnDad 和 lnMom）满足弱工具变量检验的经验法则（the rule of thumb）和过度识别检验 Hansen J 统计量的原假设要求，同时第二阶段回归结果中 lnQ 对于被解释变量 lny 存在统计显著性的实证影响，我们则可推断：工具变量符合相关性和外生性的理论假定，同时人力资本质量（lnQ）对于全要素生产率具有因果效应（安格里斯特等，2012）。

此外，由于本次调查对于员工父亲和母亲的受教育年限并无直接统计，仅调查了两者的受教育程度，包括小学 H_{1t}、初中 H_{2t}、高中（包括中专）H_{3t}、大专 H_{4t}、大学 H_{5t}、硕士 H_{6t} 和博士 H_{7t} 7 类。根据我国现有学制年限，并参照 Wang 和 Yao（2003）以及陈钊等（2004）的做法，本章将父母（Parent）的受教育年限定义为：

$$Parent_{imht} = (6H_{1t}, 9H_{2t}, 12H_{3t}, 15H_{4t}, 16H_{5t}, 19H_{6t}, 22H_{7t}) \times D_{imh}$$

(3-5)

其中，D_{imh} 为一个 7×1 维的向量。对于第 i 个受访企业第 m 个接受调查的员工而言，如果其父亲（或母亲）的受教育程度为第 h 类（$h = 1, 2, \cdots, 7$），则 D_{imh} 在第 h 行记为 1，其余行记为 0。

三　不同特征企业人力资本质量与全要素生产率的统计

（一）数据来源

为对不同类型企业人力资本质量（Q）对于全要素生产率（TFP）及其分解指标的差异性影响进行实证研究，武汉大学联合香港科技大学、清华大学和中国社科院等其他三家专业机构，开展了以学术研究为主要目标的大规模一手企业调查。本次调查最初启动于 2012 年，经过 2 年的问卷设计、试调查以及沟通协调，并通过

2014年10月—2015年5月的先后5次实地仿真调查及总结试错经验，最终于2015年5—8月完成实地调查工作。问卷调查由200余名调查员（含辅助人员）通过"直接入户、现场填报"的方式完成，企业问卷覆盖企业基本情况、销售、生产、技术创新与企业转型、质量竞争力、人力资源状况6大维度的175项指标；与之匹配的劳动力调查问卷则囊括个人基本信息、当前工作状况、保险与福利、工作历史和个人性格特征5大维度的262个问项，有效搜集受访企业在2013—2014年度的相关指标。调查指标的及时性和全面性，有效弥补了现有企业—员工数据在样本信息时效性和指标多元性上的缺陷。并且，从企业—员工匹配性来看，本次调查是迄今除丹麦、挪威两国外，全世界范围内关于大型发展中经济体的首个企业—员工匹配研究样本。

  本次调查选择我国经济总量最大、制造业规模最大、地区经济发展水平差距显著的广东省作为调查区域①，从而保证调查对象具有较好的样本异质性与代表性。与现有企业—员工数据相比，本次调查采用了严格的随机分层抽样方式，即根据等距抽样原则，从广东省21个地级市中随机抽取13个地级市，并从13个地级市下辖的区（县）中，最终等距抽选出19个区（县）作为最终调查单元。为保证研究结论的稳健性，本调查对企业进行按就业人数加权的随机抽样。抽样的总体是广东省第三次经济普查的30.09万家制造业企业，发放企业问卷874份，员工问卷5300份，回收有效企业问卷571份，员工问卷4988份，共计5559份问卷。对于员工的抽样，是根据企业提供的

---

① 根据2015年各省统计公报计算，2014年广东经济总量占全国10.66%、进出口总额占全国25.01%、制造业就业人数占全国的16.4%，均处在所有省份的第一位。并且，通过将广东珠三角地区、粤西地区和粤东地区的经济发展水平与其他各省进行对比，我们发现广东省内的区域经济异质性是十分显著的。2014年珠三角地区人均GDP为10.03万元，与上海（9.75）、江苏（8.20）和浙江（7.30）等经济发达省份相近；粤西地区人均GDP为3.66万元，与中部省份河南（3.71）、安徽（3.45）相似；粤东地区人均GDP为2.93万元，甚至低于西部云南（2.63）、贵州（2.73）等省份。

全体员工名单，首先将中高层管理人员和一线员工分类，然后分别在每一类中进行随机数抽样，中高层管理人员占30%，一线员工占70%。基于严格的随机分层抽样方式，本次调查企业与员工的概率分布特征与企业与劳动力总体的真实分布较为一致。

根据研究需要，本章剔除了企业工业总产值、主营业务收入、销售收入、存货市值、中间投入、员工人数、研发支出和企业股权、注册类型等指标存在缺失值的部分企业样本，并对全部财务数据根据会计准则进行清理。对于员工问卷，本章则相应剔除工作时长、工龄和教育年限存在缺失值或有逻辑错误的部分样本。最后，本章构建了包含467家企业、完整覆盖2013—2014两年度企业全要素生产率及其分解指标、人力资本质量状况的短面板数据，共计934份有效样本。本章遵循Nunnally（1978）的数据有效性和可靠性检验方法对全部调查数据进行了信度和效度检验，上述数据总体的Cronbach系数为0.875，表明本次调查数据具有良好的内部一致性（吴明隆，2010）。

（二）描述性统计

表3.2给出了不同类型企业全要素生产率（TFP）及其分解指标如技术变化指数（TC）、效率变化指数（EC）的描述性统计结果。结果发现，不同企业类型的全要素生产率（TFP）、技术变化指数（TC）、效率变化指数（EC）存在一定的异质性。其中，外资企业的全要素生产率（TFP）、技术变化指数（TC）、效率变化指数（EC）分别比内资企业高出0.7%、5.5%和20.3%，表明外资企业的经营绩效要普遍高于内资企业，并且效率变化指数（EC）的差距要大于技术变化指数（TC），这说明：外资企业在既有技术条件下通过管理流程优化、资源配置效率提高所获得的生产效率改进幅度要大于技术进步所引致的最优生产技术边界的扩张速度。此外，我们发现出口企业在TFP、TE和TC三项指标上均优于非出口企业，而加工贸易出口

企业的 TFP 平均而言比非出口企业要低 2.1 个百分点。这表明，出口企业由于市场开放程度更高，其自身管理流程、资源配置效率和技术进步速率均优于非出口企业；而加工贸易出口企业作为接受客户订单外包、从事来料加工与贴牌出口的特殊群体，其生产率较低，这也是现有文献倾向于认为中国出口企业存在一定程度"生产率悖论"现象的关键（李春顶，2010；戴觅等，2014）。高科技企业的全要素生产率及其分解指标则要优于非高科技企业。我们对于本次调查样本企业 TFP 及其分解指标的测算结果与现实经验判断基本一致。此外，不同企业分组之间，TFP、TC 和 EC 三项指标的标准差并不存在明显的组间差异。这说明，本次调查数据对于企业 TFP 及其分解指标的测算结果，并不存在严重的异方差问题。

表3.2　不同类型企业全要素生产率及其分解指标的描述性统计

	全要素生产率（TFP）			技术变化指数（TC）			效率变化指数（EC）		
	样本量	平均值	标准差	样本量	平均值	标准差	样本量	平均值	标准差
外资企业	434	0.4634	0.1804	434	0.5437	0.2018	434	0.1447	0.3980
内资企业	500	0.4601	0.1640	500	0.5153	0.1834	500	0.1203	0.3530
出口企业	624	0.4632	0.1689	624	0.5391	0.1921	624	0.1363	0.3980
加工贸易出口企业	272	0.4375	0.1648	272	0.5330	0.2028	272	0.1547	0.4030
非出口企业	310	0.4585	0.1776	310	0.5072	0.1922	310	0.1235	0.3530
高科技企业	258	0.5362	0.1668	258	0.6280	0.1790	258	0.1360	0.4030
非高科技企业	676	0.4332	0.1650	676	0.4906	0.1840	676	0.1315	0.3530
样本总体	934	0.4683	0.1699	934	0.5376	0.1893	934	0.1311	0.3880

注：运用 Stata14.0 对不同企业类型的全要素生产率及其分解指标进行描述性统计。

表3.3 给出了不同类型企业人力资本质量（Q）及其分解指标如体能状况（S）、技能状况（M）和教育程度（H）的描述性统计结果。图3.1 比较了不同类型企业人力资本质量的差异情况，结果发现人力资

本质量在不同企业之间存在一定程度的异质性。其中，高科技企业的人力资本质量显著优于其他类型企业，高科技企业的人力资本质量比非高科技企业平均高出89.25%。出口企业的人力资本质量要优于加工贸易出口企业，但比非出口企业要低10.9%。这或许由于出口企业的技能状况（M）、教育程度（H）指标均为13.09年，要略低于非出口企业（后者上述两项指标均为13.77年）。此外，基于本次调查数据测算而来的外资企业的人力资本质量也略偏低于内资企业。考虑到表3.2外资企业、出口企业的TFP及其分解指标均要大于内资企业、非出口企业的特征性事实，表3.2和表3.3的描述性统计结果总体表明，不同类型企业的人力资本质量（Q）对企业全要素生产率（TFP）有可能存在异质性的影响关系。图3.2—图3.7给出了内资与外资、出口与非出口、高科技与非高科技等企业分组下全要素生产率（TFP）、技术变化指数（TC）、效率变化指数（EC）和人力资本质量的三个分项指标（体能状况、技能状况和教育程度）的对比情况。

表3.3　不同类型企业人力资本质量及其分解指标的描述性统计

	人力资本质量（Q）			体能状况（S）			技能状况（M）			教育程度（H）		
	样本量	平均值	标准差	样本量	平均值	标准差	样本量	平均值	标准差	样本量	平均值	标准差
外资企业	434	433.89	555.00	434	1.30	0.17	434	12.97	3.93	434	12.32	1.88
内资企业	500	489.95	751.17	500	1.31	0.19	500	13.62	5.27	500	12.35	2.12
出口企业	624	445.74	568.03	624	1.31	0.17	624	13.09	4.56	624	12.30	2.02
加工出口贸易企业	272	427.52	519.27	272	1.31	0.15	272	12.62	4.22	272	12.29	1.98
非出口企业	310	500.45	832.26	310	1.31	0.20	310	13.77	4.95	310	12.40	2.00
高科技企业	258	704.29	1033.63	258	1.27	0.17	258	11.59	3.96	258	13.55	2.13
非高科技企业	676	372.15	422.50	676	1.32	0.18	676	13.98	4.80	676	11.87	1.76

注：运用Stata14.0对不同企业类型的人力资本质量及其分解指标进行描述性统计。

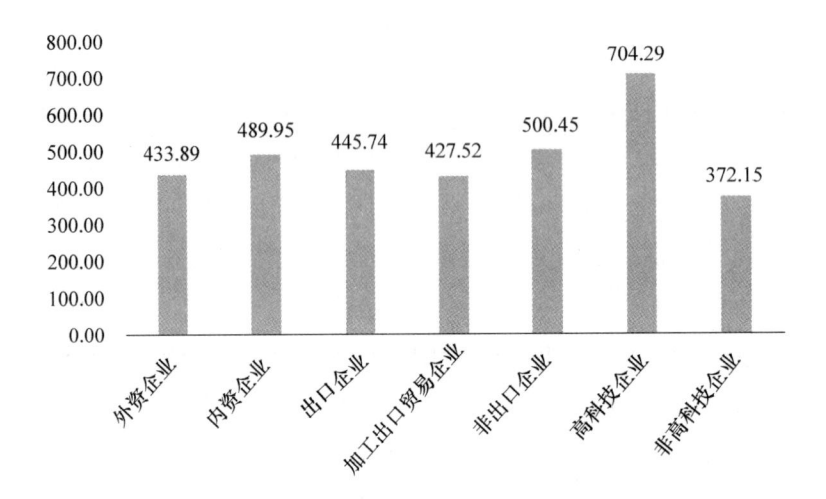

图 3.1 不同类型企业人力资本质量状况的比较

外资企业 433.89
内资企业 489.95
出口企业 445.74
加工出口贸易企业 427.52
非出口企业 500.45
高科技企业 704.29
非高科技企业 372.15

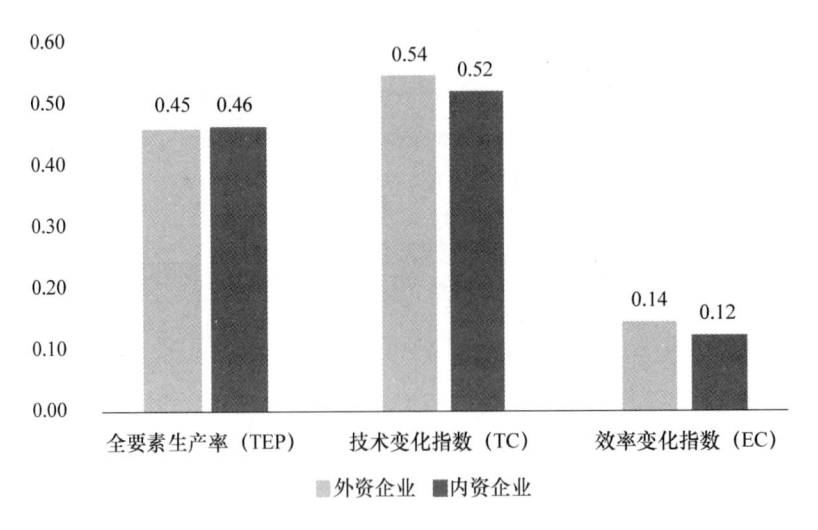

图 3.2 外资与内资企业全要素生产率的比较

指标	外资企业	内资企业
全要素生产率（TEP）	0.45	0.46
技术变化指数（TC）	0.54	0.52
效率变化指数（EC）	0.14	0.12

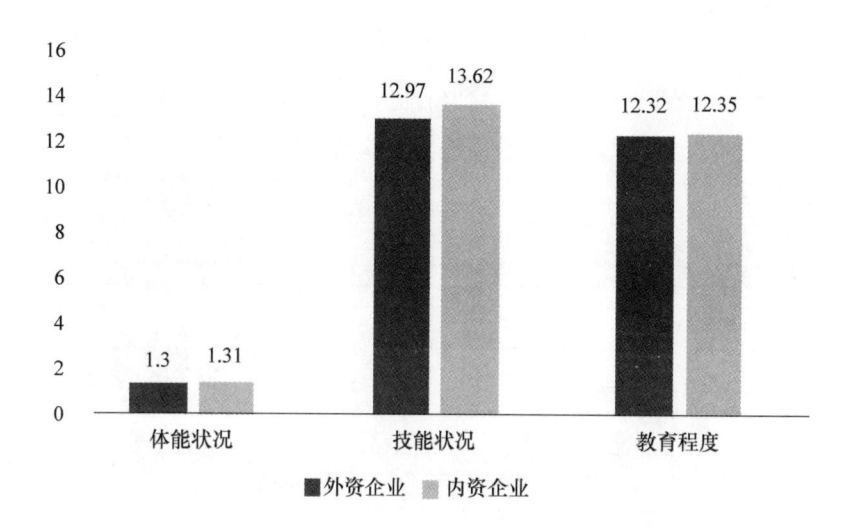

图 3.3 外资与内资企业人力资本质量的比较

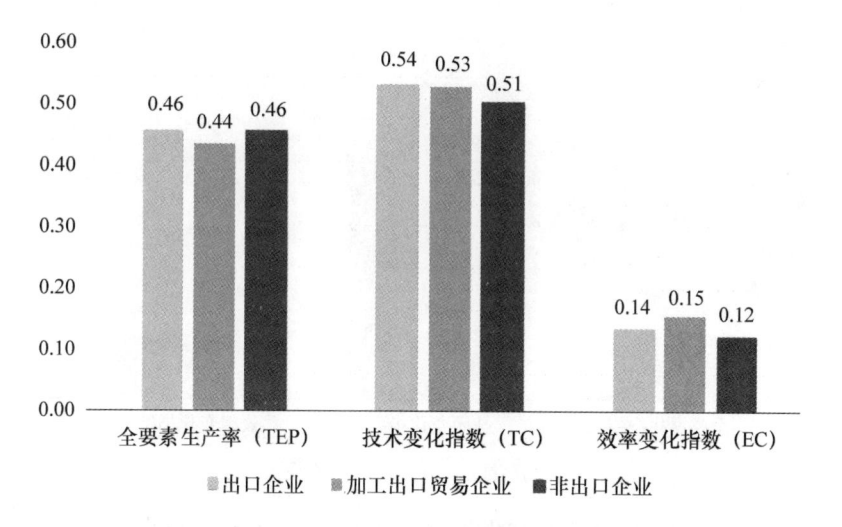

图 3.4 出口与非出口企业全要素生产率的比较

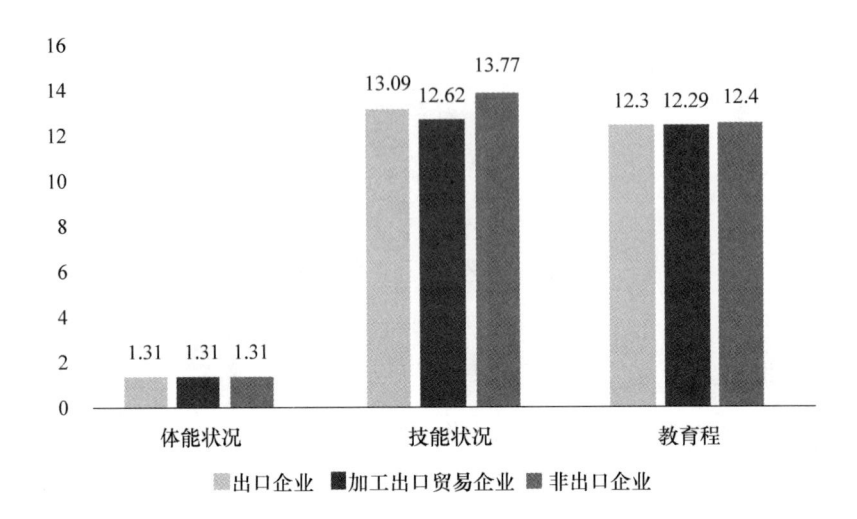

图 3.5 出口与非出口企业人力资本质量的比较

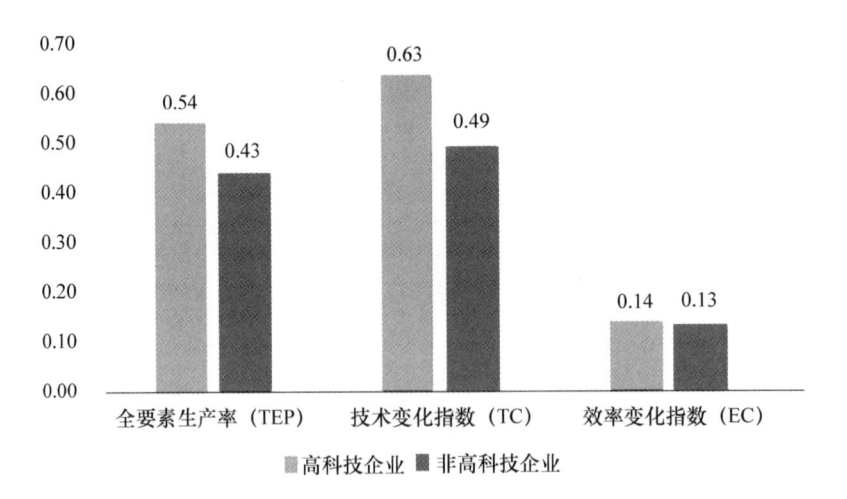

体能状况：出口企业 1.31，加工出口贸易企业 1.31，非出口企业 1.31
技能状况：出口企业 13.09，加工出口贸易企业 12.62，非出口企业 13.77
教育程度：出口企业 12.3，加工出口贸易企业 12.29，非出口企业 12.4

图 3.6 高科技与非高科技企业全要素生产率的比较

全要素生产率（TFP）：高科技企业 0.54，非高科技企业 0.43
技术变化指数（TC）：高科技企业 0.63，非高科技企业 0.49
效率变化指数（EC）：高科技企业 0.14，非高科技企业 0.13

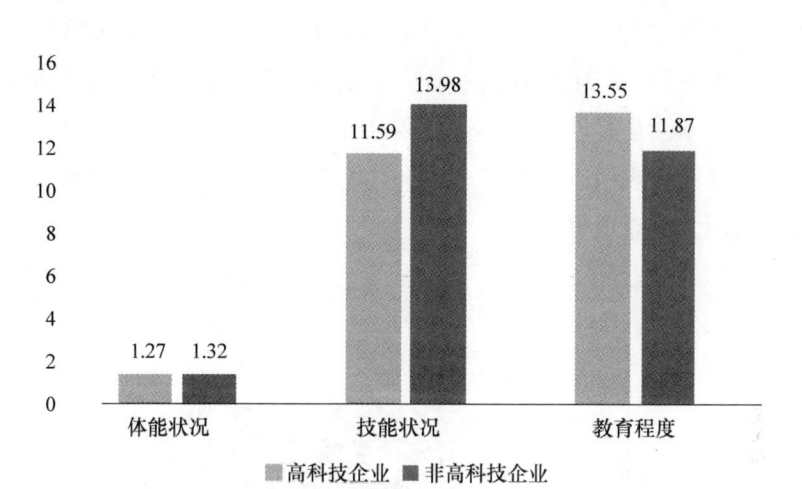

第三章　人力资本质量与企业全要素生产率的异质性研究

图 3.7　高科技与非高科技企业人力资本质量的比较

本部分测算了在不考虑其他控制变量情况下，人力资本质量 Q 对于企业全要素生产率 TFP 的弹性系数。图 3.8—图 3.14 给出了不同类型企业两者弹性系数的计算结果。结果发现，对于外资企业而言，其 TFP 的人力资本质量弹性（0.1899）要大于内资企业（0.1703）；

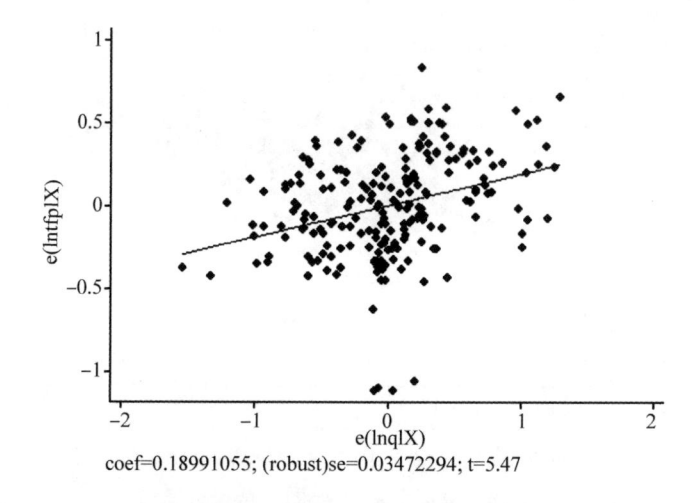

coef=0.18991055; (robust)se=0.03472294; t=5.47

图 3.8　外资企业 Q 对 TFP 的弹性系数

出口企业 TFP 的人力资本质量弹性（0.1585）要大于加工贸易出口企业（0.0775），但要小于非出口企业（0.3260）；高科技企业 TFP 的人力资本质量弹性（0.1494）要小于非高科技企业（0.2078）。描述性统计结果表明，人力资本质量对企业全要素生产率的影响有可能存在较明显的企业异质性。

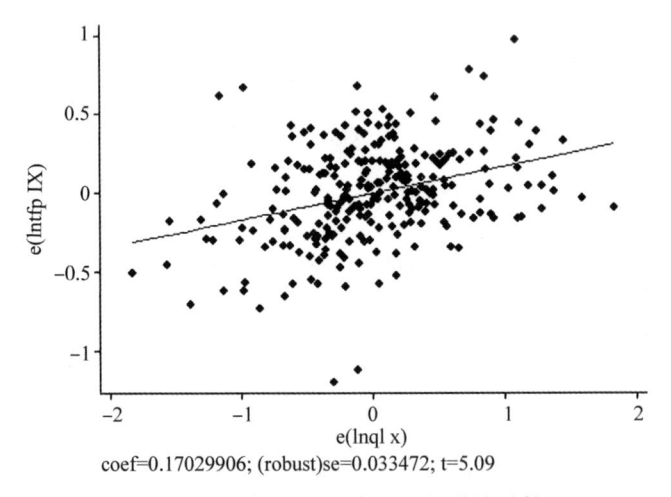

coef=0.17029906; (robust)se=0.033472; t=5.09

图 3.9　内资企业 Q 对 TFP 的弹性系数

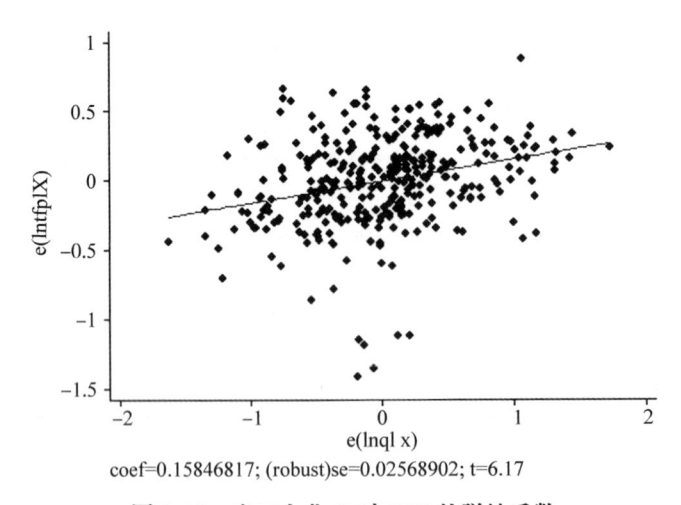

coef=0.15846817; (robust)se=0.02568902; t=6.17

图 3.10　出口企业 Q 对 TFP 的弹性系数

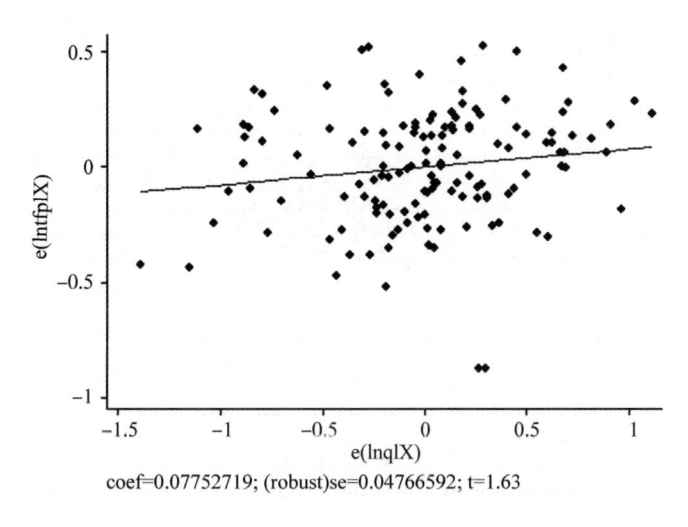

coef=0.07752719; (robust)se=0.04766592; t=1.63

图 3.11　加工贸易出口企业 Q 对 TFP 的弹性系数

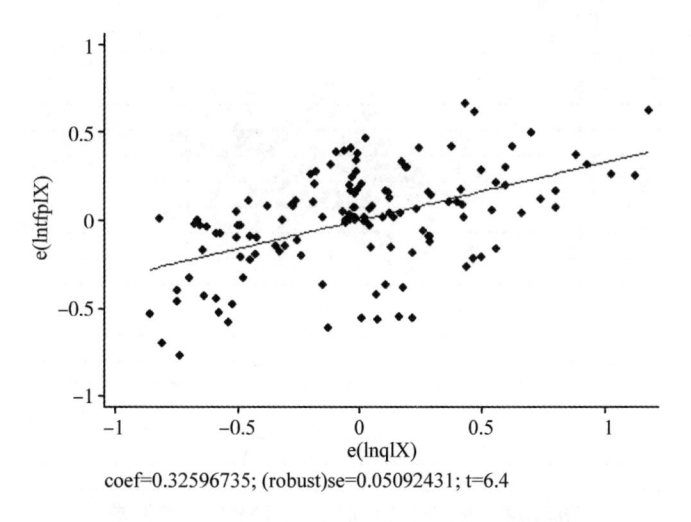

coef=0.32596735; (robust)se=0.05092431; t=6.4

图 3.12　非出口企业 Q 对 TFP 的弹性系数

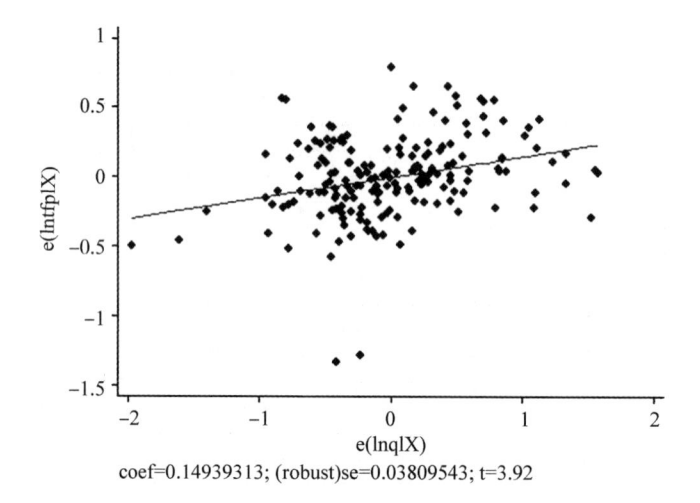

coef=0.14939313; (robust)se=0.03809543; t=3.92

图 3.13　高科技企业 Q 对 TFP 的弹性系数

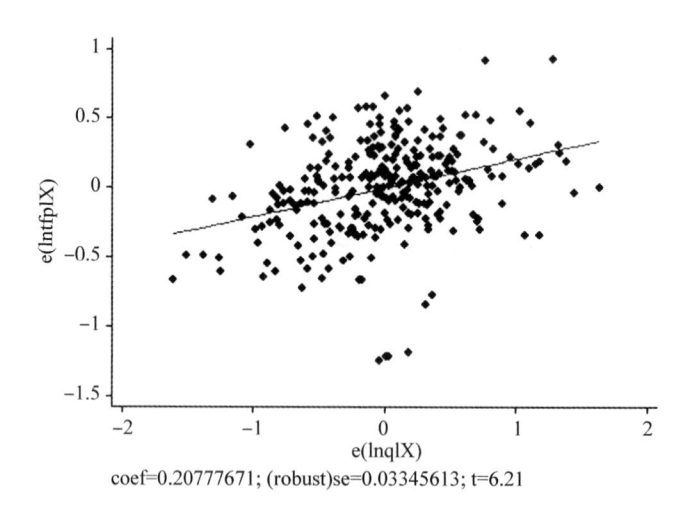

coef=0.20777671; (robust)se=0.03345613; t=6.21

图 3.14　非高科技企业 Q 对 TFP 的弹性系数

四 异质性的稳健性检验

前文描述性统计结果发现，不同类型企业的人力资本质量对于全要素生产率的影响程度或存在一定的异质性。那么，在大样本的稳健性估计条件下，人力资本质量对于全要素生产率影响程度的企业异质性现象是否仍然存在？并且，这种异质性的实证关系是否可以通过因果效应统计推断的检验？为此，本部分基于不同类型的企业分组，分别采用加入行业、地区和时间固定效应的OLS回归和工具变量法（Ⅳ）等计量模型，对人力资本质量对于全要素生产率影响程度的企业异质性问题进行实证检验。

（一）OLS估计结果

下文表3.4—表3.6分别给出了基于外资与内资、出口与非出口、高科技与非高科技等企业分组的OLS回归结果，估计模型为式（3-4）。OLS回归结果表明，基于本次2015"中国企业—员工匹配调查"数据，人力资本质量对于全要素生产率及其分解指标（技术变化指数TC、效率变化指数EC）总体存在显著的正向影响。其中企业全要素生产率的人力资本质量弹性基本位于0.08—0.21的统计区间内。这说明，对样本企业而言，在其他要素投入、市场环境和制度条件等因素不变的情况下，人力资本质量每提高1倍，企业的全要素生产率将平均提高8%—21%。通过对不同企业分组条件下解释变量lnq对于被解释变量lnTFP、lnTC和lnEC的影响系数的对比分析，我们进一步可获得如下发现：

第一，人力资本质量对于外资企业绩效的促进作用要普遍大于内资企业。表3.4的回归结果表明，无论对于全要素生产率（TFP）还是技术变化指数（TC），人力资本质量的影响系数对于外资企业而言均大于内资企业，两者的差距在0.020—0.022。这表明，在其他生产要素、市场环境和制度条件等因素相同的条件下，人力资本质量每提升1倍，外资企业全要素生产率和技术进步率的提高程度比内资企业要高出2—2.2个百分点。仅对于效率变化指数（EC）而言，人力资本质量对于内资企业的影响程度要略大于外资企业。

第二，人力资本质量对于非出口企业绩效的促进作用要普遍大于出口企业。表3.5的回归结果表明，无论对于全要素生产率（TFP）还是技术变化指数（TC），人力资本质量的影响系数对于非出口企业而言均大于出口企业，两者差距高达0.167—0.214。这表明，在其他影响因素相同的条件下，人力资本质量提升对于以内需市场导向为主的非出口企业的生产效率改善作用更为显著。人力资本质量每提升1倍，对内需导向的非出口企业生产效率的改善程度整体而言要比外需导向的出口企业高出16.7%—21.4%。这说明，对于内需企业而言，更应该充分重视提高人力资本质量对于改善企业经营绩效的积极作用。同时，表3.5的实证结果表明，人力资本质量对于加工贸易出口企业绩效的改善作用基本不显著。

第三，人力资本质量对于非高科技企业绩效的促进作用要普遍大于高科技企业。表3.6的回归结果表明，无论对于全要素生产率（TFP）、技术变化指数（TC）还是效率变化指数（EC），人力资本质量的影响系数对于非高科技企业而言均大于高科技企业。两者在TFP人力资本质量弹性系数上的差距高达0.058。对于非高科技企业而言，在其他条件相同情况下，人力资本质量每提高1倍，对非高科技企业经营绩效的改善程度整体而言要比高科技企业高出5.8%。根据本次基于完全随机抽样的企业样本，非高科技企业是我国现有企业的主体，数量占全部有效样本企业的61.2%，工业总产值占74.8%、工业增加值占69.2%。因此，提高人力资本质量，能够通过更快地提升非高科技企业的全要素生产率水平，从而对中国宏观经济的整体绩效起到更为积极的影响。

表 3.4　人力资本质量与全要素生产率的实证检验（外资与内资企业分组）

解释变量	被解释变量：lnTFP		被解释变量：lnTC		被解释变量：lnEC	
	外资	内资	外资	内资	外资	内资
ln$q$	0.1899106*** (0.034723)	0.1702991*** (0.033472)	0.1612523*** (0.033640)	0.1389285*** (0.035024)	0.0284917** (0.011969)	0.0312081*** (0.011655)
lnr_d	-0.0690316*** (0.017145)	-0.0875095*** (0.011756)	-0.069268*** (0.017823)	-0.0687531*** (0.012930)	0.0002355 (0.005368)	-0.0187612** (0.007326)
lnlabor	0.0059288 (0.024514)	-0.0533849*** (0.019156)	0.1447809*** (0.020663)	-0.0125785 (0.020802)	-0.1389375*** (0.010988)	-0.0408089*** (0.009442)
state_stake	0.0287361 (0.210421)	-0.0734524 (0.093073)	0.076091 (0.166949)	0.0104239 (0.095568)	-0.0475355 (0.071186)	-0.0842914*** (0.032668)
foreign_stake	0.047025 (0.087399)	0.4446534*** (0.134196)	0.0396087 (0.081738)	0.3471192** (0.142728)	0.0071996 (0.026181)	0.0972093*** (0.033824)
state_owned	—	0.0627032 (0.059786)	—	0.0235288 (0.063206)	—	0.0395269** (0.019297)
foreign_owned	—	—	—	—	—	—
export_dummy	-0.1264437 (0.094522)	0.1377321*** (0.048640)	-0.2148246** (0.087753)	0.1180238** (0.051438)	0.0887331*** (0.029605)	0.0195676 (0.016853)
improv_export	0.0059082 (0.060814)	-0.1148233** (0.053721)	0.012593 (0.052098)	-0.0952857 (0.059105)	-0.0066257 (0.021367)	-0.019301 (0.022270)
hightech_dummy	0.0135549 (0.064784)	0.2587041*** (0.055820)	0.0019577 (0.057487)	0.2629077*** (0.056416)	0.0117026 (0.022312)	-0.0040454 (0.018469)
government_gdp	-5.013773 (8.263769)	-0.2241888 (5.147304)	-5.143587 (7.188000)	-0.5793566 (4.919393)	0.0728506 (2.312615)	0.3549346 (2.260223)
market	-0.394996 (1.910819)	-0.6146714 (1.050701)	-0.1181614 (1.599370)	-0.3143331 (1.049131)	-0.2693859 (0.531574)	-0.3039599 (0.460941)
urban	-14.28769 (24.798140)	3.719384 (19.481210)	-14.94315 (22.513900)	2.434214 (19.425020)	0.4992918 (7.956766)	1.207874 (8.234037)
trade_gdp	0.2062017 (0.767899)	0.3119146 (0.621507)	0.1911932 (0.662376)	0.3217221 (0.666669)	0.015076 (0.249725)	-0.0110542 (0.236190)
educex	0.6135927 (2.273521)	-0.1975699 (1.557835)	0.2152177 (1.903450)	-0.3237716 (1.457668)	0.3868997 (0.731549)	0.1316936 (0.610717)
socialex	-6.064006 (8.024276)	0.7259648 (6.447434)	-6.208775 (8.026371)	0.9859942 (6.034688)	0.1283496 (2.536985)	-0.2846582 (3.453831)
Industry Dummy	Yes	Yes	Yes	Yes	Yes	Yes
County Dummy	Yes	Yes	Yes	Yes	Yes	Yes
Year Dummy	Yes	Yes	Yes	Yes	Yes	Yes
R^2	0.4536	0.4537	0.5753	0.4213	0.6965	0.3748
Observations	209	270	209	270	209	270

注：1. 根据 Stata14.0 计算结果进行整理。

2. 括号内数值为标准差。

3. *** 表示 1% 水平显著；** 表示 5% 水平显著；* 表示 10% 水平显著。

表 3.5 人力资本质量与全要素生产率的实证检验（出口与非出口企业分组）

解释变量	被解释变量：lnTFP			被解释变量：lnTC			被解释变量：lnEC		
	出口	加工贸易出口	非出口	出口	加工贸易出口	非出口	出口	加工贸易出口	非出口
lnq	0.1584682*** (0.025689)	0.0775272 (0.047666)	0.3259674*** (0.050924)	0.1290687*** (0.025461)	0.0466584 (0.036860)	0.3431082*** (0.052215)	0.029289*** (0.010912)	0.0308097 (0.025326)	-0.0173279 (0.021695)
lnr_d	-0.0790061*** (0.013217)	-0.119743*** (0.017339)	-0.0831159*** (0.014124)	-0.0739407*** (0.012638)	-0.0915413*** (0.015568)	-0.0784486*** (0.012589)	-0.0050501 (0.006340)	-0.0282032** (0.013888)	-0.0046684 (0.006057)
lnlabor	-0.006894 (0.016824)	-0.0145721 (0.022587)	-0.0631756*** (0.023658)	0.0888367*** (0.017151)	0.1042554*** (0.020968)	-0.0311559 (0.025997)	-0.095756*** (0.008377)	-0.1189046*** (0.013553)	-0.0320337* (0.017097)
state_stake	-0.0027237 (0.092127)	0.0793486 (0.125357)	-0.4624966** (0.194799)	0.0788842 (0.082584)	0.3683611*** (0.111819)	-0.0787374 (0.170013)	-0.0819766* (0.043120)	-0.2892965*** (0.081251)	-0.3835855*** (0.088071)
foreign_stake	0.0379458 (0.065704)	0.1242399 (0.095413)	-0.3001208 (0.213683)	0.0433608 (0.065369)	0.0844419 (0.080107)	-0.3840442* (0.211809)	-0.0057882 (0.029018)	0.039291 (0.041658)	0.0836849 (0.064155)
state_owned	0.0391961 (0.057222)	-0.1201524 (0.095249)	0.1811763 (0.155107)	-0.0435674 (0.058506)	-0.2651526*** (0.090382)	-0.0119593 (0.129610)	0.082944*** (0.026704)	0.1450593*** (0.056101)	0.1937218** (0.085846)
foreign_owned	0.0082426 (0.059017)	-0.0536906 (0.090157)	0.3379046* (0.184115)	-0.0382634 (0.057764)	-0.0673969 (0.077306)	0.370358** (0.165747)	0.0469868* (0.025564)	0.0143214 (0.043007)	-0.0322713 (0.038328)
export_dummy	—	—	—	—	—	—	—	—	—
improv_export	-0.0071353 (0.040858)	—	—	0.0300172 (0.037508)	—	—	-0.037038** (0.016726)	—	—
hightech_dummy	0.1624531*** (0.047494)	0.2806991*** (0.082029)	0.1986552** (0.094752)	0.1417074*** (0.045596)	0.1673343** (0.071425)	0.197489** (0.096640)	0.020758 (0.015101)	0.1136154** (0.045169)	0.0015743 (0.047550)

续表

解释变量	被解释变量：lnTFP			被解释变量：lnTC			被解释变量：lnEC		
	出口	加工贸易出口	非出口	出口	加工贸易出口	非出口	出口	加工贸易出口	非出口
government_gdp	-1.882631 (5.992251)	-0.7900824 (8.361465)	-2.595569 (7.666011)	-2.070524 (5.721793)	-0.8037017 (8.078499)	-3.03627 (6.310835)	0.115487 (1.529748)	-0.0244185 (2.541541)	0.4862331 (4.193564)
market	-0.7363582 (1.236741)	-0.1005075 (1.346337)	0.3186719 (1.563761)	-0.4475259 (1.113534)	0.2071207 (0.932372)	0.5425797 (1.733678)	-0.2827469 (0.393115)	-0.307657 (1.016864)	-0.2341736 (1.039737)
urban	-5.093182 (20.310300)	-6.143201 (31.670250)	4.948029 (27.828930)	-6.39866 (20.264030)	-5.763993 (30.568550)	7.03248 (23.781200)	1.063418 (5.799833)	-0.5486229 (10.569900)	-1.950863 (15.672480)
trade_gdp	0.1831588 (0.592270)	-0.1292539 (0.797003)	0.6717246 (0.749274)	0.1637863 (0.569712)	-0.1419044 (0.655827)	0.865146 (0.816932)	0.0186005 (0.213583)	0.0106365 (0.574799)	-0.1961652 (0.308070)
educex	0.3698818 (1.667921)	-0.7719481 (2.340916)	-1.461309 (2.115768)	-0.0343154 (1.676957)	-1.20785 (2.179368)	-1.570953 (2.137945)	0.3928957 (0.533546)	0.429015 (1.241040)	0.1140807 (1.004856)
sociolex	-2.159755 (6.407400)	-2.435104 (12.308490)	-0.1281518 (9.475322)	-2.331539 (6.812506)	-2.30598 (10.898400)	1.795077 (9.673791)	0.1261251 (2.366136)	-0.1343024 (5.321600)	-1.886965 (7.733522)
Industry Dummy	Yes	Yes	Yes	Yes	Yes	Yes	Yes	Yes	Yes
County Dummy	Yes	Yes	Yes	Yes	Yes	Yes	Yes	Yes	Yes
Year Dummy	Yes	Yes	Yes	Yes	Yes	Yes	Yes	Yes	Yes
R^2	0.3739	0.6137	0.6154	0.4356	0.7460	0.5489	0.5527	0.6247	0.3998
Observations	346	139	133	346	139	133	346	139	133

注：1. 根据 Stata14.0 计算结果进行整理。

2. 括号内数值为标准差。

3. *** 表示 1% 水平显著；** 表示 5% 水平显著；* 表示 10% 水平显著。

表 3.6 人力资本质量与全要素生产率的实证检验
（高科技与非高科技企业分组）

解释变量	被解释变量：lnTFP		被解释变量：lnTC		被解释变量：lnEC	
	高科技	非高科技	高科技	非高科技	高科技	非高科技
lnq	0.1493931 *** (0.038095)	0.2077767 *** (0.033456)	0.1267081 *** (0.037008)	0.1823164 *** (0.036001)	0.0226067 (0.013935)	0.0252072 * (0.014255)
lnr_d	-0.0812339 *** (0.020911)	-0.0983213 *** (0.013148)	-0.067961 *** (0.020740)	-0.0824488 *** (0.013269)	-0.0132549 (0.013093)	-0.0158602 *** (0.005234)
lnlabor	-0.0525947 ** (0.025000)	-0.0351252 * (0.018258)	0.0441977 (0.028687)	0.045326 ** (0.019650)	-0.0968144 *** (0.010144)	-0.080523 *** (0.009510)
state_stake	-0.1100067 (0.176063)	-0.1658042 ** (0.076284)	-0.0290523 (0.149160)	0.0362638 (0.115527)	-0.0810465 (0.071833)	-0.2027249 *** (0.070537)
foreign_stake	0.1445208 (0.095053)	-0.1459824 (0.108902)	0.149723 (0.093263)	-0.1812325 (0.112919)	-0.0053161 (0.031377)	0.0350097 (0.040782)
state_owned	0.0841587 (0.110368)	0.1483479 * (0.085742)	-0.0905711 (0.106518)	0.0534897 (0.088960)	0.1752108 *** (0.058237)	0.0950223 *** (0.036838)
foreign_owned	-0.0772728 (0.086189)	0.2216806 ** (0.089984)	-0.0639372 (0.073144)	0.1930527 ** (0.095075)	-0.0132024 (0.029380)	0.0291348 (0.034290)
export_dummy	0.0639873 (0.070394)	0.0580552 (0.061215)	0.0185573 (0.073699)	0.0019945 (0.066494)	0.0455449 * (0.027023)	0.0561067 ** (0.022052)
improv_export	0.059681 (0.068292)	-0.051814 (0.057797)	0.0368652 (0.065864)	0.0247124 (0.054937)	0.0228876 (0.027645)	-0.0764878 *** (0.022426)
hightech_dummy	—	—	—	—	—	—
government_gdp	1.690916 (11.717010)	-1.3323 (6.142811)	0.0550243 (11.466490)	-1.698107 (6.332834)	1.578757 (7.756714)	0.349041 (1.843701)
market	-0.8769601 (1.249656)	-0.2086273 (1.390052)	-0.6823405 (1.238863)	0.0608919 (1.313349)	-0.1937955 (0.445662)	-0.2681439 (0.527784)
urban	16.86772 (44.192740)	-4.539856 (21.381670)	13.89972 (43.287350)	-2.681701 (22.780510)	2.680857 (19.959850)	-1.889342 (7.148604)
trade_gdp	0.3556086 (0.803478)	0.0898017 (0.673545)	0.2049247 (0.762971)	0.2482486 (0.700785)	0.148455 (0.287009)	-0.1584233 (0.248663)
educex	2.12693 (6.079338)	-0.3557709 (1.608155)	1.256988 (5.421608)	-0.6080972 (1.634532)	0.8544371 (2.089131)	0.2483211 (0.673064)
socialex	3.951661 (8.710006)	-2.403686 (7.227888)	2.969832 (8.812031)	-1.205991 (7.959773)	0.9080492 (5.640480)	-1.19424 (3.558576)

续表

解释变量	被解释变量：lnTFP		被解释变量：lnTC		被解释变量：lnEC	
	高科技	非高科技	高科技	非高科技	高科技	非高科技
Industry Dummy	Yes	Yes	Yes	Yes	Yes	Yes
County Dummy	Yes	Yes	Yes	Yes	Yes	Yes
Year Dummy	Yes	Yes	Yes	Yes	Yes	Yes
R^2	0.3222	0.3931	0.3780	0.3370	0.6048	0.4400
Observations	186	293	186	293	186	293

注：1. 根据 Stata14.0 计算结果进行整理。

2. 括号内数值为标准差。

3. *** 表示 1% 水平显著；** 表示 5% 水平显著；* 表示 10% 水平显著。

(二) 工具变量法 (IV) 估计结果

前文提到，现有文献认为人力资本质量与企业全要素生产率之间存在较强的内生性问题 (Irarrazabal, et al., 2010; Bagger, et al., 2014)，即有可能因为无法有效剥离人力资本质量与企业全要素生产率相互影响、相互作用的潜在关系，而造成 OLS 参数估计值存在有偏性。在此，我们对基于全部 467 家企业、934 个观测样本的 OLS 回归结果进行了解释变量是否存在内生性问题的 Hausman 检验。实证结果表明，Hausman 统计量为 0.0478，即在 5% 的显著性水平上可以拒绝"所有解释变量均为外生"的原假设，OLS 的回归结果存在一定的内生性问题。

为解决上述问题，本部分参考现有文献 (Blackburn and Neumark, 1992) 的做法，以接受调查企业受访员工父亲受教育年限的平均值 (Dad)、母亲受教育年限的平均值 (Mom) 作为人力资本质量 (Q) 的工具变量。根据稳态条件下长期经济增长模型的一般设定要求，所有变量除虚拟变量外均取自然对数值。我们代入工具变量 (lnDad、lnMom) 进行对于内生变量 ln$Q$ 的第一阶段回归，获得 ln$Q$ 的估计值并将其代入第二阶段回归方程 (3-5) 对被解释变量 ln$y$ 进行实证检验。第一阶段回归的估计结果中，计量模型的 F 统计量均显著大于

10,即满足拒绝弱工具变量假定的"经验法则"(the rule of thumb)要求。这表明,本章所选取的工具变量(lnDad、lnMom)与内生变量(lnQ)具有较强的相关性。表3.7—表3.9则报告了采用工具变量法(IV)测算的人力资本质量(lnQ)对于全要素生产率(lnTFP)、技术变化指数(lnTC)和效率变化指数(lnEC)的全部第二阶段回归结果。其中,除对于部分回归结果外,稳健性回归条件下的Hansen J统计量的p值均大于0.1,即在10%的显著性水平上不拒绝工具变量满足外生性的原假设。这表明,本章选取的工具变量基本满足计量模型设定要求。

从表3.7—表3.9的估计结果中,我们发现第二阶段回归结果中人力资本质量(lnq)对于全要素生产率、技术变化指数和效率变化指数基本存在显著的正向影响。这说明,基于本次调查企业样本,人力资本质量对于企业全要素生产率及其分解指标具有显著为正的因果效应。

此外,通过对表3.7—表3.9估计结果的分组对比,我们发现工具变量法(IV)的估计结果与前文OLS的估计结果基本一致。在考虑到内生性问题的情况下,不同类型企业人力资本质量对于全要素生产率影响程度的异质性现象确实存在。对于外资企业、非出口企业和非高科技企业而言,人力资本质量的影响程度更大。对于加工贸易出口企业而言,人力资本质量对于全要素生产率及其分解指标则基本不存在显著的正向效应。

表3.7　　人力资本质量与全要素生产率的2SLS估计结果

(外资与内资企业分组)

解释变量	被解释变量:lnTFP		被解释变量:lnTC		被解释变量:lnEC	
	外资	内资	外资	内资	外资	内资
lnq	0.4383462*** (0.105560)	0.1232292 (0.090386)	0.4572883*** (0.093674)	0.1359449 (0.092943)	-0.0189694 (0.034102)	-0.0128174 (0.037754)
lnr_d	-0.0815924*** (0.013901)	-0.0847224*** (0.011141)	-0.0842355*** (0.013234)	-0.0685764*** (0.012138)	0.0026351 (0.005130)	-0.0161544** (0.006486)

续表

解释变量	被解释变量：lnTFP		被解释变量：lnTC		被解释变量：lnEC	
	外资	内资	外资	内资	外资	内资
lnlabor	-0.0303978 (0.029983)	-0.0514431*** (0.017899)	0.1014941*** (0.025714)	-0.0124555 (0.019261)	-0.1319977*** (0.012297)	-0.0389927*** (0.009092)
state_stake	0.1741299 (0.204503)	-0.0440543 (0.099681)	0.2493423 (0.172673)	0.0122873 (0.107240)	-0.0753115 (0.073588)	-0.0567947 (0.038980)
foreign_stake	0.0619182 (0.102777)	0.4400687*** (0.124829)	0.0573554 (0.112230)	0.3468285*** (0.132203)	0.0043544 (0.029740)	0.092921*** (0.033186)
state_owned	—	0.0665559 (0.055090)	—	0.023773 (0.059207)	—	0.0431304** (0.019732)
foreign_owned	—	—	—	—	—	—
export_dummy	-0.0819008 (0.096802)	0.1189041* (0.063833)	-0.1617472* (0.091402)	0.1168304* (0.067678)	0.0802236*** (0.027484)	0.0019573 (0.019137)
improv_export	0.0067687 (0.061212)	-0.1088198** (0.053327)	0.0136184 (0.056848)	-0.0949051 (0.059067)	-0.0067901 (0.020162)	-0.0136857 (0.023360)
hightech_dummy	-0.0502106 (0.064843)	0.2803274*** (0.068373)	-0.0740252 (0.062582)	0.2642783*** (0.071305)	0.0238844 (0.019242)	0.0161794 (0.024537)
government_gdp	-3.345966 (8.396137)	-0.1055438 (4.794892)	-3.156228 (7.961100)	-0.5718362 (4.562153)	-0.2457674 (2.274892)	0.465906 (2.123773)
market	-0.5510804 (1.730852)	-0.5866765 (0.987340)	-0.3041516 (1.467853)	-0.3125586 (0.972648)	-0.2395675 (0.497725)	-0.2777756 (0.454310)
urban	-8.597797 (26.893230)	3.943496 (18.190240)	-8.163071 (26.860440)	2.448419 (18.019840)	-0.5877066 (7.818133)	1.417491 (7.674015)
trade_gdp	0.3033694 (0.757602)	0.2920249 (0.578510)	0.3069784 (0.693916)	0.3204614 (0.617700)	-0.003487 (0.233189)	-0.0296575 (0.228999)
educex	0.2542041 (2.185225)	-0.0817949 (1.498092)	-0.2130299 (2.027566)	-0.316433 (1.371561)	0.4555574 (0.725012)	0.2399807 (0.616018)
socialex	-3.634379 (8.075629)	0.8747578 (6.055836)	-3.31363 (8.274772)	0.9954256 (5.596016)	-0.3358068 (2.376913)	-0.1454886 (3.261261)
Industry Dummy	Yes	Yes	Yes	Yes	Yes	Yes
County Dummy	Yes	Yes	Yes	Yes	Yes	Yes
Year Dummy	Yes	Yes	Yes	Yes	Yes	Yes
Centered R^2	0.3513	0.4486	0.4235	0.4212	0.6809	0.3393
Hansen J statistic	0.7898	0.7844	0.4278	0.8751	0.0009	0.7871
Observations	209	270	209	270	209	270

注：1. 根据Stata14.0计算结果进行整理。

2. 括号内数值为标准差。

3. ***表示1%水平显著；**表示5%水平显著；*表示10%水平显著。

表 3.8 人力资本质量与全要素生产率的 2SLS 估计结果（出口与非出口企业分组）

解释变量	被解释变量：lnTFP			被解释变量：lnTC			被解释变量：lnEC		
	出口	加工贸易出口	非出口	出口	加工贸易出口	非出口	出口	加工贸易出口	非出口
lnq	0.1454331** (0.065090)	-0.0442637 (0.092213)	0.6250471*** (0.141711)	0.1057103 (0.065849)	-0.0551015 (0.078020)	0.775112*** (0.151756)	0.0398709 (0.028161)	0.0115515 (0.053172)	-0.1506198*** (0.057374)
lnr_d	-0.0783063*** (0.012598)	-0.1259136*** (0.016979)	-0.1013255*** (0.018990)	-0.0726866*** (0.012208)	-0.096697*** (0.014732)	-0.1047512*** (0.024129)	-0.0056183 (0.006489)	-0.029179** (0.011573)	0.0034471 (0.009246)
lnlabor	-0.005409 (0.017523)	-0.0022791 (0.023747)	-0.0732755*** (0.021989)	0.0914979*** (0.016602)	0.1145266*** (0.021474)	-0.0457447* (0.023551)	-0.0969616*** (0.007741)	-0.1169607*** (0.013083)	-0.0275324* (0.014670)
state_stake	0.0018762 (0.090834)	0.0115344 (0.119312)	-0.3883421* (0.201250)	0.087127 (0.081717)	0.3117004*** (0.103609)	0.0283747 (0.202298)	-0.0857108** (0.039674)	-0.3000196*** (0.069355)	-0.4166342*** (0.075759)
foreign_stake	0.0376506 (0.061689)	0.1654539 (0.100843)	-0.3723414** (0.189753)	0.0428318 (0.060467)	0.1188774 (0.085732)	-0.4883628** (0.203826)	-0.0055485 (0.026526)	0.0458079 (0.036227)	0.1158718* (0.069527)
state_owned	0.0430575 (0.056112)	-0.0480309 (0.090385)	0.1928368 (0.148877)	-0.0366479 (0.056584)	-0.204893*** (0.077317)	0.0048835 (0.135075)	0.0798093*** (0.026216)	0.1564635*** (0.052591)	0.188525*** (0.073196)
foreign_owned	0.0084215 (0.055613)	-0.115685 (0.107132)	0.4679746*** (0.157587)	-0.0379428 (0.053713)	-0.119195 (0.093232)	0.5582368*** (0.152474)	0.0468416** (0.023388)	0.0045185 (0.042867)	-0.09024* (0.053847)
export_dummy	-0.0060994 (0.038879)	—	—	0.0318736 (0.036392)	—	—	-0.0378789** (0.016442)	—	—
improv_export	—	—	—	—	—	—	—	—	—
hightech_dummy	0.1658354*** (0.049602)	0.3591509*** (0.085692)	0.006799 (0.125035)	0.1477685*** (0.049231)	0.2328831*** (0.071795)	-0.0796365 (0.133853)	0.0180122 (0.014642)	0.1260205*** (0.040317)	0.0870795 (0.055953)

续表

解释变量	被解释变量：lnTFP			被解释变量：lnTC			被解释变量：lnEC		
	出口	加工贸易出口	非出口	出口	加工贸易出口	非出口	出口	加工贸易出口	非出口
government_gdp	-1.889326 (5.631709)	-0.6903891 (7.045857)	-3.179705 (6.825597)	-2.08252 (5.369142)	-0.720405 (6.843877)	-3.880022 (6.103454)	0.1209216 (1.463582)	-0.0086545 (2.199824)	0.746567 (3.728656)
market	-0.7306078 (1.169855)	-0.0052795 (1.245201)	0.0436516 (1.663291)	-0.4372214 (1.055837)	0.2866865 (0.825804)	0.1453284 (2.055965)	-0.287415 (0.371248)	-0.2925991 (0.896639)	-0.1116044 (0.994671)
urban	-5.040894 (19.070630)	-4.9162 (27.026450)	8.71867 (24.141780)	-6.304962 (18.992950)	-4.738798 (26.294950)	12.47896 (20.660440)	1.020971 (5.541933)	-0.3546039 (9.136980)	-3.631337 (13.462070)
trade_gdp	0.1823514 (0.558929)	-0.1464271 (0.721560)	1.056202 (0.828197)	0.1623395 (0.537820)	-0.1562532 (0.576732)	1.420502 (0.992436)	0.0192559 (0.201461)	0.007921 (0.504152)	-0.3675166 (0.332814)
educex	0.3945676 (1.571088)	-0.646457 (2.086575)	-2.303374 (2.141982)	0.0099207 (1.582095)	-1.102998 (1.945034)	-2.787268 (2.492658)	0.3728557 (0.508380)	0.4488582 (1.081189)	0.4893664 (1.048251)
socialex	-2.148672 (6.032523)	-2.199936 (10.447540)	0.1517782 (8.332360)	-2.311679 (6.417717)	-2.10949 (9.298366)	2.19942 (8.796440)	0.1171281 (2.248238)	-0.0971165 (4.605134)	-2.011722 (6.728221)
Industry Dummy	Yes	Yes	Yes	Yes	Yes	Yes	Yes	Yes	Yes
County Dummy	Yes	Yes	Yes	Yes	Yes	Yes	Yes	Yes	Yes
Year Dummy	Yes	Yes	Yes	Yes	Yes	Yes	Yes	Yes	Yes
Centered R^2	0.3735	0.5918	0.5045	0.4344	0.7310	0.3058	0.5515	0.6229	0.2554
Hansen J statistic	0.5327	0.1543	0.9539	0.8535	0.3876	0.9949	0.0380	0.1185	0.9171
Observations	346	139	133	346	139	133	346	139	133

注：1. 根据Stata14.0计算结果进行整理。

2. 括号内数值为标准差。

3. *** 表示 1% 水平显著；** 表示 5% 水平显著；* 表示 10% 水平显著。

表3.9　人力资本质量与全要素生产率的2SLS估计结果
（高科技与非高科技企业分组）

解释变量	被解释变量：lnTFP		被解释变量：lnTC		被解释变量：lnEC	
	高科技	非高科技	高科技	非高科技	高科技	非高科技
lnq	0.2442607*** (0.065297)	0.2280472** (0.102200)	0.2179188*** (0.064759)	0.2811801*** (0.107997)	0.026327 (0.023920)	-0.0532077 (0.042855)
lnr_d	-0.0897563*** (0.019044)	-0.0992294*** (0.012360)	-0.0761549*** (0.017615)	-0.086878*** (0.012217)	-0.0135891 (0.011342)	-0.0123472** (0.005940)
lnlabor	-0.0656327*** (0.025127)	-0.036343** (0.018189)	0.0316624 (0.028723)	0.0393864** (0.019060)	-0.0973257*** (0.010244)	-0.0758119*** (0.009609)
state_stake	-0.1016037 (0.156358)	-0.1779797* (0.097801)	-0.0209732 (0.133189)	-0.0231191 (0.146679)	-0.080717 (0.064833)	-0.1556247* (0.087718)
foreign_stake	0.2017582** (0.082478)	-0.1519801 (0.107660)	0.2047541*** (0.076139)	-0.2104845* (0.123934)	-0.0030715 (0.033274)	0.0582113 (0.053272)
state_owned	0.0579956 (0.105026)	0.1523505* (0.082410)	-0.1157257 (0.100469)	0.0730115 (0.091874)	0.1741848*** (0.053670)	0.0795383* (0.043403)
foreign_owned	-0.1153596 (0.080657)	0.2258924*** (0.085888)	-0.100556 (0.070056)	0.2135947** (0.099502)	-0.014696 (0.028133)	0.0128417 (0.043892)
export_dummy	0.1159297 (0.081923)	0.0615908 (0.061370)	0.0684976 (0.085899)	0.0192384 (0.066709)	0.0475819* (0.026494)	0.0424295** (0.020697)
improv_export	0.0327269 (0.067082)	-0.0515274 (0.054074)	0.0109501 (0.064969)	0.0261101 (0.052764)	0.0218305 (0.025607)	-0.0775964*** (0.022787)
hightech_dummy	—	—	—	—	—	—
government_gdp	1.5389 (11.348330)	-1.327265 (5.742665)	-0.0911325 (10.833640)	-1.673551 (5.984283)	1.572795 (6.982235)	0.3295645 (1.773189)
market	-0.9604241 (1.086629)	-0.2108351 (1.298847)	-0.7625872 (1.086440)	0.0501243 (1.259397)	-0.1970687 (0.400198)	-0.2596034 (0.540935)
urban	17.98108 (42.429350)	-4.506922 (19.989990)	14.97016 (41.243190)	-2.521076 (21.496780)	2.724519 (17.955280)	-2.016744 (6.777087)
trade_gdp	0.3259573 (0.726061)	0.0989027 (0.633262)	0.1764163 (0.692776)	0.2926362 (0.684603)	0.1472922 (0.257486)	-0.1936299 (0.255806)
educex	1.878351 (5.675820)	-0.4078836 (1.502209)	1.017991 (5.065613)	-0.8622627 (1.538262)	0.8446888 (1.879349)	0.4499155 (0.683421)
socialex	3.8108 (8.242296)	-2.367394 (6.750899)	2.834401 (8.196523)	-1.02899 (7.526211)	0.9025252 (5.072402)	-1.334631 (3.433597)

续表

解释变量	被解释变量：lnTFP		被解释变量：lnTC		被解释变量：lnEC	
	高科技	非高科技	高科技	非高科技	高科技	非高科技
Industry Dummy	Yes	Yes	Yes	Yes	Yes	Yes
County Dummy	Yes	Yes	Yes	Yes	Yes	Yes
Year Dummy	Yes	Yes	Yes	Yes	Yes	Yes
Centered R^2	0.2966	0.3924	0.3555	0.3187	0.6046	0.3751
Hansen J statistic	0.0383	0.8712	0.0200	0.4572	0.6878	0.0661
Observations	186	293	186	293	186	293

注：1. 根据Stata14.0计算结果进行整理。

2. 括号内数值为标准差。

3. *** 表示1%水平显著；** 表示5%水平显著；* 表示10%水平显著。

综上，本部分基于2015年"中国企业—员工匹配调查"，对人力资本质量对于企业全要素生产率影响程度的企业异质性问题进行了较为完整的实证检验。与根据丹麦、挪威等小型发达经济体的企业—员工匹配数据所进行的实证研究相比（Fox and Smeets, 2011; Irarrazabal, et al., 2010; Bagger, et al., 2014），我们的实证结果有所不同。上述文献认为，对于技术创新要求更高、市场竞争能力更强的高科技企业和出口企业，人力资本质量对于全要素生产率的影响程度更大。对于外资企业而言，人力资本质量与全要素生产率二者的实证关系并不显著大于内资企业。然而，本部分的实证结果表明，对于中国这样一个快速发展、总量巨大的发展中经济体，人力资本质量对于全要素生产率的促进作用在外资企业、非出口企业和非高科技企业更为显著。一方面，中国经济尚处于快速追赶的发展中阶段，外资的技术扩散效应和技术溢出效应仍然十分明显（徐舒等，2011），对于处于生产技术前沿的外资企业而言，人力资本质量对于全要素生产率的影响作用更大。另一方面，中国经济尚未真正实现从国际产业分工的价值链低端环节向高端环节的跨越，低生产率的加工贸易出口企业仍占较大比例（戴觅等，2014），致使出口企业人力资本质量对于全要素生产率的促进作用并未得到充分发挥。此外，中国高科技企业研发创新效率整体偏低（李向东等，2011），从而使人力资本质量对于改善企业绩效的作用没有得到完全释放。

（三）小结

通过选择样本信息时段较近、问项指标较为多元的 2015 年 "中国企业—员工匹配调查" 作为研究样本，本章较为全面的实证检验了不同类型企业人力资本质量（Q）对于全要素生产率及其分解指标的微观实证关系。与现有国内文献多采用受教育年限（H）作为企业人力资本代理变量不同的是，本章借鉴了国外研究对于丹麦、挪威等国企业—员工匹配数据的使用方式，构建了完整涵盖员工体能状况（S）、技能水平（M）和受教育程度（H）的人力资本质量指标。因此，本章对人力资本对于全要素生产率影响程度的企业异质性研究，是在多维度、综合性的质量层面进行的实证考察，一定程度上增进了国内文献对于人力资本微观机理的认知，也为人力资本质量与企业全要素生产率的实证关系研究提供了来自大型发展中经济体的比较结果。

本章主要有以下三个方面的研究结论：

第一，人力资本质量对于企业全要素生产率具有较强的促进作用。本章分别采用控制行业、地区和时间固定效应的 OLS 估计方法和二阶段最小二乘（2SLS）的工具变量估计方法，实证检验了不同类型企业人力资本质量对于全要素生产率的影响程度。分组回归结果表明，对于外资、内资、出口、非出口、高科技企业和非高科技企业等大多数类型企业而言，人力资本质量对于全要素生产率（TFP）及技术变化指数（TC）、效率变化指数（EC）都有显著为正的影响。工具变量法（IV）的估计结果进一步表明，上述实证关系符合因果效应的统计推断要求。这说明，对于当前中国经济尤其是广大制造业企业而言，提高人力资本质量有助于提高企业的全要素生产率水平，既有利于企业技术条件从现有最优生产前沿边界向外扩张，也有利于企业在现有技术条件下生产效率、资源配置效率的优化。

第二，人力资本质量对于全要素生产率的影响程度具有较强的企业异质性。本章对计量模型式（5）的 OLS 回归与工具变量回归结果表明，人力资本质量对于企业全要素生产率的正向效应在外资企业、非出口企业与非高科技企业更强，上述企业分组与相对应企业分组在二者弹性系数上的差距基本处于 0.02—0.21 的统计区间内。这表明，人力资本质量对于企业全要素生产率的影响程度在不同企业之间确实存在较大差异。对于主要面向国内需求市场的非出口企业和占据中国制造业企业总数 60% 以上、工业总产值 70% 以上、工业增加值近 70% 的非高科技企业而言，提升人力资本质量对于改善企业绩效、提高全要素生产率具有更大的帮助。此外，本章实证结果进一步表明，由于高科技企业研发创新效率偏低，人力资本质量对于企业绩效的促进作用并未得到充分发挥；人力资本质量对于内资企业绩效的促进作用也显著低于外资企业。因此，为实现企业绩效的提高，应重视人力资本质量在高科技企业、内资企业的有效利用。

第三，人力资本质量在不同类型企业的结构性配置应进一步优化。经济转型升级的整体目标在于推动经济增长方式从技术模仿阶段、投资驱动阶段向全要素生产率驱动阶段转变，而微观企业全要素生产率的普遍提高则是宏观经济转型升级成功的重要基础。对于不同类型企业而言，全要素生产率的改善空间存在较大差异。本章的实证结果表明，对于加工贸易出口企业而言，人力资本质量对于全要素生产率的促进作用并不显著。对于接受国际市场订单外包、仅从事简单来料加工和贴牌生产的加工贸易出口企业而言，其自身通过提高人力资本质量改善全要素生产率的效果并不明显。根据本次基于完全随机抽样的企业样本，加工贸易出口企业的数量仍占全部有效样本企业的近 30%、工业总产值占 28.2%、工业增加值占 23.2%。应允许这一部分类型的企业加快退出，或通过合理的产业政策引导其尽快转型为面向国内需求市场、具有自主营销渠道和品牌议价能力的制造业企业。这样，人力资本质量的结构性配置将更为优化，有力推动我国制造业企业的全要素生产率在整体层面进一步提高。

第四章

企业家人力资本质量与全要素生产率增长：基于年龄效应的分析

一　研究背景

新常态下，中国经济面临下行压力不断增大的挑战，GDP 增长率从 2010 年的 10.3% 逐年下降到 2014 年的 7.4%，而对于产业规模占 GDP 总量 42.6%、就业人数占全社会就业人员总数 30.1% 的制造业而言，其下行压力则更为明显。近 5 年来，我国全部工业增加值的增长速度从 2010 年的 12.6% 回落到 2014 年的 7.0%，而同期规模以上工业企业利润总额的同比增速更从 49.4% 的历史峰值快速下降到 2014 年的 3.3%。[①] 如何解释中国制造业企业绩效的下降，尤其是基于企业内部的因素来解释这一下降的原因，对企业适应新常态实现业绩的增长具有重要的理论和现实意义。

---

① 以上统计数据分别根据《中国统计年鉴》（2014 年）、《中国国民经济与社会发展统计公报》（2014 年）的相关指标进行整理。

作为一项重要而特殊的无形生产要素①，企业家在创立、经营和管理企业过程中对于市场机会创造、定义、发现及应用转化的综合能力，对微观企业绩效具有重要作用。② 理论经济学文献很早就关注到企业家对微观绩效的重要作用③，并从创新精神、冒险精神和识别市场机会三个维度就企业家对于企业家与微观绩效的理论关系进行了深入探讨。一是，通过技术创新和生产要素的组合优化④，企业家的创新精神和生产性活动为微观绩效的改善提供了重要的"创造性破坏"力量⑤；二是，企业家是承担市场风险、处理未来不确定性的市场主体，企业家职能的充分发挥有助于应对市场经济中存在的各种类型失衡问题，使绩效趋于长期平稳增长⑥；三是，企业家是努力消除蕴藏在人们行为中的不确定性的行动者，企业家职能的有效发挥能通过识别市场机会以实现市场交易效率的提升。⑦

---

① 汪川、陈晓霞、朱曦济：《年龄结构与企业家精神：基于中国省级数据的实证分析》，《当代经济研究》2014 年第 7 期。

② Thomas V., *Competing for the Future*, Cambridge: Cambridge University Press, 2007, pp. 72 – 95. Miller D., "The Correlates of Entrepreneurship in Three Types of Firms," *Management Science*, Vol. 29, No. 7, 1983, pp. 770 – 791. Sathe V., *Corporate Entrepreneurship: Top Managers and New Business Creation*, Cambridge: Cambridge University Press, 2003, pp. 85 – 89. Zahra S. A., Sapienza H. J., Davidsson P., "Entrepreneurship and Dynamic Capabilities: A Review, Model and Research Agenda," *Journal of Management Studies*, Vol. 43, No. 4, 2006, pp. 917 – 955.

③ Hébert R. F., Link A. N., "In Search of the Meaning of Entrepreneurship," *Small Business Economics*, Vol. 1, No. 1, 1989, pp. 39 – 49.

④ Gries T., Naudé W., "Entrepreneurship and Structural Economic Transformation," *Small Business Economics*, Vol. 34, No. 1, 2008, pp. 13 – 29.

⑤ Schumpeter J. A., "The Theory of Economic Development," *Harvard Economic Studies*, Vol. 355, No. 1403, 1934, pp. 159 – 192. Baumol W. J., "Entrepreneurship in Economic Theory", *The American Economic Review*, Vol. 58, No. 2, 1968, pp. 64 – 71. Baumol W. J., "Entrepreneurship: Productive, Unproductive, and Destructive," *Journal of Business Venturing*, Vol. 98, No. 5, 1990, pp. 893 – 921.

⑥ Watkins G. P., "Knight's Risk, Uncertainty and Profit," *Quarterly Journal of Economics*, Vol. 36, No. 4, 1922, pp. 682 – 690. Schultz T. W., "Nobel Lecture: The Economics of Being Poor," *Journal of Political Economy*, Vol. 88, No. 4, 1980, pp. 639 – 651.

⑦ Vasilchenko E., Morrish S., "The Role of Entrepreneurial Networks in the Exploration and Exploitation of Internationalization Opportunities by Information and Communication Technology Firms," *Journal of International Marketing*, Vol. 19, No. 4, 2011, pp. 88 – 105.

然而，由于不同企业家群体在经济因素①、文化因素②、制度和个体特征因素③等方面具有异质性，企业家职能对于微观绩效的实证关系有可能存在一定程度的差异。其中，作为人口背景特征的重要变量，企业家年龄有效反映了不同年龄阶段企业家在认知能力、风险偏好、管理经验、国际经验和社会资本等方面的差异，其与微观绩效之间的实证关系获得较多国内外实证文献的关注。但是，对于企业家年龄效应与微观企业绩效之间的具体影响，现有研究并未得到一致性的结论。从企业家年龄效应对于风险偏好的影响角度，早期的高阶理论④认为，企业家年龄的增长将会导致企业家变得固执和迟钝，战略选择也趋于保守，企业家年龄效应将引致企业家创新精神和创业精神的衰退而对微观绩效产生不利影响。从企业家年龄效应对于认知能力和管理经验的积累角度，部分研究则表明，企业家作用的有效发挥依赖于其"百事通"（Jack-of-all-trades）的多元工作经历。⑤ 随着年龄增长，企业家的认知能力和管理经验将更为丰富，识别外部市场机会、抓住市场机遇的能力也将显著增强，因而企业家年龄效应与微观绩效之间存在正向的实证关系。⑥ 从国际经验的代际差异角度，部分

---

① Lee S. Y., Florida R., Acs Z. J., "Creativity and Entrepreneurship: A Regional Analysis of New Firm Formation," *Regional Studies*, Vol. 38, No. 8, 2004, pp. 879–892.

② Freytag A., Thurik R., *Entrepreneurship and Culture*, Berlin: Springer-Verlag, 2010, pp. 232–245.

③ Lu J. Y., Tao Z. G., "Determinants of Entrepreneurial Activities in China", *Journal of Business Venturing*, Vol. 25, No. 3, 2010, pp. 261–273.

④ Hambrick D. C., Mason P. A., "Upper Echelons: The Organization as a Reflection of its Top Managers", *Academy of Management Annual Meeting Proceedings*, Vol. 9, No. 2, 1984, pp. 193–206.

⑤ Lazear E. P., "Entrepreneurship", *Journal of Labor Economics*, Vol. 23, No. 4, 2005, pp. 649–680.

⑥ Sutcliffe K. M., "What Executives Notice: Accurate Perceptions in Top Management Teams," *Academy of Management Journal*, Vol. 37, No. 5, 1994, pp. 1360–1378. Barkema H. G., Mannix E. A., "Management Challenges in a New Time", *Academy of Management Journal*, Vol. 45, No. 5, 2002, pp. 916–930. Wagner J., "Testing Lazears Jack-Of-All-Trades View of Entrepreneurship with German Micro Data," *Applied Economics Letters*, Vol. 10, No. 11, 2003, pp. 687–689. 缪小明、李淼：《科技型企业家人力资本与企业成长性研究》，《科学学与科学技术管理》2006年第2期。

研究文献则认为新一代企业家群体更具国际教育背景。与中老年企业家相比，处于30—39岁"而立之年"的企业家群体在创业精神和创新精神上更为充分，更倾向于采用现代公司治理结构和国际化战略，因而企业家年龄效应与微观绩效之间存在负向的实证关系。① 此外，从社会资本角度，部分文献认为：随着年龄增长，企业家的社会关系网络更为拓展，其有利于增强企业家隐性知识的学习机会，并有助于企业家拓展新的市场机会。② 通过社会资本渠道，企业家年龄效应对企业经营绩效基本上具有正向的影响。③

通过上述文献，我们发现，企业家年龄效应与微观企业经营绩效之间有可能存在非线性的实证关系。一方面，企业家年龄效应通过认知能力、管理经验和社会资本等渠道对企业绩效具有正向的促进作用；另一方面，企业家年龄效应从风险偏好、国际经验等角度对企业绩效产生了负向的抑制力量。采用多元 OLS 回归分析，较近的实证研究表明，企业家年龄效应与企业生存质量之间存在 U 形的非线性关系。对于40—50岁的企业家群体，其所在企业的生存质量最差，企业家的中年危机有可能存在。④ 然而，由于存在遗漏变量（omitted variables）、联立性偏误（simultaneity bias）和选择性偏差（selectivity bias）等问题，OLS 的回归分析结果并无法证明企业家年龄效应的非

---

① 张建君、李宏伟：《私营企业的企业家背景、多元化战略与企业业绩》，《南开管理评论》2007 年第 10 期。陈传明、孙俊华：《企业家人口背景特征与多元化战略选择——基于中国上市公司面板数据的实证研究》，《管理世界》2008 年第 5 期。赵先进：《企业家背景特征对企业国际化战略选择的影响研究——来自中国上市公司国际化的证据》，《国际商务研究》2011 年第 3 期。

② Westlund H., Bolton R., "Local Social Capital and Entrepreneurship," *Small Business Economics*, Vol. 21, No. 2, 2003, pp. 77 – 113.

③ 石军伟、胡立君、付海艳：《企业社会资本的功效结构：基于中国上市公司的实证研究》，《中国工业经济》2007 年第 2 期。黎赔肆：《社会网络视角的企业家学习模式研究》，复旦大学博士论文，2008 年。马丽媛：《企业家社会资本的测量及其对企业绩效的影响——基于新兴第三产业上市公司的实证研究》，《南方经济》2010 年第 5 期。

④ 张玉明、刘睿智：《中小企业家人口背景特征及其生存状态的实证研究——基于2010 年经验数据》，《东北大学学报》（社会科学版）2013 年第 6 期。

线性关系是否存在因果效应。并且，由于高质量企业调查数据的缺乏，上述文献对于企业家年龄效应与微观绩效的实证研究多运用净利润、营业收入、销售收入和资产增长率作为企业绩效的代理变量，而无法采用全要素生产率（TFP）这一全面反映企业投入—产出效率的指标进行更为细致的实证研究。

为研究以上问题，本章运用"中国企业—员工匹配调查数据"，对企业家人力资本质量与企业全要素生产率展开实证研究。之所以选取上述样本，是因为本次调查首次从企业层面完整收集了不同行业、不同规模企业的董事长和总经理等一把手的年龄数据，并有效涵盖了工业总产值、工业增加值、中间投入、资本存量、员工规模等全面测算企业全要素生产率的财务数据。调查数据不仅是一手的入企现场调查，更重要的是企业家年龄与企业全要素生产率的匹配样本，从而能够自洽地说明企业家年龄效应与企业全要素生产率的实证关系。

为从因果效应角度实证检验企业家年龄效应与企业全要素生产率的非线性关系，本章运用联立方程组模型的识别策略，采用三阶段最小二乘方法（3SLS）测算了企业家年龄效应对于企业全要素生产率的非线性关系。通过上述方法，本章较好地解决了企业家年龄与全要素生产率两者之间的内生性问题（endogeneity），从而便于对企业家年龄效应对于企业全要素生产率的非线性关系做出因果性的统计推断。并且，通过采用修正时间序列的 DEA 方法、随机前沿模型（SFA）、Levinsohn-Petrin 一致半参数估计法[①]等测算微观全要素生产率方法的综合运用，本章进一步就企业家年龄效应与企业全要素生产率的非线性关系做出了进一步基于因果推断的稳健性检验。

---

① Levinsohn J., Petrin A., "Estimating Production Functions Using Inputs to Control for Unobservables," *Review of Economic Studies*, Vol. 70, No. 2, 2000, pp. 317 – 341.

二 指标选取与计量模型设定

本章旨在对于企业家年龄效应与企业全要素生产率的非线性关系进行稳健性地因果推断。因此,模型构建分别从企业家年龄效应、全要素生产率(TFP)的测算方法以及计量模型三部分进行论述。

(一) 企业家年龄效应的指标选取

如前所述,企业家年龄效应与企业全要素生产率之间或存在显著的非线性关系。一方面,企业家年龄增长将引致企业家认知能力、管理经验和社会关系网络的深化与拓展,有助于企业开拓新的市场领域、把握新的市场机遇,从而实现企业投入—产出效率的提升。另一方面,企业家年龄增长又会降低企业家的风险偏好,中老年企业家群体则存在国际视野不足的问题,企业家年龄效应则通过风险偏好和国际经验两个渠道对于企业全要素生产率产生负向的实证效应。基于横截面的中小上市企业数据,部分研究文献则在 OLS 回归分析层面上实证检验了企业家年龄效应与微观企业绩效的非线性实证关系。[①] 因此,为了对企业家年龄效应与企业全要素生产率的非线性关系进行稳健性地因果推断,本章同时选取企业家年龄(e_age)、企业家年龄的平方项(e_age^2)作为企业家年龄效应的代理变量。

(二) 企业全要素生产率的测算方法

对生产率的测算是很多实证研究的基础,它通常被解释为总产出中不能由要素投入所解释的"剩余"。这个"剩余"一般被称为全要素生产率(TFP),它反映了剔除资本、劳动等生产要素投入对决策

[①] 张玉明、刘睿智:《中小企业家人口背景特征及其生存状态的实证研究——基于 2010 年经验数据》,《东北大学学报》(社会科学版) 2013 年第 6 期。

单元产出增长贡献之后投入—产出效率自身改善的程度,不仅包含技术进步对产出增长的贡献,也包含许多没有体现在生产函数中但对产出增长有实质性贡献的因素,比如生产规模的优化、管理效率的改善等。①

与国家和地区等宏观决策单元不同的是,企业作为微观市场主体的生产决策行为更具确定性,其技术水平在某种程度上是可以事前认知的,企业往往根据已知的技术水平再选择合适的要素投入水平。因此,由于难以联立性偏误和选择性偏差等问题、传统的增长核算法和增长率回归法(索洛余值法)等宏观全要素生产率的测算方法由于存在残差项与回归项的高度相关而不适用于微观企业全要素生产率的计算。为解决上述问题,本章参考主流实证文献的做法,分别采用修正时间的 DEA 方法、随机前沿模型(SFA)和 Levinsohn-Petrin 一致半参数估计法(LP 方法)等测算方法对企业全要素生产率进行指标计算。

(三)模型设定

1. OLS 基本模型

我们采用控制了行业、地区和时间固定效应的 OLS 回归作为实证检验企业家年龄效应与企业全要素生产率非线性关系的基本模型。通过对上述三种维度不可观测固定效应的充分控制,该模型可在一定程度上较好地解决遗漏变量问题。考虑到稳态条件下长期经济增长计量模型的一般设定要求,除虚拟变量外计量模型中的各种变量均取自然对数值。具体设定如下:

$$\ln TFP_{ijdt} = \alpha_0 + \alpha_1 \ln e\_age_{ijdt} + \alpha_2 (\ln e\_age_{ijdt})^2 + X'_{ijdt}\alpha + D_j + D_d + D_t + \mu_{ijdt} \quad (4-1)$$

---

① 鲁晓东、连玉君:《中国工业企业全要素生产率估计:1999—2007》,《经济学(季刊)》2012 年第 2 期。

其中，因变量为分别基于数据包络分析（DEA）、随机前沿分析（SFA）和 Levinsohn-Petrin 一致半参数估计法（LP）等方法测算的企业全要素生产率（TFP）的自然对数值。核心自变量则包括企业家年龄（e_age）的自然对数值及其平方项（$(\ln e\_age)^2$）。通过引入上述两个变量，我们可以有效测度企业家年龄效应与企业全要素生产率是否存在统计显著的非线性关系。X'_{ijdt} 为一系列控制变量，根据现有文献的通常做法，分别涵盖企业规模（labor）、企业年龄（firm_age）、国有股权比例（state_stake）、员工平均受教育年限（h）、出口与否（export）、市场份额（market_share）、透支额度（credit_sell）等企业维度控制变量，以及当地人口规模（population_score）、是否为商业城市（business）等地区维度控制变量。下文表4.1对本章用到的主要控制变量的定义及文献来源进行了详细说明。

此外，式（3-1）中下标 i 代表第 i 位受访的企业家个体，下标 j 和 t 则分别表示基于一维行业代码（GB4754—2011）划分的行业类型（j=1,2,3,4）和时期（t=2013,2014），d 标示该调查样本所属的地区调查单元。D_j、D_d 和 D_t 分别表示行业、地区和时间的固定效应。

表 4.1　　主要控制变量的定义说明及文献来源

变量名	变量解释	变量定义	文献来源
labor	企业规模	企业员工人数的自然对数	Abdel-Khalik（1993）
firm_age	企业年龄	样本所在时期减去企业创始年份并取其对数	Huergo & Jaumandreu（2004）
state_stake	国有股权比例	所有制结构中国有股份所占的比例	Shleifer & Vishny（1993）
h	员工平均教育年限	不同类型员工教育年限的平均值	Roper & Love（2006）
export	出口与否	若企业有出口行为则赋值为1，否则为0	Aw, et al.（2008）

续表

变量名	变量解释	变量定义	文献来源
market_share	市场份额	产品市场份额小于1%的赋值为1；份额在1%到10%的赋值为2；份额在11%到50%的赋值为3；份额在51%以上的赋值为4	Grossman & Shapiro（1987）
credit_sell	透支额度	若企业具有透支额度，赋值为1；否则为0	李后建、张剑（2015）
population_score	人口规模	若当地级市的常住人口少于5万则赋值为1；5万至25万的赋值为2；25万至100万赋值为3；100万以上赋值为4	李后建、张剑（2015）
business	商业城市	若所在城市为省会、副省级城市或珠三角城市则赋值为1；否则赋值为0	李后建、张剑（2015）

注：根据现有文献进行变量定义与数据整理。

2. 三阶段最小二乘法（3SLS）模型

现有企业家实证文献指出，企业家精神及其人口背景特征变量与企业经营绩效之间或存在明显的内生性问题[①]。即对于本章所研究的企业家年龄效应与企业全要素生产率的非线性实证关系而言，企业家年龄效应（e_age、e_age^2）与企业全要素生产率（TFP）之间或存在相互影响、相互联系的联立性偏误问题。如果仅使用简单最小二乘法（OLS）的单方程模型，我们则很难完整有效地将企业家年龄效应与企业全要素生产率的非线性关系的因果效应测度出来，而采用联立方程组模型的三阶段最小二乘法（3SLS）则可以较好地解决这一问题。该方法是一种广义的工具变量估计方法，与二阶段最小二乘法（2SLS）相比，其放弃了随机误差项服从球型扰动假设的严苛约束，

---

① 李宏彬、李杏、姚先国、张海峰、张俊森：《企业家的创业与创新精神对中国经济增长的影响》，《经济研究》2009年第10期。

在随机误差项存在异方差问题的前提下,三阶段最小二乘法(3SLS)估计量是最优,一致和有效的广义矩(GMM)估计量次之。

具体做法上,本章分别将企业全要素生产率、企业家年龄及其平方项的自然对数值均视作内生变量,除将OLS基本模型式(4-1)作为待估方程外,进一步引入企业家年龄(lne_age)、企业家年龄平方项($(\text{lne\_age})^2$)的待估方程,使用基于同一时期、同一地区调查单元的相同一维行业代码企业的企业家年龄及其平方项的平均值[lne_age_average、$(\text{lne\_age\_average})^2$]作为核心工具变量。在此基础上,我们进一步引入地区控制变量(population_score、business)以及行业、地区和时间的固定效应(D_j、D_d和D_t)的线性组合作为工具变量(Z'和M')。在3SLS回归下,我们将不仅估计前文所述的OLS基本模型式(4-1),同时还需估计企业家年龄(lne_age)、企业家年龄平方项[$(\text{lne\_age})^2$]的计量模型式(4-2)和式(4-3)。通过三阶段最小二乘估计,如果式(4-1)核心解释变量lne_age、$(\text{lne\_age})^2$对于企业全要素生产率(lnTFP)的影响系数均显著为正,则我们可以做出如下统计推断:企业家年龄效应与企业全要素生产率的非线性实证关系具有因果效应。

$$\text{lne\_age}_{ijdt} = \beta_0 + \beta_1 \text{lne\_age\_average}_{ijdt} + \beta_2 (\text{lne\_age\_average}_{ijdt})^2 + \beta_3 \ln TFP_{ijdt} + Z'\beta + \varepsilon_{ijdt} \quad (4-2)$$

$$(\text{lne\_age}_{ijdt})^2 = \gamma_0 + \gamma_1 \text{lne\_age\_average}_{ijdt} + \gamma_2 (\text{lne\_age\_average}_{ijdt})^2 + \gamma_3 \ln TFP_{ijdt} + M'\gamma + \xi_{ijdt} \quad (4-3)$$

三 企业家年龄效应与全要素生产率的统计分析

表4.2、表4.3分别给出了本章实证研究所使用的全部企业调查数据在2013—2014年度的描述性统计结果。通过对不同类型企业分组的标准差分析,我们发现:对于企业家年龄(e_age)、全要素生

产率（tfp_dea、tfp_sfa 和 tfp_lp）、员工规模（labor）、企业年龄（firm_age）、国有股权占比（state_stake）、市场份额（market_share）和员工受教育年限（h）等主要企业调查数据而言，样本总体、民营企业和国有企业等不同企业分组的标准差均差别不大。考虑到民营企业占全部 443 个有效企业样本 94.6% 的特征性事实，民营企业分组各主要企业调查数据的变异程度基本大于国有企业，因此民营企业的标准差普遍略大。上述变量的描述性统计结果与经验判断基本一致。

企业全要素生产率（TFP）的测算过程需要用到工业总产值（gross_value）、工业增加值（added_value）、年末员工人数（labor）、工业中间投入（intermediate_good）、固定资产投资净值（capital）等一系列财务数据，并在数据清理过程中需要使用主营业务收入、销售收入、期初存货现值、期末存货现值等大量相关财务指标。因此，财务数据的清理对于企业全要素生产率的测算质量至关重要。本章对上述企业全部财务数据均严格遵照会计准则进行了整理。根据数据包络分析（DEA）、随机前沿分析（SFA）和 LP 一致半参数估计方法（LP 法）三种方法计算的全要素生产率的平均增速为 5.04%，与闫坤、刘陈杰[1]、杨汝岱[2]等文献基于不同数据来源的测算结果基本一致。进一步地，图 4.1 表明，按照企业家年龄分类，采用上述三种算法测算的企业全要素生产率基本呈现水平分布，仅在绝对值上略有差异。这表明，本章对于企业全要素生产率的指标测算基本满足平稳随机过程的计量模型假设要求。

图 4.2 进一步给出了本章测算的不同企业类型分组 2014 年全要素生产率的同比增速，并将其与广东 2014 年地区生产总值（GDP）同比增速进行对比。我们发现，对于全部样本企业而言，2013—2014

---

[1] 闫坤、刘陈杰：《我国"新常态"时期合理经济增速测算》，《财贸经济》2015 年第 1 期。

[2] 杨汝岱：《中国制造业企业全要素生产率研究》，《经济研究》2015 年第 2 期。

年全要素生产率的同比增长率仅为5.04%，远低于当年地区GDP的宏观增速水平（7.8%）。上述计算结果表明，新常态下经济下行压力对于微观企业投入—产出效率的影响较大。此外，民营企业的全要素生产率（TFP）增速（7.63%）要显著高于国有企业分组（5.45%），显示出民营企业在相同宏观经济环境下具有更强的经济活力。

最后，本部分对于企业家年龄效应与企业全要素生产率的非线性实证关系进行了初步的描述性统计分析。选择工业总产值（gross_value）、工业增加值（added_value）和销售利润率（profit_rate，利润总额/销售收入）三个变量的同比增速作为微观企业绩效的代理变量，图4.3给出了不同年代出生的企业家群体所对应的企业绩效的平均值。结果发现，企业家年龄效应与微观企业绩效之间呈现较为显著的U形关系。对于出生于20世纪60年代的企业家群体而言，其所在企业的微观绩效明显偏低。进一步统计发现，出生于20世纪60年代的企业家是我国目前的主要企业家群体。对于本次调查样本而言，60年代企业家的企业数量占全部有效样本总数的64%；工业总产值占85.24%；工业增加值占84.4%，这一代企业家伴随着改革开放成长，在目前中国经济发展中发挥着"中流砥柱"的重要作用。上述主流企业家群体处于U形关系的底部，或表明对于我国目前的企业家群体而言，企业家年龄效应通过风险偏好、国际经验等渠道对于微观绩效的抑制作用整体上要强于其通过认知能力、管理经验和社会资本等渠道的促进作用。新常态下，随着经济发展内外环境的改变，"创一代"企业家群体或存在较为严重的"中年危机"，由于认知能力、管理经验和社会关系网络所带来的"中年红利"效应则并不显著。主流企业家群体在企业家能力上的低迷，也是造成新常态下微观企业绩效下行压力较为明显的重要原因。此外，图4.4—图4.9分别给出了在双变量OLS回归模型条件下，企业家年龄（e_age）、企业家年龄的平方项（e_age^2）对于三种不同测算方法的企业TFP指标的弹性系数。我们发现,企业家年龄(e_age)对于不同算法的企业 TFP 均存在较为明显的负向关系,而企业家年龄平方项(e_age^2)对于企业 TFP 则具有较为稳健的正向相关性。这表明,企业家年龄效应与企业全要素生产率有可能存在 U 形的非线性关系。

表 4.2　　　　2013 年主要企业调查数据的描述性统计

变量	样本总体			民营企业			国有企业		
	样本数	均值	标准差	样本数	均值	标准差	样本数	均值	标准差
企业家年龄	443	49.709	9.004	419	49.835	9.096	24	47.5	7.016
全要素生产率(DEA)	443	0.452	0.173	419	0.450	0.173	24	0.479	0.183
全要素生产率(SFA)	443	0.617	0.139	419	0.616	0.139	24	0.622	0.139
全要素生产率(LP)	383	0.296	0.214	361	0.296	0.216	22	0.282	0.180
员工规模	443	1016.65	2407.13	419	1006.682	2452.535	24	1190.625	1415.212
企业年龄	443	11.138	6.957	419	10.771	6.0698	24	17.542	14.676
国有股权占比	410	0.035	0.171	388	0.0099	0.0898	22	0.474	0.454
市场份额	406	2.549	1.007	385	2.538	1.013	21	2.762	0.889
员工受教育年限	443	12.288	2.010	419	12.198	1.969	24	13.867	2.095

注:运用 Stata14.0 对不同类型的企业调查数据分组进行描述性统计。

表 4.3　　　　2014 年主要企业调查数据的描述性统计

变量	样本总体			民营企业			国有企业		
	样本数	均值	标准差	样本数	均值	标准差	样本数	均值	标准差
年龄	443	50.709	9.004	419	50.835	9.096	24	48.5	7.016
全要素生产率(DEA)	443	0.469	0.175	419	0.467	0.175	24	0.493	0.177

续表

变量	样本总体			民营企业			国有企业		
	样本数	均值	标准差	样本数	均值	标准差	样本数	均值	标准差
全要素生产率（SFA）	443	0.619	0.1342	419	0.619	0.134	24	0.631	0.127
全要素生产率（LP）	387	0.3326	0.357	364	0.333	0.362	23	0.329	0.285
员工规模	443	981.549	2148.769	419	964.298	2175.393	24	1282.708	1620.357
企业存续时间	443	12.138	6.957	419	11.771	6.069	24	18.542	14.676
国有股权占比	410	0.03485	0.171	388	0.0099	0.089	22	0.474	0.454
市场份额	406	2.549	1.007	385	2.538	1.013	21	2.762	0.889
员工平均受教育年限	443	12.288	2.009	419	12.198	1.969	24	13.867	2.095

注：运用 Stata14.0 对不同类型的企业调查数据分组进行描述性统计。

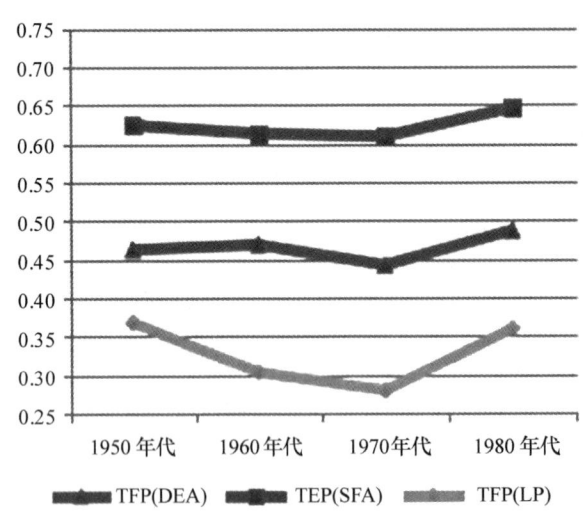

图 4.1　不同出生年代企业家群体与全要素生产率

注：根据 Stata14.0 计算并运用 Excel 绘图，对不同年代企业家群体的全要素生产率计算采用平均值加总，由于四舍五入或存在一定的小数位误差。

第四章　企业家人力资本质量与全要素生产率增长　/　129

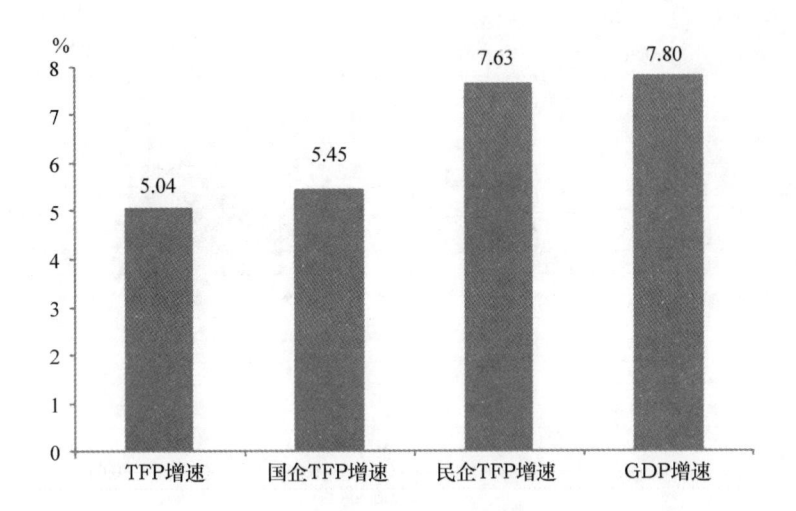

图 4.2　不同类型企业分组的全要素生产率增速

注：根据 Stata14.0 计算并运用 Excel 绘图，对不同企业类型分组的全要素生产率计算采用平均值加总，由于四舍五入或存在一定的小数位误差。

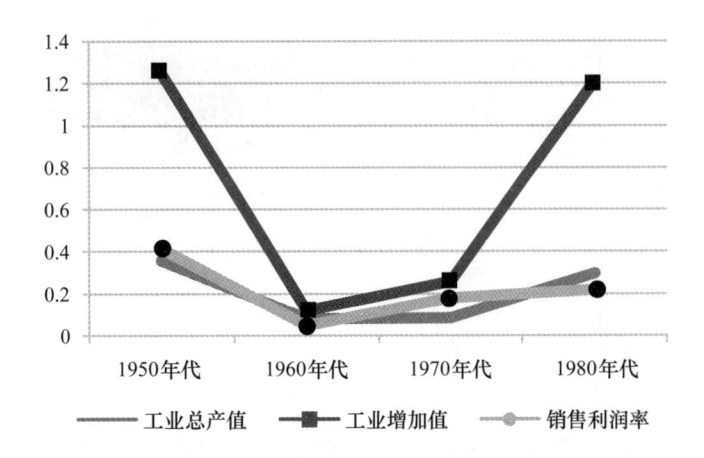

图 4.3　企业家年龄效应与微观企业绩效

注：根据 Stata14.0 计算并运用 Excel 画图。

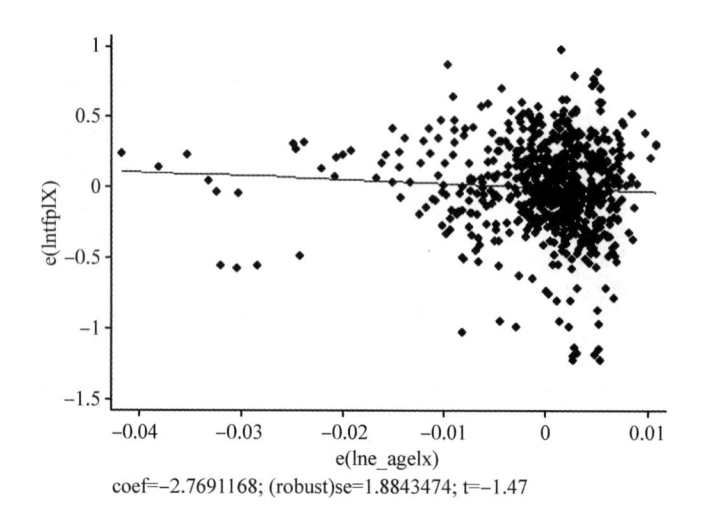

coef=−2.7691168; (robust)se=1.8843474; t=−1.47

图 4.4　企业家年龄与 TFP（DEA）

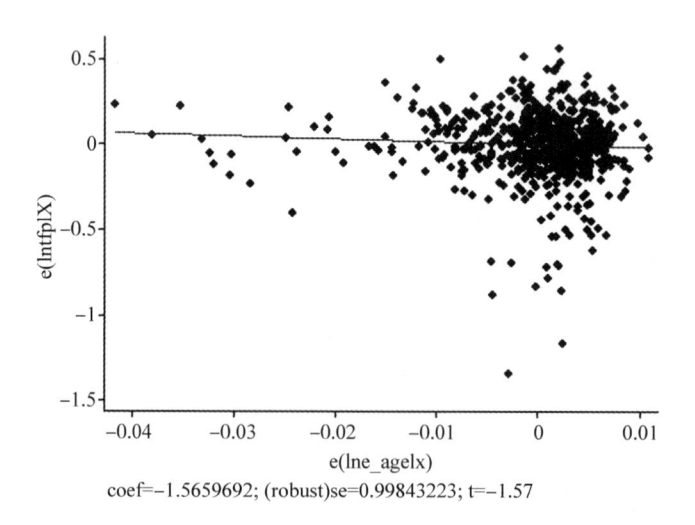

coef=−1.5659692; (robust)se=0.99843223; t=−1.57

图 4.5　企业家年龄与 TFP（SFA）

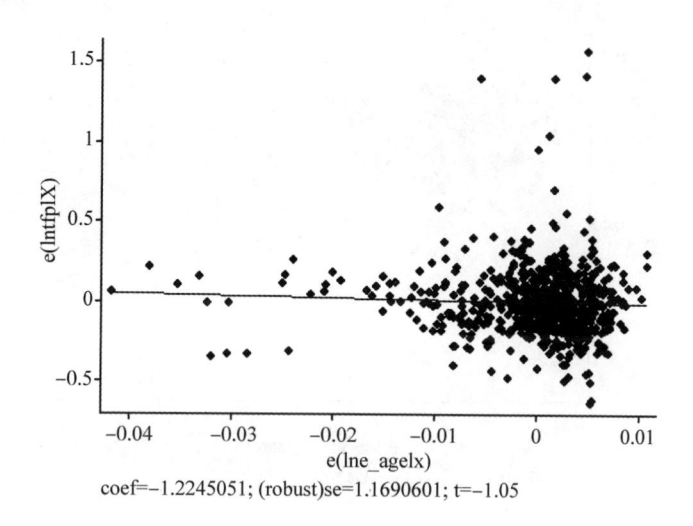

coef=−1.2245051; (robust)se=1.1690601; t=−1.05

图 4.6　企业家年龄与 TFP（LP）

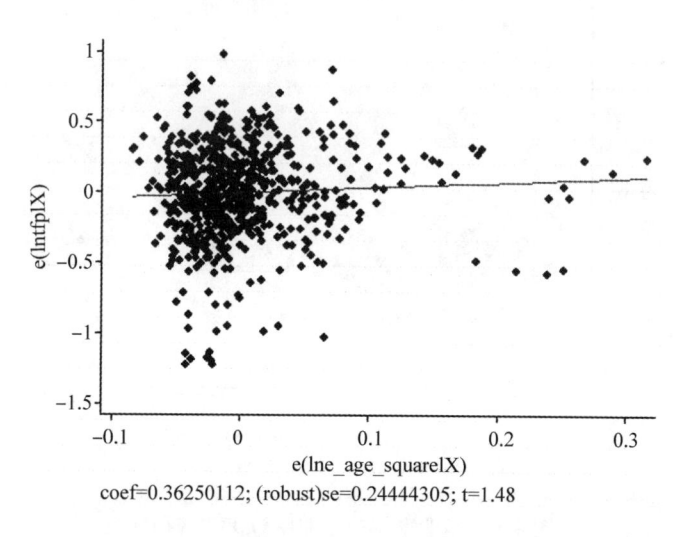

coef=0.36250112; (robust)se=0.24444305; t=1.48

图 4.7　企业家年龄平方项与 TFP（DEA）

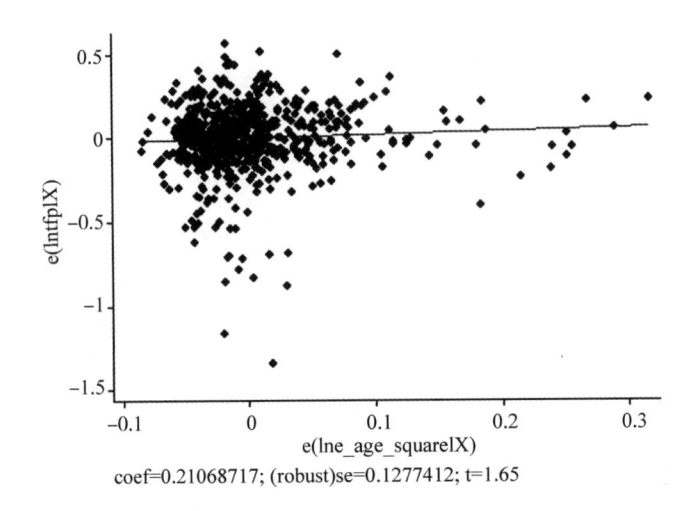

coef=0.21068717; (robust)se=0.1277412; t=1.65

图 4.8　企业家年龄平方项与 TFP（SFA）

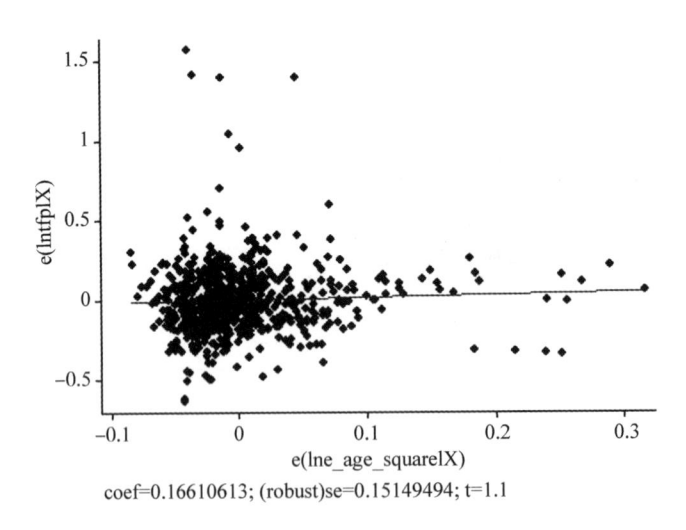

coef=0.16610613; (robust)se=0.15149494; t=1.1

图 4.9　企业家年龄平方项与 TFP（LP）

注：图 4.4—图 4.9 根据 Stata14.0 计算并绘图。

四 企业家人力资本质量的年龄效应：因果测度

在前文第三部分，我们对企业家年龄效应与企业全要素生产率的非线性实证关系进行了初步的描述性统计。结果发现，企业家年龄与企业全要素生产率之间存在较为明显的 U 形非线性关系，即在仅考虑企业家年龄（e_age）、企业家年龄平方项（e_age^2）的情况下，企业家年龄及其平方项分别与企业全要素生产率分别为负向和正向的相关性关系。

本节分别运用 OLS 和三阶段最小二乘法（3SLS）回归模型，对企业家年龄效应与企业全要素生产率的非线性实证关系进行稳健性的因果效应检验。

（一）OLS 估计结果

分别基于数据包络分析（DEA）、随机前沿分析（SFA）和 Levinsohn-Petrin 一致半参数估计法（LP）等方法计算企业全要素生产率，表 4.4 给出了企业家年龄效应与企业 TFP 非线性实证关系的 OLS 稳健性检验结果，估计方程为式（4-1）。回归结果表明，基于本次 2015 年"中国企业—员工匹配调查"数据，在充分控制员工规模（labor）、企业年龄（firm_age）、国有股权占比（state_stake）、市场份额和员工受教育年限（h）等主要控制变量，并引入行业、地区和时期的固定效应的情况下，企业家年龄效应与企业全要素生产率（TFP）的实证关系具有如下发现：

第一，企业家年龄效应与全要素生产率具有 U 形的非线性关系。无论基于数据包络分析（DEA）、随机前沿分析（SFA）还是 Levinsohn-Petrin 估计法，企业家年龄（e_age）均对企业全要素生产率具有显著为负的实证关系。通过稳态条件下长期经济增长的一般性模型设定，我们测算了企业全要素生产率对于企业家年龄的弹性系数。OLS的计算表明：在充分控制其他因素的条件下，企业全要素生产率对于企业家年龄的弹性系数处于 [-9.603, -4.392] 的统计区间内。同时，表4.4的OLS估计结果表明，企业家年龄的平方项（e_age^2）对于企业全要素生产率在至少5%的显著性水平上具有统计为正的实证效应，全要素生产率对于企业家年龄平方项的弹性系数均处于 [0.578, 1.276] 的统计区间内。因此，根据OLS回归的大样本实证检验，我们发现：企业家年龄效应与企业全要素生产率具有U形的非线性关系。

第二，企业家群体有可能存在"中年危机"效应。基于上述三种方法测算的企业全要素生产率，我们在充分控制行业、地区和时期固定效应的OLS回归模型下，计算了企业家年龄与企业全要素生产率的U形关系的拐点。结果表明，在未充分考虑解释变量内生性问题（endogeneity）的前提下，OLS回归获得的企业家年龄与全要素生产率的U形关系的"底部"处于 [43.1, 47.4] 的统计区间内。上述计算结果表明，对于年龄为43.1—47.4岁的中年企业家群体而言，其所在企业的全要素生产率明显低于其他年龄阶段的企业家。对于中年企业家群体而言，年龄增长所带来的认知能力、管理经验和社会关系网络的正向效应难以对冲国际经验不足和行为决策趋于保守所引致的不利影响。更进一步地，对于中国这样一个转型经济体而言，中年企业家群体所在企业的全要素生产率偏低，或在一定程度上也反映了"创一代"企业家群体对于新常态下经济转型升级要求的不适应。这一部分企业家群体大多创业于20世纪80—90年代，在改革开放初期存在较强的管制性壁垒的条件下，上述企业家形成了较强的制度突破能力[1]和对于政商关系和社会关系的制度处理能力，对改革开放前期

---

[1] 汪伟、史晋川：《进入壁垒与民营企业的成长——吉利集团案例研究》，《管理世界》2005年第4期。项国鹏、李武杰、肖建忠：《转型经济中的企业家制度能力：中国企业家的实证研究及其启示》，《管理世界》2009年第11期。

中国经济高速增长和企业经营绩效的提高起到了重要的作用。① 然而，新常态下随着市场经济的不断完善，这种主要基于制度壁垒的突破而获得的边际收益处于递减趋势。企业家更多的需要依靠对要素资源的配置，实现创新性增长。因此，中年企业家群体或存在对于制度能力的路径依赖而产生不适应。②

第三，企业年龄效应并不显著。现有企业实证研究认为，企业生产率或存在一定的年龄效应③，即随着企业年龄（firm_age）的增长，存续企业能够通过"干中学"而提升其生产效率，物质资本、人力资本等生产要素的配置也将通过不断试错而趋于优化。然而，在同时引入企业家年龄（e_age）、企业家年龄的平方项（e_age^2）之后，我们发现：无论对基于数据包络分析（DEA）、随机前沿分析（SFA）还是LP方法测算的企业全要素生产率而言，企业年龄对于TFP的影响系数并不显著。这表明，与企业年龄效应相比，企业家年龄效应更加显著。这也进一步验证了企业家作为企业内部关键性、特殊性生产要素的重要性。④

表4.4　企业家年龄效应和企业全要素生产率的实证检验（OLS回归）

解释变量	被解释变量：lntfp（DEA）	被解释变量：lntfp（SFA）	被解释变量：lntfp（LP）
lne_age	-4.907**	-4.392***	-9.603**
	(-2.48)	(-3.22)	(-2.23)

---

① 李宏彬、李杏、姚先国、张海峰、张俊森：《企业家的创业与创新精神对中国经济增长的影响》，《经济研究》2009年第10期。

② 程虹、宋菲菲：《新常态下企业经营绩效的下降：基于企业家精神的解释——来自2015年广东制造业企业——员工匹配调查的经验证据》，《武汉大学学报》（哲学社会科学版）2016年第1期。

③ 周黎安、张维迎、顾全林、汪森军：《企业生产率的代际效应和年龄效应》，《经济学（季刊）》2007年第4期。

④ Zahra S. A., Sapienza H. J., Davidsson P., "Entrepreneurship and Dynamic Capabilities: A Review, Model and Research Agenda," Journal of Management Studies, Vol. 43, No. 4, 2006, pp. 917-955.

续表

解释变量	被解释变量：lntfp（DEA）	被解释变量：lntfp（SFA）	被解释变量：lntfp（LP）
lne_age_sq	0.636**	0.578***	1.276**
	(2.5)	(3.29)	(2.3)
lnlabor	-0.0164	-0.002***	-0.009
	(-1.48)	(-0.23)	(-0.32)
lnfirm_age	0.021	-0.011	-0.064
	(0.81)	(-0.55)	(-1)
state_stake	-0.0441	-0.0796	0.243
	(-0.41)	(1.04)	(1.1)
market_share	-0.0143	-0.0187	0.016
	(-1.03)	(-1.42)	(0.43)
export	0.0744**	0.0444	0.164**
	(2.11)	(1.55)	(2.06)
ln$h$	0.726***	0.146***	0.216
	(9.11)	(2.6)	(1.12)
credit_sell	0.0509*	0.0515*	-0.004
	(1.67)	(1.95)	(-0.05)
population_score	0.178*	-0.0231	0.565**
	(1.9)	(-0.31)	(2.41)
business	-1.035	-0.209	-0.552
	(-1.46)	(-0.6)	(-0.98)
Industry	Y	Y	Y
County	Y	Y	Y
Year	Y	Y	Y
Observations	761	761	668
R2	0.2595	0.0531	0.173

注：1. 根据 Stata14.0 计算结果进行整理。2. 括号内数值为标准差。3. *** 表示 1% 水平显著；** 表示 5% 水平显著；* 表示 10% 水平显著。

(二) 3SLS 估计结果

前文提到,现有文献指出企业家精神及其人口背景特征变量与企业经营绩效之间或存在明显的内生性问题。即对于本章所研究的企业家年龄效应与企业全要素生产率的非线性实证关系而言,企业家年龄效应(e_age、e_age^2)与企业全要素生产率(TFP)之间或存在相互影响、相互联系的联立性偏误问题。因此,为解决内生性问题,本部分采用联立方程组模型的三阶段最小二乘法(3SLS)进行因果效应的估计。具体做法上,我们将企业全要素生产率(TFP)、企业家年龄(e_age)和企业家年龄的平方项(e_age^2)均视作内生变量,对三个内生变量之间的函数关系进行模型设定(即本章第二部分的式(4-1)—式(4-3))。通过使用同一期、同一地区调查单元的相同一维行业代码企业的企业家年龄及其平方项的平均值[(lne_age_average、(lne_age_average)^2]作为式(4-2)和式(4-3)的核心工具变量,并进一步引入地区控制变量(population_score、business)以及行业、地区和时间的固定效应(D_j、D_d和D_t)的线性组合作为工具变量($Z^{'}$和$M^{'}$)。在3SLS回归下,如果式(4-1)中企业家年龄(e_age)、企业家年龄平方项(e_age^2)对于企业全要素生产率(TFP)具有显著为正的影响系数,则我们可做出如下推断:企业家年龄效应与企业全要素生产率的非线性实证关系具有因果效应。

表4.5给出了企业家年龄效应和企业全要素生产率的3SLS估计结果。我们发现,在3SLS回归条件下,企业家年龄及其平方项[lne_age,(lne_age)^2]对于企业全要素生产率(TFP)始终具有统计显著的影响作用。其中,企业家年龄(lne_age)对于全要素生产率的影响系数显著为负,而企业家年龄平方项((lne_age)^2)对于全要素生产率的影响系数则显著为正。这表明,企业家年龄效应与企业全要素生产率之间呈现U形非线性关系,并且该实证关系具有因果效

应。在3SLS回归条件下，我们进一步实证检验了企业家年龄与企业全要素生产率的U形拐点，结果发现：对于年龄在49.2—49.6岁的中年企业家群体，其所在企业的全要素生产率水平明显偏低。通过因果效应的测算，我们进一步证实了企业家群体"中年危机"现象的存在。

表4.5 企业家年龄效应和企业全要素生产率的实证检验（3SLS回归）

解释变量	被解释变量		
	lntfp（DEA）	lntfp（SFA）	lntfp（LP）
lne_age	-398.8049***	-152.5557***	-216.0415***
	(-2.98)	(-2.94)	(-2.97)
lne_age_sq	51.14371***	19.5406***	27.7307***
	(2.98)	(2.94)	(2.97)
lnlabor	0.0685696	0.0273504	0.0246098
	(0.56)	(0.57)	(0.37)
lnfirm_age	0.6727964*	0.2551486*	0.3592477*
	(1.78)	(1.74)	(1.75)
state_stake	0.3212898	0.1761202	0.2442219
	(0.49)	(0.7)	(0.69)
export_dummy	0.2467104	0.1106016	0.1479761
	(1.06)	(1.24)	(1.17)
lnprofit_rate1	-0.1230873	0.185887	0.9866139
	(-0.92)	(3.59)	(13.47)
lnh	2.207997***	0.8329991***	1.234137***
	(2.64)	(2.58)	(2.71)
credit_sell	0.0436658	0.0581305	-0.0025962
	(0.21)	(0.71)	(-0.02)
business	8.046933**	3.290923	4.326994**
	(2.23)	(2.35)	(2.2)
lninvestment	0.0405209	-0.004534	-0.0266889
	(0.64)	(-0.19)	(-0.77)

续表

解释变量	被解释变量		
	lntfp（DEA）	lntfp（SFA）	lntfp（LP）
population_score	Y	Y	Y
market_share	Y	Y	Y
Industry	Y	Y	Y
County	Y	Y	Y
year	Y	Y	Y
Observations	668	668	668
Chi2	24.39	55.57	357.76

注：1. 根据Stata14.0计算结果进行整理。2. 括号内数值为标准差。3. *** 表示1%水平显著；** 表示5%水平显著；* 表示10%水平显著。

（三）进一步的讨论

通过OLS估计与3SLS估计，我们发现：企业家年龄效应与企业全要素生产率之间呈现出显著的U形关系。基于2015年"中国企业—员工匹配调查"数据，企业家群体呈现出较为明显的"中年危机"现象。对于年龄处于43.1—49.6岁的企业家群体而言，其所管理企业的全要素生产率较低。本部分对于企业家群体的"中年危机"现象做出进一步的理论解释。我们认为，中年企业家群体所在企业的全要素生产率之所以偏低，其关键原因或在于：上述年龄阶段的企业家群体对于长期以来所形成的制度突破能力、政商关系处理能力和传统盈利模式的路径依赖，其对于企业创新能力造成了较强的阻滞效应。

对于改革开放背景下成长起来的中年企业家群体而言，其已习惯于依靠制度突破、争取政府优惠政策而为企业发展赢得空间，形成了较强的制度突破能力，甚至具有较强的"制度型企业家"特征。[①] 然

---

① 程虹、宋菲菲：《新常态下企业经营绩效的下降：基于企业家精神的解释——来自2015年广东制造业企业—员工匹配调查的经验证据》，《武汉大学学报》（哲学社会科学版）2016年第1期。

而，随着市场化改革的推进和市场经济体制的日臻完善，制度突破、争取政府优惠政策所产生的边际收益已日趋递减。企业经营绩效尤其是全要素生产率的提升，更加依赖于研发创新能力的提高和盈利模式的转型①。与此同时，中年企业家群体对于制度突破、争取政府优惠和传统盈利模式的依赖，对其所在企业的进一步发展产生了路径锁定效应，制约了研发创新能力的提高和盈利模式的及时调整。图 4.10 和图 4.11 分别比较了中年企业家群体与其他企业家分组在研发创新能力、盈利模式等方面的差异。图 4.10 的统计结果表明，与其他年龄阶段企业家相比，年龄处于 43.1—49.6 岁的企业家群体的研发创新能力明显不足，其所在企业的 2012—2014 年新增专利数、新增研发专利数以及 2014 年年末研发人员总数分别比对照组要低 22.43%、31.63% 和 41.58%。图 4.11 的统计结果表明，与其他年龄阶段企业家

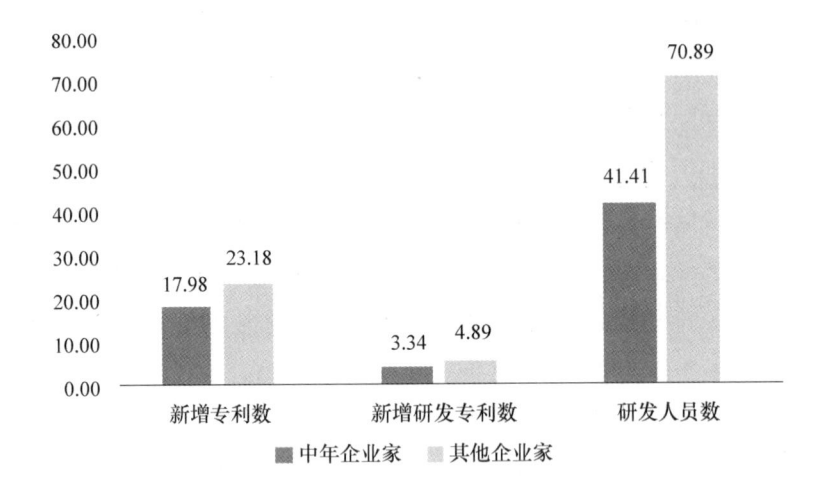

图 4.10　不同分组企业家群体的研发创新能力对比图

注：根据 Stata14.0 计算并运用 Excel 绘图，对相应指标计算采用算术平均值。由于四舍五入或存在一定的小数位误差。

---

① 王文涛、付剑峰、朱义：《企业创新、价值链扩张与制造业盈利能力——以中国医药制造企业为例》，《中国工业经济》2012 年第 4 期。

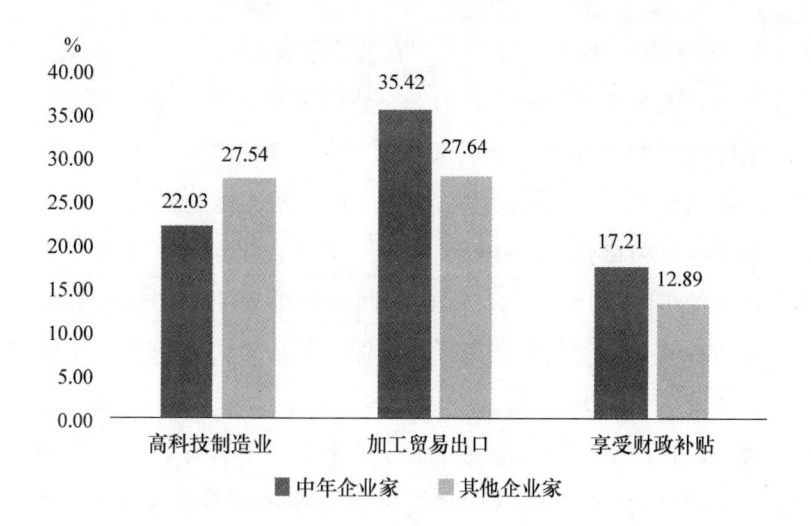

图 4.11 不同分组企业家群体的盈利模式对比

注：根据 Stata14.0 计算并运用 Excel 绘图，对相应指标计算采用算术平均值。由于四舍五入或存在一定的小数位误差。

相比，年龄区间在 [43.1, 49.6] 的企业家群体在盈利模式转型方面也较为滞后。与对照组相比，中年企业家群体从事高科技制造业的比例要低 20.00%，而从事低附加值的加工贸易出口行业的比例却高出 21.96%。在享受政府财政补贴优惠方面，中年企业家群体也要高出 25.10%。因此，由于存在路径依赖，中年企业家群体在研发创新能力提升与盈利模式转型上形成了较强的阻滞效应，妨碍了企业经营绩效尤其是全要素生产率的提高。这或是造成企业家群体"中年危机"现象的重要原因。

（四）小结

基于 2015 年"中国企业—员工匹配调查"数据，本章分别采用 OLS 回归和 3SLS 回归对于企业家年龄效应与企业全要素生产率的非线性实证关系进行了稳健性的实证检验。具体结论如下：

第一，企业家年龄效应对于企业全要素生产率具有显著的影响。

OLS 和 3SLS 的估计结果均表明，在充分控制企业规模、企业年龄、商业信用、人力资本和投资行为等企业因素和市场规模、经济繁荣程度等地区因素的条件下，企业家年龄变量 [lne_age，(lne_age)^2] 对于企业全要素生产率的影响系数均满足统计显著性的要求。这表明，作为一个关键性、特殊性的生产要素，企业家对于企业绩效确实具有显著的影响作用。同时 3SLS 的回归结果表明，在充分考虑内生性（Endogeneity）问题的前提下，企业家年龄效应对于企业全要素生产率的实证关系具有因果效应。

第二，企业家年龄效应对企业全要素生产率具有显著的 U 形非线性关系。通过 DEA、SFA 和 LP 等方法测算企业全要素生产率指标，我们分别采用 OLS 和 3SLS 回归对企业家年龄效应对于企业全要素生产率的非线性关系进行了稳健性地因果效应检验。结果表明，企业家年龄效应对企业全要素生产率具有显著的 U 形关系，并且上述非线性关系均可通过因果效应的检验。考虑到现有文献认为企业家年龄效应可通过认知能力、风险偏好、国际经验、管理经验和社会资本等渠道对于微观绩效具有不同方向的影响程度，从而在理论上猜测企业家年龄对企业全要素生产率存在非线性关系，本章的实证检验则从因果效应角度证实了上述实证关系。

第三，当前企业家群体存在"中年危机"现象。本章通过 DEA、SFA 和 LP 等方法对企业全要素生产率进行了较为细致的测算，并分别采用 OLS 和 3SLS 回归对于企业家年龄效应和企业全要素生产率的 U 形拐点进行了测算。结果发现，对于年龄处于 40—50 岁的中年企业家群体而言，其所在企业的全要素生产率要明显低于其他年龄分组的企业家群体。这表明，企业家年龄增长通过认知能力、管理经验和社会资本等渠道引致的"中年红利"效应无法对冲企业家年龄基于风险偏好和国际经验等渠道所导致的不利影响，当前企业家群体普遍存在"中年危机"现象。

第五章
专用性人力资本质量与生产效率改进：以技能培训为例

一 研究背景

近年来，中国经济正处于"结构性减速"的关键发展期。随着劳动力供给"刘易斯拐点"的到来（蔡昉，2013），中国经济的"人口红利"渐趋消失，改革开放前30余年依靠低成本劳动力无限供给的比较优势已难以为继，提高人力资本质量、改善劳动力要素投入结构已成为"十三五"期间中国经济实现均衡、稳健、有质量的中高速增长的内在要求（李唐等，2016）。

根据现有文献研究，人力资本的形成是一个多元的累积过程，其涵盖健康状况（Shastry and Weil，2002）、教育程度（Barro and Lee，2001；Cohen and Soto，2007）和技能水平（Cunha, et al., 2010）等多方面的发展内容。人力资本在上述领域的质量改进，可以充分缓解资本要素投入的边际报酬递减效应，并有利于提高知识生产效率、增强创新能力，使长期经济增长获得内生动力，驱动了人均收入的持续性增长（Romer，1990；Lucas，1988；Acemoglu, et al., 2002）。因此，对于人力资本积累方式和途径的研究，一直以来就是国内外学界研究的重点领域（Bresnahan et al., 2002; Jovanovic, 1995; 陈浩, 2007; 刘方龙、吴能全, 2013）。

与正规学校教育相比，技能培训是着眼于提升员工实际工作能力的一个多元化终身学习的制度体系。自从 Mincer (1974) 开创工资决定模型的研究范式以来，国外学者对技能培训对于员工工资的影响程度进行了大量的实证研究。现有文献认为，技能培训是提高人力资本的一个重要途径（Betcherman, et al., 2004），而在充分考虑员工年龄、性别、婚姻状况、教育程度和健康水平的情况下，技能培训将使得员工工资报酬提高5%左右（Blundell, et al., 1999）。考虑到异质性因素，部分实证研究则发现技能培训对于女性群体工资水平的促进效应要大于男性群体（Bassi, 1984; Greenhalgh, 1987; Booth, et al., 1991），而培训时长（Green, et al., 1996）、培训内容的专业性程度（Bartel, et al., 1995）对于员工工资具有更为显著的正向作用。由于技能培训在不同群体之间或存在较强的系统性差异，单纯采用简单最小二乘（OLS）、固定效应模型（Fixed effect models）等计量方法则难以规避样本"选择性偏误"对技能培训人力资本回报率的内生性干扰；为此，近年来部分文献进一步采用工具变量（IV）、倍差法（difference-in-difference）、区间回归（Interval Regression）和倾向得分匹配（Propensity Score Matching, PSM）等识别策略，对技能培训对于员工工资的因果效应进行了较为详细的实证研究。基于美国、英国和意大利等发达国家的研究样本，现有文献认为技能培训对于员工工资存在正向的因果效应，而不同国家之间影响系数存在较大的差异（Lee, 2009; Arulampalam, et al., 2004; Brunello, et al., 2012）。部分实证研究进一步表明，尽管技能培训总体上对于员工工资存在正向的因果效应，然而不同细分技能培训内容（disaggregated training categories）对于员工工资的影响程度则存在异质性影响。除管理技能、专业技能和计算机能力对员工工资具有稳健、显著的因果效应外，语言能力、客服、交流沟通和质量控制等技能培训内容和员工工资之间并不具有显著的因果关系（Waddoups，2011）。然而由于数据限制，对于发展中国家尤其是中国这样一个快速变化的大型发展中经济体而言，关于技能培训和员工工资之间实证关系的研究尚不充分。

围绕农民工调查数据，近年来国内学界从实证角度对于技能培训的工资效应问题做出了若干有益的尝试。基于2007年CHIP数据和2010年计生委数据，部分学者采用倾向得分匹配法（PSM）估计了农民工参加在职培训对于工资收入的因果效应。研究发现，参与职业培训能够使得农民工月工资提高6%左右，并且上述实证关系满足因果推断的统计要求。考虑到不同类型培训的异质性差异，结果发现：与简单性、一般性培训相比，与工作职位相关的技能培训对于农民工收入的促进作用更大（李实、杨修娜，2015）。采用相似的倾向得分匹配方法，宋月萍、张涵爱（2015）则选取2010年中国妇女社会地位调查样本，实证检验了不同类型职业培训对于农民工工资的异质性影响。他们发现，与一般性培训、短时期职业培训相比，技能培训尤其是长时间的技能培训对于农民工工资的作用更加明显。此外，运用2005年中国城市就业与社会保障调查、2006年中国社会综合调查等较早居民调查的农民工样本，以及基于2007年、2009年等非随机抽样的多省份农村家庭访谈样本，部分研究文献则在Mincer工资方程的模型框架下回归分析了受教育年限、技能培训两者分别对于农民工工资的影响系数（赵海，2013；赵显洲，2012；宁光杰、尹迪，2012；王德文、蔡昉、张国庆，2008）。上述研究发现，与正规学校教育的工资回报率相比，技能培训对于农民工工资的影响程度要高出至少50%以上。通过一系列工具变量的尝试，部分文献则进一步发现，父母受教育年限、兄弟姐妹数和调查地域类型等常用的工具变量均不适用于技能培训人力资本收益率的因果推断（赵显洲，2012；王德文、蔡昉、张国庆，2008）。

如上所述，国内现有文献已就技能培训对于员工工资的影响作用取得了一定的研究成果。围绕技能培训对于农民工工资的促进效应这一核心问题，现有文献基于不同居民调查数据获得了大致相近的实证结论。从计量模型设定和识别策略选取等角度，现有文献也对本章的实证研究提供了若干有益的经验启示。然而，受到数据类型、样本信息时效性和问项指标多样性的限制，现有文献对于技能培训工资效应的实证研究仍或存在以下不足。现有文献所用样本多为居民入户调查数据，难以规避高收入阶层拒访率较高、居民收入状况漏报、瞒报且无相关企业匹配信息进行验证等问题，造成工资收入的统计误差偏大，难以获得技能培训对于员工工资影响系数的准确估计。并且，受到研究问题视域和数据可获性的限制，现有文献对于技能培训工资效应的实证研究多采用农民工调查样本，这一数据类型涵盖大量自我雇用（self-employed）或非正规部门就业样本[①]。根据劳动经济学的一般理解，与工资劳动者相比，自我雇用（self-employed）劳动力由于存在对收入状况倾向于低报（under-reported）以及难以有效剥离工作时间、工作类型等不可观测因素对于工资薪酬的实际影响，其人力资本投资的回报率难以获得稳健性估计（Chiswik，1998）。因此，只有采用同时涵盖农民工和其他城市工资劳动力样本、以企业—员工匹配调查为数据采集方式的工资劳动力调查数据，才能较好地降低员工工资收入的统计误差，从而获得技能培训对于员工工资影响系数的准确估计。其次，现有文献所用研究样本多为2010年及其以前的劳动力调查数据，样本信息与当前中国的实际情况普遍存在5—10年的时间滞后。而2011年以来，中国经济正在经历一个劳动力成本快速上升、经济增速渐趋放缓的发展周期，通过提升人力资本质量对冲经济下行压力进而实现转型升级的战略目标更为迫切。在此背景下，只有运用样本信息最具及时性的大样本劳动力调查数据，对于技能培训人力资

---

① 例如，在2005年中国社科院所开展的中国城市就业与社会保障调查中，12个城市的农民工"自我雇用"比例将近60%（王德文、蔡昉、张国庆，2008）。

本回报率的实证估计才能较大程度地吻合当前经济的真实变化情况，从而对于人力资本质量的影响途径及其政策设计提供科学参考。第三，现有文献所用研究样本未能涵盖语言能力、交流沟通、管理技能、专业技能等具体的技能培训问项指标，虽然倾向于得出技能培训对于员工工资存在显著影响的一般性结论，但无法进一步揭示各种具体（Narrowed-Defined）的技能培训对于员工工资的异质性影响。只有获取充分涵盖技能培训具体问项指标的劳动力调查数据，才能对各类技能培训对员工工资的因果效应分别进行细致的实证研究，既有助于丰富现有文献对于上述问题的理论认知，也有利于为优化技能培训结构、提高人力资本质量提出具体的政策建议。

因此，本章拟运用2015年"中国企业—员工匹配调查"（CEES）数据，选取倾向匹配得分法（Propensity Score Matching），对技能培训对于员工工资的实证关系进行稳健性的因果推断。基于上述估计方法，我们可以有效地解决二值分类样本所可能存在的选择性偏误问题，从而对试验组（Treatment Group，即参加培训组）和对照组（Control Group，即未参加培训组）在员工工资上是否存在系统性差异进行实证检验。通过对样本匹配后参与者平均处理效应（ATT）、非参与者平均处理效应（ATU）和平均处理效应（ATE）的具体数值及其显著性进行基于不同匹配方法的统计推断，技能培训对于员工工资的因果效应最终可获得稳健性的测度结果。在数据样本方面，由于中国企业—员工匹配调查（CEES）在数据采集方式上有效规避了由于拒访和漏报等对工资收入信息的统计误差干扰，并有效剔除存在自我雇用和非正规部门就业的劳动力样本，从而使得对于技能培训人力资本回报率的估计精度获得了较大提高。并且，基于2015年中国企业—员工匹配调查（CEES）这一具备较强的样本信息及时性、充分涵盖各类技能培训具体问项的大样本调查数据，本章对于技能培训人力资本回报率的实证估计以及对于不同类型技能培训对于员工工资异质性影响的因果效应分析，有利于为新常态下通过技能培训提升我国人力资本质量的具体途径提出针对性的政策建议。

二 变量选取与计量模型建构

本章旨在对参与技能培训与员工工资的实证关系进行稳健性的因果推断，并分析不同类型技能培训对于员工工资的异质性影响。因此，模型构建分别对于参与技能培训的分类指标、员工工资的测算方法以及识别策略三部分进行论述。

（一）参与技能培训的分类指标

1. 技能培训的二值分类指标

基于倾向得分匹配法（PSM）对于因果效应测度的数据要求，本章首先须对员工参与技能培训（Training）的情况进行二值分类变量（即 0—1 虚拟变量）的指标构建。对于本章所选取的 2015 年"中国企业—员工匹配调查"（CEES）数据，在员工问卷第一部分"个人信息"中，问项 A12 涉及员工是否参与技能培训的问题，即"您参加工作以来是否就以下能力进行过专门培训或进修：1. 中文读写；2. 英语能力；3. 管理技能；4. 交流沟通；5. 专业技能；6. 其他（请注明）"。根据本次调查设计，该问项为多选题。上述问项涉及员工在语言能力、管理技能、交流沟通和专业技能等不同领域参与技能培训的实际情况，而现有文献并未就员工参与上述不同类型技能培训的行为之间是否存在相关性获得一致性的研究结论（黄德林、陈永杰，2014）。因此，基于实证检验参与技能培训对于员工工资是否存在因果效应的研究需要，本章综合考虑上述问项，将员工参与技能培训的行为定义为：自参加工作以来，员工在全部工作历史过程中接受过中文读写、英语能力、管理技能、交流沟通、专业技能或其他技能培训中间的任意一种或几种。值得注意的是，其他技能培训属于开放式问项，其中容易存在理解误差、填报错误等问题。为此，笔者对该类数据进行了核对，并对其中填报为空值、填报内容不符合技能培训要求（例如，"消防安全"）的数据进行了甄别与剔除。在此基础上，根据二值分类变量的定义要求，本章将"参与技能培训"的员工赋值为1，"未参与技能培训"的员工赋值为0，从而将全部有效样本划分为"参与技能培训"的试验组、"未参与技能培训"的对照组两个类别。根据本章的研究选题，在适用倾向得分匹配法（PSM）进行估计的4794个有效样本中，"参与技能培训"的试验组样本共计1364个，"未参与技能培训"的对照组样本共计3430个，分别占比为28.45%和71.55%。

2. 不同类型技能培训的分类指标

与现有文献相比，实证检验不同类型技能培训人力资本回报率的异质性是本章的重要研究特色。基于倾向得分匹配法（PSM）对于因果效应测度的分类指标要求，本章运用上述2015年"中国企业—员工匹配调查"（CEES）数据，将参与技能培训（Training）的试验组（Treatment Group）样本进一步分解为中文读写（Chinese）、英语能力（English）、管理技能（Management_skill）、交流沟通（Communication）和专业技能（Professional_skill）5项子试验组。考虑到员工参与多种不同类型技能培训对于工资收入可能存在的潜在影响，为有效测度每一项具体技能培训内容对于员工工资的因果效应，我们将对照组保持不变，即参加工作以来从接受过中文读写、英语能力、管理技能、交流沟通、专业技能或其他技能培训的员工样本。因此，根据研究需要，在全部4794个有效员工样本中，中文读写（Chinese）、英语能力（English）等子试验组的有效样本数量基本为129—520个，占有效样本比例处于2.69%—10.85%。表5.1给出了参与技能培训（Training=1）试验组、中文读写（Chinese=1）和英语能力（English=1）等5个子试验组以及对照组（Training=0，未参与技能培训）各自的有效样本数量及其占比情况。

表 5.1　　　　　技能培训分组的有效样本数量及其占比

序号	分组类型	统计定义	有效样本数量	所占比例（%）
1	技能培训（试验组）	Training = 1	1364	28.45
2	技能培训（对照组）	Training = 0	3430	71.55
3	中文读写（试验组）	Chinese = 1	158	3.30
4	英语能力（试验组）	English = 1	129	2.69
5	管理技能（试验组）	Management_skill = 1	510	10.64
6	交流沟通（试验组）	Communication = 1	312	6.51
7	专业技能（试验组）	Professional_skill = 1	520	10.85

注：运用 Stata14.0 对技能培训各指标进行分组描述性统计。

（二）员工工资的测算方法

员工工资的准确测度是实证检验技能培训人力资本回报率的关键步骤。基于居民入户调查数据，现有文献由于难以规避高收入阶层拒访率较高、居民收入存在漏报和瞒报以及自我雇用占有效样本比重过高等问题，致使员工工资难以获得较为精准的代理变量；并且由于问项指标较为单一，现有文献基本采用调查年度内员工的平均月度工资收入作为其工资收入的代理变量，而未能有效涵盖奖金、年终奖等非工资性劳动收入。为此，本章选择 2015 年"中国企业—员工匹配调查"（CEES）有效降低了员工工资测算方面的统计误差。其关键在于，通过基于入企调查的企业—员工匹配数据，一方面可以有效规避高收入阶层拒访所造成的选择性偏差；另一方面企业—员工匹配数据形成了较为完整的工资劳动力调查样本，能够有效避免自我雇用劳动力数据对于样本总体工资收入真实分布状况的测度误差干扰。同时，本次企业—员工匹配调查数据记录了较为丰富的工资薪酬信息，不仅涵盖月度工资收入，也包括奖金、年终奖等不按月发放的其他劳动收入。

具体做法上，本章参考 2015 年"中国企业—员工匹配调查"

(CEES)员工问卷中"2014年12月税后月收入"(salary,元/月)、"2014年不按月发放的税后收入"(bonus,元/年)两个问项的调查内容,将第j行业、第m个地区、第i个企业的第l名员工的工资收入(wage)定义为:

$$wage_{ijml} = salary_{ijml} + bonus_{ijml}/12 \qquad (5-1)$$

此外,本次调查的企业问卷部分对于同一企业内部不同工作岗位①的员工在2014年的月均收入(工资、补贴等,元/月)以及当年平均奖金(元/年)也进行了较为完整的调查。以此作为基准,我们核对并电话回访了员工问卷中"税后月收入"(slalary)、"不按月发放的税后收入"(bonus)与企业问卷相应指标存在较大差异(outliers)的调查样本。

(三)识别策略

1. 计量模型设定

借鉴现有文献的通常做法(李实、杨修娜,2015;宋月萍、张涵爱,2015;宁光杰、尹迪,2012;王德文、蔡昉、张国庆,2008),本章采用Mincer工资模型(Mincer,1974)作为基准计量模型,进而考察参与技能培训对员工工资的影响系数。具体而言,本章采用如下计量方程对参与技能培训(Training)对员工工资的影响进行参数估计:

$$\ln wage_{ijml} = \beta_0 + \beta_1 Training_{ijml} + \beta_2 X'_{ijml} + \beta_3 D_j + \beta_4 D_m + \mu_{ijml}$$
$$(5-2)$$

式(5-2)中,$\ln wage_{ijml}$是员工工资的自然对数值,$Training_{ijml}$是一个二值分类变量,即对于j个行业、第m个地区、第i个企业的

---

① 本次"中国企业—员工匹配调查"(CEES)对受访员工的岗位信息进行了完整分类,涵盖中高层管理人员、其他管理人员(包括其他办公室工作人员)、技术人员和设计人员、销售人员、一线工人和其他员工6种类型。

第 l 名员工样本而言，如果参与技能培训则 $Training_{ijml} = 1$，否则等于 0。因此，参数 β_1 的一致、稳健估计为本章实证研究的关键目标，其测度了大样本条件下参与技能培训对于员工工资的边际影响。在第三部分，我们选择是否参与技能培训作为分类变量，对参与技能培训的人力资本回报率进行符合因果推断的实证检验。第四部分，本章将进一步分别引入中文读写、英语能力、管理技能、交流沟通和专业技能 5 个二值分类变量作为技能培训的替代变量，对不同类型具体技能培训对于员工工资的异质性影响进行因果效应测度。X'_{ijml}是决定员工工资的一系列控制变量，首先包括 Mincer 工资模型内诸如年龄（Age）、性别（Female，即对女性取值为 1）、是否结婚（Marriage，即已婚取值为 1）、受教育年限（Education）、户籍（Hukou，即对非农业户口取值为 1）、BMI 指数（BMI）和 BMI 指数的平方项（BMI_square）等。考虑到选择性就业、外部市场机会等都是影响工资收入的重要因素，而上述因素难以分别采用可观测变量予以充分控制，式（5 - 2）计量模型中仅引入 Mincer 工资模型的有关变量容易产生遗漏变量偏误（omitted vairiables bias）。因此，我们进一步进入员工"上一份工作结束时工资"（end_wage）、"上一份工作开始时工资"（start_wage）作为控制变量。上述变量引入有两个好处：一方面，上一份工作开始和结束时的工资收入可以作为诸如个人智力水平、工作能力、社会关系等无法度量因素的代理变量，尽可能减小模型设定不足所造成的参数估计有偏、不一致等问题；另一方面，人们在选择下一份工作时，工资标准通常会参照上一份工作的工资水平，个人工资变化存在"相对黏性"（陈玉宇、吴玉立，2008）。此外，D_j 和 D_m 分别为行业和地区的固定效应，μ_{ijlm} 为随机扰动项。根据现有文献对于人力资本回报率的计量模型设定要求，式（5 - 2）中除虚拟变量外，其余变量均取自然对数值。

2. 倾向得分匹配（PSM）估计

本章实证研究的核心目标是测度参与技能培训对于员工工资的因

果效应，采用通常的 OLS 回归估计却无法实现上述研究目标。这是因为，OLS 回归估计难以解决以下两个关键性问题：

第一，OLS 回归估计难以有效规避样本选择性偏误问题。员工是否参与技能培训可能是自选择或被选择的结果。例如，对于工作能力较高、智力水平较高的员工而言，其参与技能培训获取更高技能的边际成本可能较低。同时，对于这一部分员工样本而言，其在实际工作过程中更有可能获得人力资源管理部门的重视，获得技能培训机会的概率也更高。因此，由于工作能力、智力水平等不可观测因素的存在，我们难以完全规避员工样本之中试验组（Treatment Group，即参与技能培训）、对照组（Control Group，即未参与技能培训）的不可观测因素对于员工工资所造成的系统性影响。在这样的前提下，计量模型式（5-2）中随机误差项 μ_{ijml} 不再服从独立同分布（i.i.d）的 OLS 经典假定，随机误差项与被解释变量 $lnwage_{ijml}$ 之间存在相关性。如果没有充分考虑由于员工样本自选择问题所产生的估计系数偏误，将会对 OLS 回归条件下参与技能培训对于员工工资的影响系数产生干扰，甚至得出错误的实证结论。

第二，OLS 回归估计难以解决内生性问题。就本章的实证研究而言，逆向因果关系的存在有可能是造成参与技能培训对于员工工资的影响系数在 OLS 回归估计中存在内生性问题的关键。例如，对于工资收入较高的员工样本而言，其收入水平和劳动生产率往往较高，也更有经济实力或闲暇时间去选择参加技能培训，从而进一步提升其自身的人力资本质量，最终获得更高的预期工资收入。因此，不仅参与技能培训对于员工工资有可能存在正向影响，工资水平对于员工参与技能培训也有可能存在反向的因果关系，即模型式（5-2）的核心解释变量（Training）与被解释变量（lnwage）之间可能存在双向的因果关系，致使随机误差项 μ_{ijml} 与被解释变量（lnwage）存在相关性。在这样的条件下，即使进行大样本的 OLS 回归估计，其参数估计结果也无法满足一致无偏估计的理想性质，从而造成对于真实待估参数的有偏估计。

因此，借鉴近年来现有文献的通常做法（李实、杨修娜，2015；宋月萍、张涵爱，2015；潘丹，2014），本章拟采用倾向得分匹配法（PSM）来测度参与技能培训对于员工工资的因果效应。对于不同类型技能培训对于员工工资的异质性影响，本章也拟采用相同的倾向得分匹配方法。该方法的核心思想是在试验组（参与技能培训的员工分组）、对照组（未参与技能培训的员工分组）并非随机选择而导致估计结果有偏的情况下，根据员工参与技能培训的可观察特征找出与试验组（参与技能培训的员工分组）最为相似的对照组样本。基于式（5-2）计量模型的设定要求，用于倾向得分匹配（PSM）的匹配变量主要为 Mincer 工资方程控制变量组、上一份工作结束和开始时的工资收入（lnend_wage、lnstart_wage）以及行业和地区的固定效应（D_j 和 D_m）。通过倾向得分匹配（PSM）的识别策略，我们可以充分控制影响员工参与技能培训的可观测因素，从而消除由于 OLS 回归下非随机实验的样本自选择偏误所引致的内生性问题。同时，通过试验组和对照组之间在最为相似样本个体上的匹配估计，我们可以较大程度上消除遗漏变量所引致的参数估计值的偏误问题。

根据倾向得分匹配的估计思路，假设 $lnwage_{ijml}$ 为员工参与技能培训的结果变量（outcome variable），$lnwage^1_{ijml}$ 表示员工参与技能培训后的工资收入水平，$lnwage^0_{ijml}$ 则表示员工未参与技能培训的工资收入水平。根据 Rubin 反事实估计（Conterfatual Estimation）的设定要求，我们将参与技能培训对员工工资收入影响的参与者平均处理效应（ATT）、非参与者平均处理效应（ATU）和平均处理效应（ATE）分别定义为式（5-3）—式（5-5）：

$$ATT = E(lnwage^1_{ijml} \mid Training_{ijml} = 1) -$$
$$E(lnwage^0_{ijml} \mid Training_{ijml} = 1) \qquad (5-3)$$
$$ATU = E(lnwage^1_{ijml} \mid Training_{ijml} = 0) -$$

$$E(\text{lnwage}_{ijml}^0 \mid Training_{ijml} = 0) \qquad (5-4)$$

$$ATE = E(\text{lnwage}_{ijml}^1 - \text{lnwage}_{ijml}^0) \qquad (5-5)$$

其中，参与者平均处理效应（ATT）测度的是对于试验组（Treatment Group，即参与技能培训的员工分组）样本在参与技能培训前后工资收入变化的期望值，非参与者平均处理效应（ATU）测度的是对照组（Control Group，即未参与技能培训的员工分组）样本在参与技能培训前后工资收入变化的期望值。平均处理效应（ATE）又称为平均因果效应（Average Causal Effect，ACE），测度的是员工样本满足"个体处理效应稳定假设"（Stable Unit Treatment Value Assumption，SUTVA）前提下，同一样本个体参与技能培训前后工资收入差异的期望值。由于对同一样本个体而言，调查数据仅能观测其在（lnwage_{ijml}^1，lnwage_{ijml}^0）之中的某一种状态。因此，为获得上述三种测度因果效应的统计量，我们需要对试验组和对照组样本进行随机模拟实验。具体而言，首先需要对员工参与技能培训的行为进行倾向性评分（Propensity Score）估计（一般选择 Logit 估计），获得每个员工样本在各自匹配变量条件下参与技能培训的概率评分，即倾向分数值（pscore）。然后，选择相应的匹配方法（近邻匹配或整体匹配），为样本可观测值（例如，lnwage_{ijml}^1）选择最为近似的反事实估计结果（例如，lnwage_{ijml}^0），从而通过数学期望运算获得 ATT、ATU 和 ATE 等测度因果效应的统计量。最后，通过对不同方法下匹配后（Matched）参与者平均处理效应（ATT）、非参与者平均处理效应（ATU）和平均处理效应（ATE）的估计数值、统计显著性的对比分析，我们可以对参与技能培训对员工工资的因果效应的存在性及其具体影响系数大小进行统计推断。在对上述统计量的平均影响进行统计推断时，为克服小样本偏误对研究结论造成的潜在影响，本章采用"自抽样法"（bootstrap）获得相关统计量的标准误，进而进行统计推断。

三 统计分析与实证检验

(一) 统计分析

为检验本章拟选用的倾向得分匹配 (PSM) 是否具有必要性, 表 5.2 对主要匹配变量的分组统计结果进行了报告。T 检验结果表明, 对于工资收入 (wage)、年龄 (Age)、婚姻 (Marriage)、受教育年限 (education)、户籍 (Hukou)、BMI 及其平方项 (BMI 和 BMI_square)、上一份工作结束和开始时的工资收入 (end_wage 和 start_wage) 等大部分变量而言, 试验组和对照组均在至少 5% 的显著性水平上表现出分组数值差异。描述性统计结果表明, 对于是否参与技能培训而言, 试验组与对照组的样本分布并不符合随机分配的 OLS 经典假设, 使用 OLS 回归对计量模型式 (5-2) 进行参数估计, 有可能存在较为严重的选择性偏误问题。因此, 为有效测度参与技能培训对员工工资的因果效应, 并对不同类型技能培训对于员工工资的异质性影响进行实证分析, 本章采用倾向得分匹配法 (PSM) 十分必要。

表 5.2　　　　　　　主要变量的分组描述性统计结果

变量名	变量定义	培训组 (样本数=1364)		未培训组 (样本数=3430)		T 检验
		均值	标准误	均值	标准误	
因变量						
工资收入	wage 的对数值	8.270	0.515	8.105	0.448	0.000***
自变量						
年龄	实际调查数据取对数	3.528	0.241	3.510	0.263	0.014**
性别	0=男; 1=女	0.372	0.484	0.474	0.499	1.000
是否结婚	1=已婚; 0=未婚	0.782	0.413	0.729	0.444	0.000***

续表

变量名	变量定义	培训组（样本数=1364）		未培训组（样本数=3430）		T 检验
		均值	标准误	均值	标准误	
受教育年限	实际调查数据取对数值	2.486	0.238	2.393	0.268	0.000***
户籍	1=城市；0=农村	0.319	0.466	0.218	0.413	0.000***
BMI	BMI=体重/身高^2，取对数值	3.102	0.143	3.088	0.148	0.001***
BMI 的平方	BMI 取对数值的平方	9.644	0.897	9.557	0.932	0.002***
上一份工作结束时工资收入	实际调查数据取对数值	7.724	0.834	7.607	0.701	0.000***
上一份工作开始时工资收入	实际调查数据取对数值	7.519	0.952	7.394	0.848	0.000***

注：1. 运用 Stata14.0 对主要匹配变量进行分组描述性统计。2. ***、**、*分别表示 1%、5%和 10%显著性水平。3. 由于篇幅限制，本表未报告行业和地区固定效应的分组统计结果。

对参与技能培训的人力资本回报率进行因果效应测度之前，图 5.1 给出了对照组（未参与技能培训的员工分组）与试验组（参与技能培训的员工分组）及其参与不同类型技能培训的分组（中文读写、英语能力、管理技能、交流沟通和专业技能）在工资收入方面的差异情况。我们发现，参与技能培训的员工 2014 年年底工资收入平均为 4558 元/月，显著高于对照组样本 23.83 个百分点。对于参与各种类型技能培训的子试验组而言，其工资收入也均显著高于未参加培训的对照组样本，提升幅度在 3.12%（中文读写）至 85.95%（英语能力）[①]。其中，对于英语能力、管理技能、交流沟通等类型的

[①] 关于英语能力对于员工工资和劳动生产率的因果效应及其影响机制，笔者将另文专述。

技能培训而言，其对于员工工资的提升幅度更高于参与技能培训的平均贡献。这表明，参与技能培训对于员工工资或具有较强的正向促进作用。然而，由于未充分控制模型设定不足、逆向因果关系等问题的潜在干扰，描述性统计结果有可能存在一定程度的高估。对于参与技能培训对于员工工资是否具有因果效应，以及对不同类型技能培训对于员工工资异质性影响的稳健性估计，我们则必须进一步引入倾向得分匹配法（PSM）进行实证分析。

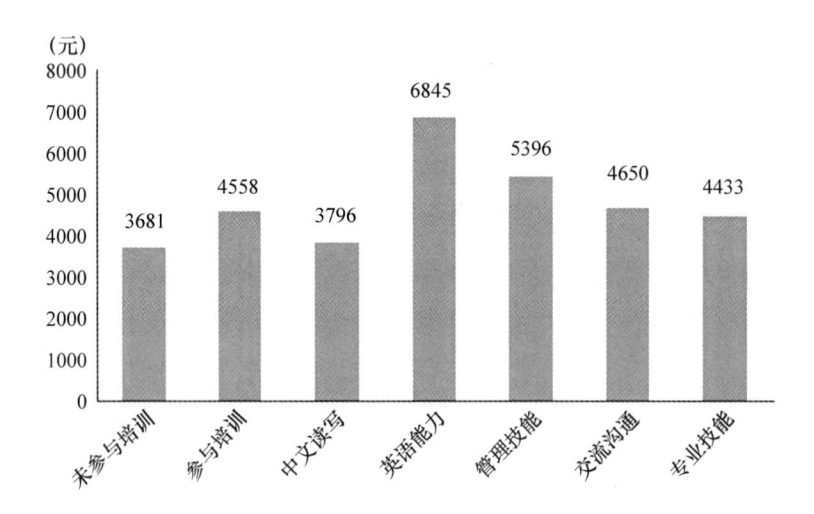

图5.1　员工工资收入的分组对比

注：根据Stata14.0计算并运用Excel绘图，对于不同分组的工资收入计算采用平均值加总。由于四舍五入，数据或存在一定的小数位误差。

（二）估计结果

1. 倾向得分的 Logit 估计

根据倾向得分匹配法的实证思路，我们首选运用二值分类变量的 Logit 模型对员工参与技能培训倾向得分指数进行了估计。表5.3给出了倾向得分的 Logit 估计结果，其中被解释变量为"是否参与技能培训"，解释变量涵盖了前文式（5-2）及表5.2所列示的各种主要匹配变量。与现有文献多运用 Mincer 工资方程进行估计有所区别的是，本章进一步引入受访员工"上一份工作结束和开始时的工资收入"（lnend_wage、lnstart_wage）、所在行业和地区的固定效应（D_j 和 D_m）作为匹配变量，以尽可能减少遗漏变量对倾向得分指数估计的干扰。由于篇幅限制，表 5.3 并未就上述固定效应的估计结果进行分行业和地区的列示，但报告了其影响系数、标准误和 Z 统计量 P 值的平均值。此外，由于 Logit 估计的被解释变量（Training）为 0—1 二值分类变量，参数估计值只能反映解释变量对被解释变量的影响方向，而无法直接判断各解释变量对于被解释变量的边际影响。因此，我们还需要进一步求解各解释变量的边际效应。为此，表 5.3 中最后一列求出了各解释变量参数估计值所对应的边际概率。回归结果表明，年龄、受教育年限、户籍对于员工参与技能培训具有显著的正向影响。在其他因素不变的前提下，年龄、受教育年限和城市户籍对于员工参与技能培训的边际概率分别为 10.5%、28.3% 和 4%。而女性员工参与技能培训的边际概率要低于男性员工，在其他因素不变的前提下，其数值为 5.6%。上述 Logit 估计结果表明，随着员工年龄增长，其工作经验越丰富，参加技能培训的机会更多。与低教育劳动者相比，高教育水平员工的工作能力更强，其参与技能培训的边际收益更大、边际成本较低，因而其参与技能培训的概率也更高。此外，与女性员工和农民工相比，男性员工和城市户籍劳动力在劳动市场的参与程度更高，其获得技能培训的机会也更多。上述 Logit 估计结果与现有文献的经验判断基本一致（赵显洲，2012；潘丹，2014）。

表 5.3　　　　　　　　倾向得分的 logit 估计结果

变量	变量符号	系数	标准误	P 值	边际影响
年龄	lnage	0.586***	0.224	0.009	0.105
性别	female	-0.312***	0.092	0.001	-0.056
是否结婚	marriage	0.137	0.118	0.246	0.025

续表

变量	变量符号	系　数	标准误	P 值	边际影响
受教育年限	lneducation	1.584***	0.200	0.000	0.283
户　籍	hukou	0.226**	0.103	0.028	0.040
BMI	lnBMI	8.534	8.342	0.306	1.525
BMI 的平方	lnbmi_square	-1.295	1.324	0.328	-0.231
上一份工作结束时收入	lnend_wage	0.052	0.096	0.588	0.009
上一份工作开始时收入	lnstart_wage	0.015	0.081	0.854	0.003
行业固定效应	industry	-1.129*	0.501	0.052	-0.202
地区固定效应	county	-0.545	0.573	0.162	-0.097
常数项	cons	-20.604	13.046	0.114	—
Log likelihood = -1715.119			LR chi2 (30) = 519.69		
Prob > chi2 = 0.000			Pseudo R2 = 0.1316		

注：1. 边际影响对虚拟变量是指从 0 到 1 的离散变化；2. ***、**、* 分别表示 1%、5% 和 10% 显著性水平；3. 因变量为是否参与技能培训。

2. 近邻匹配估计结果

本部分采用近邻匹配的估计方法，运用倾向得分匹配（PSM）的识别策略，对参与技能培训对于员工工资收入的因果效应进行实证检验。所谓近邻匹配的估计方法，是对于可观测变量（例如，lnwage_{ijml}^{1}）而言，根据一定的匹配准则在对应分组中找寻到相似的样本个体，然后进行简单的算术平均以测算出不可观测的被解释变量值（例如，lnwage_{ijml}^{0}），从而对式（5-3）—式（5-5）所列示的匹配后（Matched）参与者平均处理效应（ATT）、非参与者平均处理效应（ATU）和平均处理效应（ATE）进行准确估计。在倾向得分匹配法（PSM）中，通常采用的近邻匹配方法分别有 k 近邻匹配、卡尺匹配和卡尺 k 近邻匹配。本章分别采用上述三种近邻匹配方法对参与技能培训对于员工工资的因果效应进行了实证检验，具体结果参见表 5.4、表 5.5 和表 5.6。

表 5.4 表明，在将对照组个体按 1 对 1 到 1 对 4 的 k 近邻匹配原则进行匹配之后，匹配后的参与者平均处理效应（ATT）平均为

0.051—0.084，并基本在10%显著性水平上统计显著。而将试验组个体按相同近邻匹配原则进行匹配之后，匹配后的非参与者平均处理效应（ATU）平均为0.081—0.084，且均在1%显著性水平上统计显著。匹配后的平均处理效应（ATE）则处于［0.071，0.082］的统计区间内，并均在1%显著性水平上统计显著。选择倾向得分样本标准差的1/4作为默认半径，表5.5给出了在默认半径、1/2默认半径和1/4默认半径等匹配原则下，匹配后参与者平均处理效应（ATT）、非参与者平均处理效应（ATU）和平均处理效应（ATE）的测算结果。结果表明，基于上述不同匹配原则，ATT、ATU、和ATE均在至少5%显著性水平上统计显著，并分别位于［0.050，0.067］、［0.071，0.072］和［0.065，0.071］的统计区间内。此外，在默认半径的前提下，表5.6给出了本次调查样本基于1对1到1对4的卡尺k近邻匹配估计结果。研究发现，匹配后ATT基本处于［0.056，0.081］的统计区间内，并均在5%显著性水平上统计显著，而ATU和ATE分别位于［0.080，0.084］和［0.073，0.081］的统计区间内，并均在1%显著性水平上统计显著。

基于k近邻匹配原则的倾向得分匹配（PSM）估计结果表明，在充分考虑样本选择性偏误和遗漏变量等内生性问题的前提下，参与技能培训对员工工资具有显著的正向因果效应。综合表5.4—表5.6的估计结果，对于试验组样本而言，参与技能培训使得其工资收入提高了5%—8.4%；对于对照组样本而言，参与技能培训可使得其工资收入提升7.1%—8.4%；对于全部员工样本而言，参与技能培训可使得工资收入平均提高6.5%—8.2%。考虑到图5.1所得出的试验组员工平均工资收入高出对照组样本23.83%的描述性统计结果，基于近邻匹配原则测算的因果效应基本处于5%—8.4%的区间内。这表明，在充分考虑遗漏变量、选择性偏误等内生性问题之后，倾向得分匹配（PSM）的估计结果可以较好地解决简单分组统计和OLS回归所产生的参数高估问题。

表 5.4　　倾向得分匹配估计结果（k 近邻）

匹配方法	统计指标		影响系数	工资收入		统计量
				培训组	未培训组	
k 近邻匹配法 （n = 1）	匹配前	ATT	0.170	8.281	8.111	9.330***
	匹配后	ATT	0.062	8.275	8.213	1.860*
		ATU	0.084	8.116	8.200	3.260***
		ATE	0.077	—	—	3.450***
k 近邻匹配法 （n = 2）	匹配前	ATT	0.170	8.281	8.111	9.330***
	匹配后	ATT	0.084	8.275	8.191	2.550**
		ATU	0.080	8.116	8.196	3.400***
		ATE	0.082	—	—	3.760***
k 近邻匹配法 （n = 3）	匹配前	ATT	0.170	8.281	8.111	9.330***
	匹配后	ATT	0.058	8.275	8.217	1.820*
		ATU	0.084	8.116	8.200	3.750***
		ATE	0.076	—	—	3.630***
k 近邻匹配法 （n = 4）	匹配前	ATT	0.170	8.281	8.111	9.330***
	匹配后	ATT	0.051	8.275	8.224	1.630
		ATU	0.081	8.116	8.196	3.770***
		ATE	0.071	—	—	3.530***

注：1. "匹配前"指未实施 PSM 的样本，"匹配后"指进行 PSM 匹配后的样本；2. ***、**、*分别表示 1%、5% 和 10% 显著性水平；3. 匹配后的标准误采用自抽样法反复抽样 500 次得到。

表 5.5　　倾向得分匹配估计结果（卡尺匹配）

匹配方法	统计指标		影响系数	工资收入		统计量
				培训组	未培训组	
卡尺匹配法 （r = 0.023）	匹配前	ATT	0.170	8.281	8.111	9.330***
	匹配后	ATT	0.050	8.275	8.225	1.980**
		ATU	0.072	8.116	8.187	3.700***
		ATE	0.065	—	—	3.440***

第五章　专用性人力资本质量与生产效率改进 / 163

续表

匹配方法	统计指标		影响系数	工资收入		统计量
				培训组	未培训组	
卡尺匹配法 ($r=0.01$)	匹配前	ATT	0.170	8.281	8.111	9.330***
	匹配后	ATT	0.055	8.283	8.227	2.350**
		ATU	0.071	8.116	8.187	3.620***
		ATE	0.067	—	—	3.510***
卡尺匹配法 ($r=0.005$)	匹配前	ATT	0.170	8.281	8.111	9.330***
	匹配后	ATT	0.067	8.291	8.224	2.920***
		ATU	0.072	8.116	8.189	3.630***
		ATE	0.071	—	—	3.790***

注：1. "匹配前"指未实施 PSM 的样本，"匹配后"指进行 PSM 匹配后的样本；2. ***、**、*分别表示1%、5%和10%显著性水平；3. 匹配后的标准误采用自抽样法反复抽样 500 次得到。

表5.6　　　　倾向得分匹配估计结果（卡尺 K 近邻匹配）

匹配方法	统计指标		影响系数	工资收入		统计量
				培训组	未培训组	
卡尺 K 近邻匹配（$n=1$, $r=0.023$）	匹配前	ATT	0.170	8.281	8.111	9.330***
	匹配后	ATT	0.062	8.275	8.213	2.030**
		ATU	0.084	8.116	8.200	3.020***
		ATE	0.077	—	—	3.380***
卡尺 K 近邻匹配（$n=2$, $r=0.023$）	匹配前	ATT	0.170	8.281	8.111	9.330***
	匹配后	ATT	0.081	8.275	8.194	2.720***
		ATU	0.080	8.116	8.196	3.510***
		ATE	0.081	—	—	3.930***
卡尺 K 近邻匹配（$n=3$, $r=0.023$）	匹配前	ATT	0.170	8.281	8.111	9.330***
	匹配后	ATT	0.056	8.275	8.219	1.970**
		ATU	0.084	8.116	8.200	3.800***
		ATE	0.076	—	—	3.870***

续表

匹配方法	统计指标		影响系数	工资收入		统计量
				培训组	未培训组	
卡尺K近邻匹配（$n=4$,$r=0.023$）	匹配前	ATT	0.170	8.281	8.111	9.330***
	匹配后	ATT	0.056	8.275	8.219	2.120**
		ATU	0.081	8.116	8.196	3.850***
		ATE	0.073	—	—	3.900***

注：1. "匹配前"指未实施 PSM 的样本，"匹配后"指进行 PSM 匹配后的样本；2. ***、**、* 分别表示1%、5%和10%显著性水平；3. 匹配后的标准误采用自抽样法反复抽样 500 次得到。

（三）稳健性检验

本部分引入整体匹配的估计方法，运用倾向得分匹配（PSM）的识别策略，对于前文测算的参与技能培训的人力资本回报率的因果效应进行稳健性检验。所谓整体匹配的估计方法，则是将对应分组（例如，lnwage_{ijml}^{0}）的全部个体的样本信息作为可观测变量（例如，lnwage_{ijml}^{1}）的匹配样本，根据对应分组中不同个体与可观测样本相对距离的大小，赋予不同的匹配权重（近者权重大，远者权重小，超出一定范围权重可为0），从而将对应分组整体样本的估计值与可观测样本个体进行匹配，用于估算参与者平均处理效应（ATT）、非参与者平均处理效应（ATU）和平均处理效应（ATE）等统计量。在倾向得分匹配法（PSM）中，通常采用的整体匹配方法有核匹配、局部线性回归匹配两种方法。在默认带宽、1/2 带宽和 1/4 带宽的前提下，表 5.7 和表 5.8 分别给出了基于核匹配和局部线性回归匹配方法所测算的匹配后 ATT、ATU 和 ATE。结果表明，除局部线性回归匹配的部分指标（ATT）不具备统计显著性外，匹配后的 ATU 和 ATE 均在 1% 显著性水平上统计显著。在核匹配方法下，匹配后参与者处理效应（ATT）也在 5% 显著性水平上统计显著。

综合表 5.7 和表 5.8 的计算结果，两种匹配方法下 ATU 和 ATE

分别处于 [0.062, 0.095]、[0.053, 0.069] 的统计区间内，而核匹配下 ATT 基本处于 [0.050, 0.051] 的取值范围内。因此，对于对照组样本而言，参与技能培训可使得其工资收入提高 6.2%—9.5%；对于试验组样本而言，参与技能培训则使得员工工资提升了 5%—5.1%；对于全部员工样本而言，参与技能培训可使得工资收入平均提高 5.3%—6.9%。通过与近邻匹配的计算结果比较，我们发现：基于核匹配、局部线性回归匹配等方法测算的参与者平均处理效应、非参与者平均处理效应和平均处理效应，在数值范围上基本一致。并且，通过与现有文献基于农民工样本的测算结果相比（宋月萍、张涵爱，2015），本章基于 2015 年"中国企业—员工匹配调查"（CEES）由于剔除了自我雇用的选择性偏误，平均而言参与技能培训的人力资本回报率在大部分情况下要高出 2—3 个百分点。

综上所述，本部分实证检验表明，参与技能培训对于员工工资具有显著的因果效应，并且上述因果关系符合稳健性的统计推断要求。

表 5.7　　　　　　　　倾向得分匹配估计结果（核匹配）

匹配方法	统计指标		影响系数	收　入		统计量
				培训组	未培训组	
核匹配法 (bw=0.06)	匹配前	ATT	0.170	8.281	8.111	9.330***
	匹配后	ATT	0.051	8.275	8.224	1.970**
		ATU	0.077	8.116	8.192	4.550***
		ATE	0.069	—	—	4.020***
核匹配法 (bw=0.03)	匹配前	ATT	0.170	8.281	8.111	9.330***
	匹配后	ATT	0.050	8.275	8.225	2.010**
		ATU	0.072	8.116	8.187	4.160***
		ATE	0.065	—	—	3.810***

续表

匹配方法	统计指标		影响系数	收入		统计量
				培训组	未培训组	
核匹配法 ($bw=0.015$)	匹配前	ATT	0.170	8.281	8.111	9.330***
	匹配后	ATT	0.051	8.278	8.227	2.080**
		ATU	0.071	8.116	8.186	3.580***
		ATE	0.065	—	—	3.410***

注：1. "匹配前"指未实施 PSM 的样本，"匹配后"指进行 PSM 匹配后的样本；2. ***、**、*分别表示1%、5%和10%显著性水平；3. 匹配后的标准误采用自抽样法反复抽样500次得到。

表5.8　　倾向得分匹配估计结果（局部线性回归匹配）

匹配方法	统计指标		影响系数	收入		统计量
				培训组	未培训组	
局部线性回归匹配法 ($bw=0.8$)	匹配前	ATT	0.170	8.281	8.111	9.330***
	匹配后	ATT	0.034	8.275	8.241	1.240
		ATU	0.076	8.116	8.191	3.910***
		ATE	0.063	—	—	3.300***
局部线性回归匹配法 ($bw=0.4$)	匹配前	ATT	0.170	8.281	8.111	9.330***
	匹配后	ATT	-0.037	8.275	8.312	-1.340
		ATU	0.095	8.116	8.210	5.070***
		ATE	0.054	—	—	2.870***
局部线性回归匹配法 ($bw=0.2$)	匹配前	ATT	0.170	8.281	8.111	9.330***
	匹配后	ATT	0.032	8.275	8.243	1.210
		ATU	0.062	8.116	8.178	3.460***
		ATE	0.053	—	—	3.020***

注：1. "匹配前"指未实施 PSM 的样本，"匹配后"指进行 PSM 匹配后的样本；2. ***、**、*分别表示1%、5%和10%显著性水平；3. 匹配后的标准误采用自抽样法反复抽样500次得到。

四 不同技能培训影响效应的异质性分析

(一) 不同类型技能培训的异质性影响

为进一步丰富现有文献对于技能培训工资效应的理论认知,本部分借鉴 Waddoups(2011)和 Brunello 等(2012)的做法,引入中文读写、英语能力、管理技能、交流沟通和专业技能 5 类具体的(narrow-defined)技能培训分组,分别测度不同类型技能培训对于员工工资的因果效应,并对其异质性影响进行实证检验。

基于相同的 k 近邻匹配原则,表 5.9—表 5.13 分别测度了中文读写(Chinese)、英语能力(English)等 5 项不同类型技能培训对于员工工资的因果效应,并分别报告了参与者平均处理效应(ATT)、非参与者平均处理效应(ATU)和平均处理效应(ATE)的估计结果。通过对于不同技能培训分组样本匹配后的 ATT、ATU 和 ATE 等指标在影响系数、统计显著性等方面的比较分析,我们发现不同类型技能培训对于工资收入的影响存在较大的异质性。具体而言,有以下三点:

第一,不同类型语言技能培训对于员工工资的影响存在较大差异。表 5.9 和表 5.10 分别测度了中文读写、英语能力两种不同的语言技能培训对于员工工资的因果效应。结果发现,对样本进行 k 近邻匹配后,中文读写的人力资本回报率无论在参与者平均处理效应(ATT)、非参与者平均处理效应(ATU)和平均处理效应(ATE)均不具有统计显著性。这表明,劳动者的母语培训对其人力资本回报率并无正向的因果效应,这或与母语技能一般形成于劳动力的未成年时期,而成年以后其母语技能的培训效率(Training Efficiency)较低有较大关系(Long,1990)。与之相反,以英语为代表的外语技能培训对员工工资的因果效应则较为显著。除 ATT

外，匹配后ATU和ATE基本在10%显著性水平上统计显著，并且分别处于[0.225，0.269]和[0.211，0.254]的统计区间内。这表明，对于成年劳动力进行英语能力培训，可以使工资收入提高21.1%—26.9%。这说明，在中国经济开放程度日益加深的情况下，外语能力培训对于提升人力资本质量、促进人力资本回报率提高具有重要作用（刘泉，2014）。

第二，管理技能对人力资本回报率的影响要显著大于专业技能。表5.11和表5.13分别测度了管理技能、专业技能两种重要的技能培训对于员工工资的因果效应。结果发现，对样本进行k近邻匹配后，管理技能和专业技能的人力资本回报率均在至少5%显著性水平上满足因果推断的统计要求。进一步比较两者的影响系数，研究表明，无论对于匹配后的参与者平均处理效应（ATT）、非参与者平均处理效应（ATU）和平均处理效应（ATE），管理技能对于员工工资的促进作用均显著大于专业技能。对于管理技能而言，匹配后ATT、ATU和ATE分别处于[0.092，0.102]、[0.153，0.159]和[0.139，0.144]的统计区间内，而专业技能相应指标的取值范围则分别为[0.054，0.088]、[0.064，0.070]和[0.061，0.070]，前者均显著大于后者。这表明，对于员工进行管理技能培训，其人力资本回报率更高。并且，通过对上述三种不同指标取值范围的比较分析，进一步发现：对于未参与管理技能培训的现有员工样本而言，其参加管理技能培训后将使得工资收入提高15.3%—15.9%，显著大于已参与管理技能培训的员工所获得的工资收入增幅（9.2%—10.2%）。以上统计结果说明，与专业技能培训相比，我国应更加重视对于员工尤其是尚未获得充分培训机会的广大一线工人的管理技能培训。

第三，交流沟通对于人力资本回报率具有显著影响。表5.12测度了交流沟通技能培训对于员工工资的因果效应。结果发现，对样本进行k近邻匹配后，交流沟通技能培训对于人力资本回报率的影响均

第五章 专用性人力资本质量与生产效率改进 / 169

在至少5%显著性水平上满足因果推断的统计要求。将试验组和对照组样本按1对1到1对4的k近邻匹配原则进行匹配之后,参与者平均处理效应(ATT)、非参与者平均处理效应(ATU)和平均处理效应的取值范围分别位于 [0.080, 0.121]、[0.098, 0.111] 和 [0.099, 0.106] 的统计区间内。这表明,对于试验组样本而言,参与交流沟通培训使得其工资收入提高了8%—12.1%;对于对照组样本而言,参与交流沟通培训可使得其工资收入提升9.8%—10.6%;对于全部员工样本而言,参与交流沟通培训可使工资收入平均提高9.9%—10.6%。通过对比表5.12和表5.13,我们发现:交流沟通培训对于员工工资的影响系数甚至大于专业技能。这或表明,与专业技能培训对员工工作能力的提升相比,交流沟通培训对于降低企业内部生产经营过程中交易成本的重要性更为显著。然而,由于数据限制,国内现有文献并未对此展开深入研究①。

表5.9　"中文读写"倾向得分匹配估计结果(k近邻)

匹配方法	统计指标		影响系数	收　入		统计量
				培训组	未培训组	
k近邻匹配法 (n=1)	匹配前	ATT	-0.008	8.111	8.119	-0.110
	匹配后	ATT	0.070	8.111	8.041	0.490
		ATU	-0.068	8.124	8.056	-0.440
		ATE	-0.065	—	—	-0.430
k近邻匹配法 (n=2)	匹配前	ATT	-0.008	8.111	8.119	-0.110
	匹配后	ATT	0.028	8.111	8.082	0.230
		ATU	-0.066	8.124	8.058	-0.460
		ATE	-0.064	—	—	-0.460

---

① 就交流沟通培训对于人力资本质量的影响机制问题,笔者将另文专述。

续表

匹配方法	统计指标		影响系数	收入		统计量
				培训组	未培训组	
k 近邻匹配法 (n=3)	匹配前	ATT	-0.008	8.111	8.119	-0.110
	匹配后	ATT	0.014	8.111	8.096	0.120
		ATU	-0.072	8.124	8.052	-0.480
		ATE	-0.070	—	—	-0.480
k 近邻匹配法 (n=4)	匹配前	ATT	-0.008	8.111	8.119	-0.110
	匹配后	ATT	0.016	8.111	8.095	0.140
		ATU	-0.123	8.124	8.001	-0.850
		ATE	-0.121	—	—	-0.850

注：1. "匹配前"指未实施 PSM 的样本，"匹配后"指进行 PSM 匹配后的样本；2. ***、**、*分别表示1%、5%和10%显著性水平；3. 匹配后的标准误采用自抽样法反复抽样 500 次得到。

表5.10　"英语能力"倾向得分匹配估计结果（k 近邻）

匹配方法	统计指标		影响系数	收入		统计量
				培训组	未培训组	
k 近邻匹配法 (n=1)	匹配前	ATT	0.439	8.551	8.111	11.740***
	匹配后	ATT	0.058	8.551	8.492	0.640
		ATU	0.225	8.149	8.374	1.590
		ATE	0.211	—	—	1.630
k 近邻匹配法 (n=2)	匹配前	ATT	0.439	8.551	8.111	11.740***
	匹配后	ATT	0.114	8.551	8.437	1.360
		ATU	0.225	8.149	8.374	1.710*
		ATE	0.216	—	—	1.790*
k 近邻匹配法 (n=3)	匹配前	ATT	0.439	8.551	8.111	11.740***
	匹配后	ATT	0.105	8.551	8.446	1.310
		ATU	0.253	8.149	8.401	1.810*
		ATE	0.241	—	—	1.880*

续表

匹配方法	统计指标	影响系数	收入		统计量
			培训组	未培训组	
k 近邻匹配法 ($n=4$)	匹配前	ATT	0.439	8.551	8.111	11.740***
	匹配后	ATT	0.088	8.551	8.463	1.120
		ATU	0.269	8.149	8.418	2.140**
		ATE	0.254	—	—	2.190**

注：1. "匹配前"指未实施 PSM 的样本，"匹配后"指进行 PSM 匹配后的样本；2. ***、**、*分别表示1%、5%和10%显著性水平；3. 匹配后的标准误采用自抽样法反复抽样 500 次得到。

表 5.11　　"管理技能"倾向得分匹配估计结果（k 近邻）

匹配方法	统计指标	影响系数	收入		统计量
			培训组	未培训组	
k 近邻匹配法 ($n=1$)	匹配前	ATT	0.322	8.433	8.111	15.750***
	匹配后	ATT	0.102	8.428	8.326	2.390**
		ATU	0.159	8.117	8.276	3.790***
		ATE	0.144	—	—	4.250***
k 近邻匹配法 ($n=2$)	匹配前	ATT	0.322	8.433	8.111	15.750***
	匹配后	ATT	0.092	8.428	8.336	2.510**
		ATU	0.159	8.117	8.276	3.900***
		ATE	0.142	—	—	4.380***
k 近邻匹配法 ($n=3$)	匹配前	ATT	0.322	8.433	8.111	15.750***
	匹配后	ATT	0.104	8.428	8.324	2.850***
		ATU	0.155	8.117	8.272	4.280***
		ATE	0.142	—	—	4.810***
k 近邻匹配法 ($n=4$)	匹配前	ATT	0.322	8.433	8.111	15.750***
	匹配后	ATT	0.098	8.428	8.330	2.850***
		ATU	0.153	8.117	8.270	4.040***
		ATE	0.139	—	—	4.440***

注：1. "匹配前"指未实施 PSM 的样本，"匹配后"指进行 PSM 匹配后的样本；2. ***、**、*分别表示1%、5%和10%显著性水平；3. 匹配后的标准误采用自抽样法反复抽样 500 次得到。

表 5.12　"交流沟通"倾向得分匹配估计结果（k 近邻）

匹配方法	统计指标		影响系数	收　入		统计量
				培训组	未培训组	
k 近邻匹配法 （n = 1）	匹配前	ATT	0.239	8.350	8.111	9.800***
	匹配后	ATT	0.121	8.348	8.227	2.520**
		ATU	0.098	8.118	8.216	2.300**
		ATE	0.102	—	—	2.810***
k 近邻匹配法 （n = 2）	匹配前	ATT	0.239	8.350	8.111	9.800***
	匹配后	ATT	0.104	8.348	8.244	2.360**
		ATU	0.098	8.118	8.216	2.310**
		ATE	0.099	—	—	2.690***
k 近邻匹配法 （n = 3）	匹配前	ATT	0.239	8.350	8.111	9.800***
	匹配后	ATT	0.082	8.348	8.266	2.080**
		ATU	0.106	8.118	8.224	2.640***
		ATE	0.102	—	—	2.910***
k 近邻匹配法 （n = 4）	匹配前	ATT	0.239	8.350	8.111	9.800***
	匹配后	ATT	0.080	8.348	8.269	2.160**
		ATU	0.111	8.118	8.229	2.810***
		ATE	0.106	—	—	3.070***

注：1. "匹配前"指未实施 PSM 的样本，"匹配后"指进行 PSM 匹配后的样本；2. ***、**、* 分别表示1%、5%和10%显著性水平；3. 匹配后的标准误采用自抽样法反复抽样 500 次得到。

表 5.13　"专业技能"倾向得分匹配估计结果（k 近邻）

匹配方法	统计指标		影响系数	收　入		统计量
				培训组	未培训组	
k 近邻匹配法 （n = 1）	匹配前	ATT	0.180	8.291	8.111	9.260***
	匹配后	ATT	0.088	8.290	8.202	2.380**
		ATU	0.064	8.117	8.181	2.100**
		ATE	0.070	—	—	2.740***

续表

匹配方法	统计指标	影响系数	收入		统计量
			培训组	未培训组	
k近邻匹配法 (n=2)	匹配前	ATT	0.180	8.291	8.111	9.260***
	匹配后	ATT	0.054	8.290	8.236	1.680*
		ATU	0.064	8.117	8.181	2.220**
		ATE	0.061	—	—	2.500**
k近邻匹配法 (n=3)	匹配前	ATT	0.180	8.291	8.111	9.260***
	匹配后	ATT	0.059	8.290	8.231	2.010**
		ATU	0.067	8.117	8.185	2.380**
		ATE	0.065	—	—	2.770***
k近邻匹配法 (n=4)	匹配前	ATT	0.180	8.291	8.111	9.260***
	匹配后	ATT	0.059	8.290	8.231	1.990**
		ATU	0.070	8.117	8.187	2.600***
		ATE	0.067	—	—	2.890***

注：1."匹配前"指未实施 PSM 的样本，"匹配后"指进行 PSM 匹配后的样本；2. ***、**、* 分别表示1%、5%和10%显著性水平；3. 匹配后的标准误采用自抽样法反复抽样500次得到。

（二）平衡性检验

最后，本部分对本章实证研究所选用的倾向得分匹配（PSM）方法的适宜性问题进行符合统计科学规范的实证检验。对于倾向得分匹配法（PSM）而言，其估计结果满足可靠性的关键前提在于，匹配结果是否较好地平衡了数据。基于1对4的k近邻匹配原则，表5.14给出了试验组和对照组各主要匹配变量的平衡性检验结果。其中，第5列（%bias）表示样本匹配前后各主要变量的标准化偏误，而第6列（%reduct|bias|）则表示匹配前后各主要变量标准化偏误的下降幅度。我们发现，对于年龄（Age）、性别（Female）、是否结婚（Marriage）、受教育年限（lneducation）、户籍（hukou）、BMI指数及其平方项（lnbmi 和 lnbmi_square）、上一份工作结束和开始时工资

（lnend_ wage 和 lnstart_ wage）等计量模型式（5-2）所使用的主要匹配变量而言，匹配后的标准化偏误均获得了较大幅度的下降，平均在 40.6%—90.3%。这说明，采用倾向得分匹配方法，我们对于试验组和对照组的样本选择性偏误获得了较大幅度的降低。图 5.2 和图 5.3 给出了平衡性检验的相关图示。图 5.2 进一步表明，匹配后协变量的标准化偏误更集中地围绕 0 值进行分布。上述直观图示再一次印证了表 5.14 的平衡性检验结果，说明大多数变量的标准化偏误在匹配后获得了大幅缩小。并且，通过对倾向得分的共同取值范围的统计分析，图 5.3 表明大多数观测值均在共同取值范围内（on support），故在进行倾向得分匹配时仅会损失少量样本，从而避免因为有效样本大量损失而产生的人为统计误差。

综上，平衡性检验的结果充分表明，本章选择倾向得分匹配的实证方法是恰当的。因此，基于近邻匹配和整体匹配等多种匹配方法，本章对使用国际标准对于企业全要素生产率的因果效应测度，其具体实证结论具有较大地统计可信度。

表 5.14　　　　　　　试验组和对照组的平衡性检验结果

变量	变量符号	样本	均值		标准偏误（%）	标准误绝对值减少（%）	T 值	P 值
			培训组	未培训组				
年龄	lnage	U	3.545	3.525	8.2		2.11	0.035**
		M	3.543	3.537	2.5	69.9	0.57	0.568
性别	female	U	0.363	0.465	-20.8		-5.34	0.000***
		M	0.366	0.356	2	90.3	0.45	0.651
是否结婚	marriage	U	0.812	0.772	10		2.54	0.011***
		M	0.811	0.816	-1.4	86.4	-0.31	0.758
受教育年限	lneducation	U	2.481	2.388	37.3		9.42	0.000***
		M	2.479	2.493	-5.9	84.2	-1.39	0.166
户籍	hukou	U	0.320	0.216	23.6		6.25	0.000***
		M	0.317	0.340	-5.2	78.1	-1.06	0.290

续表

变量	变量符号	样本	均值 培训组	均值 未培训组	标准偏误(%)	标准误绝对值减少(%)	T值	P值
BMI	lnbmi	U	3.107	3.091	10.8		2.77	0.006***
		M	3.106	3.097	6.1	43.2	1.4	0.163
BMI的平方	lnbmi_square	U	9.670	9.575	10.5		2.69	0.007***
		M	9.667	9.611	6.2	40.6	1.42	0.155
上一份工作结束时工资	lnend_wage	U	7.730	7.614	15.4		4.11	0.000***
		M	7.723	7.754	-4.1	73.3	-0.86	0.389
上一份工作开始时工资	lnstart_wage	U	7.516	7.405	12.4		3.29	0.001***
		M	7.508	7.541	-3.7	70.4	-0.78	0.434

注：***、**、*分别表示在1%、5%和10%水平上显著。

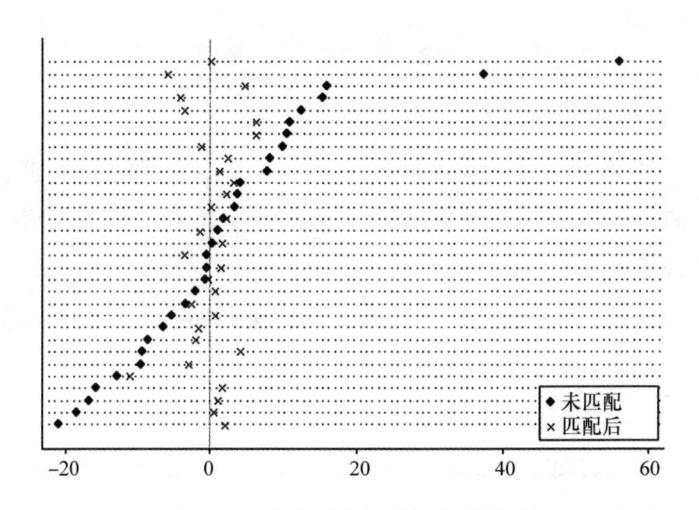

图5.2 各变量的标准化偏差图示

注：以 lnwage 作为因变量，运用 k 近邻匹配（$n=4$）进行 ATT 的实证检验。根据 Stata14.0 计算并绘图。

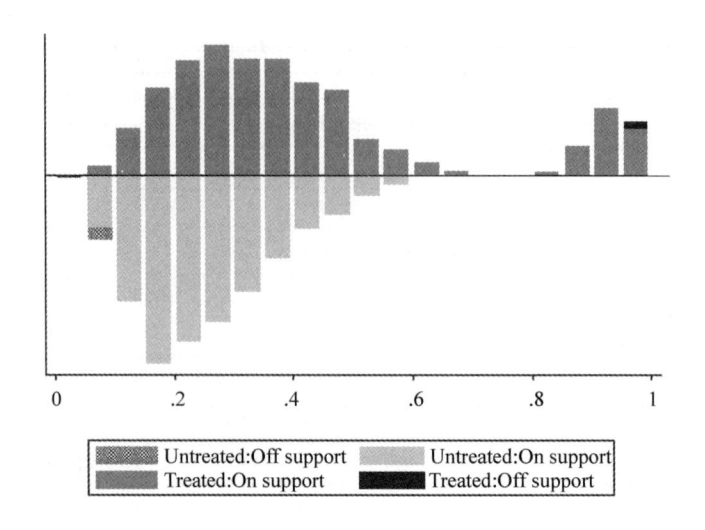

图 5.3　倾向得分的共同取值范围

注：以 lnwage 作为因变量，运用 k 近邻匹配（$n=4$）进行 ATT 的实证检验。根据 Stata14.0 计算并绘图。

（三）小结

基于 2015 年"中国企业—员工匹配调查"（CEES）数据，本章运用倾向得分匹配法（PSM），对参与技能培训对于员工工资的因果效应进行了不同维度的实证检验，并对各种不同类型技能培训对于员工工资的异质性影响进行了较为深入的因果效应分析。与现有文献相比，本章有如下三个方面的新发现：

第一，参与技能培训对于员工工资具有显著的正向影响。本章的实证检验结果表明，无论选择近邻匹配估计还是整体匹配估计，参与技能培训的匹配后参与者平均处理效应（ATT）、非参与者平均处理效应（ATU）和平均处理效应（ATE）的影响系数基本上在 10% 显著性水平以上显著为正。因此，参与技能培训对于员工工资的促进作用普遍存在，并且其影响系数满足因果推断的统计要求。考虑到人力资本积累具有多元化的途径，本章的实证研究表明，技能培训是促进人力资本质量改善、提高员工劳动生产率水平和工资收入状况的重要途径。通过对比 ATT、ATU 和 ATE 的取值范围,我们发现,对于全部劳动力有效样本而言,参与技能培训对于员工工资的正向因果效应平均为 5.3%—8.2%;对于占比高达 71.55%、尚未获得技能培训机会的劳动力样本而言,参与技能培训对于员工工资的提升幅度更大,平均为 6.2%—9.5%。因此,对于当前我国经济而言,通过增加员工技能培训实现人力资本质量和工资收入的"双提高",仍然具有十分巨大的空间。并且,通过与现有文献基于居民入户调查样本的测算结果相比,2015 年"中国企业—员工匹配调查"(CEES)由于规避了自我雇用样本对于工资收入数据的统计误差干扰,以及有效降低了高收入阶层拒访率较高所造成的选择性偏误,使得本章对于技能培训人力资本回报率的估计值在大部分情况下要高出 2—3 个百分点。这从另一侧面表明,由于受到数据限制,现有文献对技能培训对于员工工资影响程度的认识尚不充分。

第二,不同类型技能培训对于员工工资的影响存在较大的异质性。由于现有居民入户调查数据对于员工参与技能培训的问项指标较为单一,国内已有文献并未对不同类型技能培训对于员工工资的异质性影响进行深入的实证研究。为弥补这一缺失,本章选用 2015 年"中国企业—员工匹配调查"(CEES)数据,实证检验中文读写、英语能力、管理技能、交流沟通和专业技能 5 种不同类型的技能培训对于员工工资的差异化影响。结果表明,不同类型语言技能培训对于员工工资的影响存在较大差异,以英语能力为代表的外语技能培训对于员工工资具有显著的正向因果效应。对全部员工有效样本而言,英语能力培训的平均因果效应在 21.1%—26.9% 之间。对于以中文读写为代表的母语技能培训,其对于员工工资的影响系数(ATT、ATU 和 ATE)均具有统计显著性。此外,与专业技能培训相比,管理技能、交流沟通对于人力资本的影响程度更大。对于全部员工有效样本而言,参与管理技能培训平均可使得员工工资提高 13.9%—14.4%,较专业技能培训的影响系数高出 6.9—8.3 个百分点;而交流沟通培训也可使得工资收入提升9.9%—10.6%，较专业技能培训的影响系数高出2.9—4.5个百分点。并且，对于未参与培训的员工分组样本而言，其参与管理技能和交流沟通培训的边际收益更大。通过对不同类型技能培训对于员工工资异质性影响的实证检验，本章进一步丰富了现有文献关于技能培训人力资本回报率的理论认知。

  第三，技能培训结构亟待优化。通过对参与技能培训对于员工工资影响的因果效应分析，以及对于不同类型技能培训人力资本回报率的异质性研究，我们发现：我国现有技能培训结构仍存在较大的改进空间。一方面，我国技能培训的参与面较为狭窄。对于本章所应用的2015年"中国企业—员工匹配调查"（CEES）数据而言，在全部4794个有效员工样本中，仅有28.45%的员工曾参与过技能培训，即使对于广州、深圳等珠三角经济发达地区，这一比例也不超过35%。由于大量劳动力未能获得技能培训机会，其对于我国人力资本质量提升和劳动者收入提高产生了较为严重的不利影响。因此，需进一步扩大技能培训的各类资源投入，使更多的劳动力拥有通过技能培训实现人力资本质量和工资收入提升的宝贵机遇。另一方面，有效技能培训的资源投入仍显不足。例如，对于本章所考察的5种不同类型的技能培训，英语技能对于员工工资的正向因果效应最为显著，其影响系数分别较中文读写、管理技能、交流沟通和专业技能等培训类型平均高出6.7—25.4个百分点。然而，对于全部有效员工样本而言，仅有2.69%的员工在职业生涯中获得过英语能力培训的机会，这一比例与英语技能改进人力资本质量、提高员工工资的重要性并不匹配。这表明，有效技能培训的资源投入仍存在较为明显的不足。为此，政府应进一步加大对于英语能力等有效技能培训的财政补贴力度，通过优化技能培训结构实现我国人力资本质量的持续提升。

第六章
农民工人力资本质量与生产效率的提高：基于城镇化融合视角的实证分析

一 研究背景

城镇化是衡量一个国家经济发展水平和现代化水平的重要指标之一，是现代化的必由之路，是中国最大的内需潜力和发展动能所在。① 通过梳理世界各国城镇化的发展趋势，可以发现，农村人口向城镇转移是必然趋势，也是社会经济结构转型的重要体现，对加快推进现代化进程意义重大（贾淑军，2012）。近年来，随着城镇地区对劳动力需求增强、户籍制度等国家战略调整，中国城镇化水平的进程进一步加快。我国城镇化取得了比较好的成果：自1978年改革开放伊始到2014年年底，我国的城镇化率由1978年的17.9%上升至2014年的54.77%。② 当前中国城镇化进程已经进入中期阶段，进一步加快城镇化进程的关键就是，促进农民工市民化，农民工的城镇融合显得尤

---

① 《2016年两会政府工作报告》，http://www.china.com.cn/lianghui/news/2016-03/05/content_37943454.htm。
② 国家统计局，http://politics.people.com.cn/n/2015/0120/c70731-26417968.html。

为重要。深入推进新型城市化，其核心在于回归城市化本质，即促进人的城市化。庞大的农民工群体长期居住、工作和生活在城市，农民工融入城市，有利于进一步推进城镇化进程。推动实现农民工群体的市民化，是提高城镇化质量的核心，能更好地推动产业结构优化和拉动内需增长，是重点，也是难点。因而，加强对农民工城镇化融合的相关机制研究显得尤为迫切和重要（邓宗豪等，2014；钱龙等，2015）。

长期以来，农村人口向城镇转移、农民工城镇化融合一直是国内外研究的热点。已有的研究关于农民工城镇化融合的影响因素，即什么因素影响城镇化融合以及农民工城镇化融合会对什么产生影响等都有研究。国外发展经济学家从城乡二元结构角度探析了影响人口城乡迁移的宏观因素，形成了一系列经典理论（Lewis W. A., 1954；Todaro M. P., 1969），部分学者从微观个体视角分析人口迁移的原因（Stark O., 1985；Taylor J., 1969）。国内学者对此也进行了较为丰富的研究。叶鹏飞（2011）认为农民工城镇化融合受到个体特征、社会特征、心理特征、制度等因素的共同影响，是个体基于利益最大化而做出的理性抉择。王春光（2006）、蔡禾等（2007）、杨风（2011）和姚先国等（2015）从居住证、户籍制度壁垒角度研究了对农民工在城市就业、定居的影响。陈春等（2011）认为住房价格与农民工的城市居留意愿呈反向关系。戚迪明等（2012）调查研究得出农民工的职业流动性对城镇化融合也呈反向作用。李树茁等（2014）通过对比分析自雇和受雇农民工的定居意愿差异，发现与受雇农民工相比，自雇者更倾向于留在城市定居。另外，其他因素如性别、年龄、教育程度、婚姻、职业类型、工作收入、迁移类型、土地、居住环境、城乡二元体制差异（如户籍、社会保障、工资歧视等）等也会对农民工个体的城市定居意愿产生影响（Frans Thissen，2010；Darren P. Smith，2012；朱宇，2004；陈云凡，2012）。

城镇化融合对于改善农民工福利、提高农民工工资水平、劳动生产率等工作绩效有着重要意义。现有文献对此也做了相关研究。杜鹏等（2005）、宁光杰，（2012）、王建国等（2015）从城市规模扩张等角度研究了农民工城镇化融合对提高其工资水平以及劳动生产率的正向促进作用，这也是农民工更愿意居留于城市的重要条件。Glaeser和Mare（2001）指出，城镇化融合可以为个体提供更多模仿、学习的机会，农民工在城镇化融合过程中学习掌握专业技能的时间更短、效率更高，进而人力资本水平提升更快。

本章通过对以往的文献进行梳理发现，已有的研究所用的数据存在以下不足。第一，以往研究所采用的数据多为局部数据，主要为少数几个城市甚至少数几个民族地区，所得出的结论普遍适用性较弱。如王桂新等（2008）使用的是上海地区的数据考察农民工的市民化水平；赵翌辰（2014）使用的云南省的三个乡镇数据；夏怡然（2010）基于温州调查的数据进行研究；陈云凡（2012）通过对长沙25个社区的调查对农民工住房因素进行研究。第二，文献所使用的数据多为入户调查数据。经研究证明，入户调查数据的缺陷（自我雇用等）。现有文献所用样本多为居民入户调查数据，难以规避高收入阶层拒访率较高、居民收入状况漏报、瞒报且无相关企业匹配信息进行验证等问题，造成工资收入的统计误差偏大，难以获得技能培训对于员工工资影响系数的准确估计。并且，受到研究问题视域和数据可获性的限制，现有文献对于技能培训工资效应的实证研究多采用农民工调查样本，这一数据类型涵盖大量自我雇用或非正规部门就业样本[1]。根据劳动经济学的一般理解，与工资劳动者相比，自我雇用劳动力由于存在对收入状况倾向于低报（under-reported）以及难以有效剥离工作时间、工作类型等不可观测因素对于工资薪酬的实际影响，

---

[1] 例如，在2005年中国社科院所开展的中国城市就业与社会保障调查中，12个城市的农民工"自我雇用"比例将近60%（王德文、蔡昉、张国庆，2008）。

其人力资本的回报率难以获得稳健性估计（Chiswik，1998）。第三，所用数据在时效性上不能有效表现经济新常态下，新生代农民工与第一代农民工在城镇化融合等方面的差异。第一代农民工和新生代农民工在经济、社会和心理三个层面的城镇化融合有着明显的差异，具体表现在就业状况、消费水平、利益观念等方面（刘传江等，2008；黄祖辉等，2008；邢海燕等，2012；冯菲菲等，2012；何军，2012）。新生代农民工相比于第一代农民工具有受教育水平高、务农经验缺乏、外出动机兼顾谋生于发展、定居城市的意愿高、耐受力低、更易融入城市等特征（王春光，2001；王兴周，2008）。与老一代农民工进城打工主要以经济收入为目标不同，新一代农民工外出打工更多是为了获取个人发展、争取个人自由和体验不同的生活方式（杨肖丽等，2015）。第一代农民工的城镇化融合以经济融入为重点，而由于自身定位问题，经济融入未必能带动其他层面的融入。而新生代农民工在社会和心理层面的融入程度要高于第一代农民工，然而相当比例的新生代农民工依然存在身份认同模糊等边缘化倾向，对其城镇化融合造成一定的阻碍（卢小君等，2014）。现有文献所用研究样本多为2010年及其以前的劳动力调查数据，样本信息与当前中国的实际情况普遍存在5—10年的时间滞后问题。而2011年以来，中国经济正在经历一个劳动力成本快速上升、经济增速渐趋放缓的发展周期，通过提升人力资本质量对冲经济下行压力进而实现转型升级的战略目标更为迫切。在此背景下，只有运用样本信息最具及时性的大样本劳动力调查数据，对于技能培训人力资本回报率的实证估计才能较大程度地吻合当前经济的真实变化情况，从而对于人力资本质量的影响途径及其政策设计提供科学参考。第四，以往文献仅对其城镇化融合与相关因素进行了简单的关系描述，并没有对二者关系进行因果性效应测度，也没有采用诸如工具变量等主流方法。本章所使用的2015年中国企业—员工匹配调查（CEES）是以企业—员工匹配调查为数据采集方式的劳动力调查数据，不仅能较好地降低员工关键信息的统计误差，有效剔除存在自我雇用和非正规部门就业的劳动力样本，从而使对于农民工城镇化融合回报率的估计精度获得较大提高。并且，基于 2015 年中国企业—员工匹配调查（CEES）这一具备较强的样本信息及时性、充分涵盖农民工个体特征、所处环境等具体问项的大样本调查数据，能有效反映当前经济环境下农民工城镇化融合的最新行为。本章对于农民工城镇化融合对合作交流能力专用性人力资本的影响、专用性人力资本对农民工劳动生产率的影响进行了实证估计以及稳健的因果效应分析，有利于为经济新常态下通过重视培训提升农民工的专用性人力资本质量进而提高其工作绩效提出针对性的政策建议。

如上所述，现有文献已就农民工城镇化融合的影响因素以及对农民工工资收入、工作绩效、劳动生产率等的影响取得了一定的研究结果，但从城镇化融合对专用人力资本影响进而促进劳动生产率提高的机制上的研究并不多见。为此本章选择从农民工专用性人力资本角度论证城镇化融合对工作绩效影响的机制，并进行实证的因果性效应测度。之所以选择此角度，主要是因为农民工城镇化融合程度越高，可能对其合作交流能力产生正向的促进作用。已有有研究表明，在农民工的沟通交流、信息传递乃至行动过程中，城镇化融合在提升人力资本中发挥着特别重要的作用（杨肖丽等，2015；刘洪银，2013）。而合作交流能力的提升会扩大农民工的人际交往面，促进合作型劳动关系的培养；不断扩大其自身的社会交往半径，丰富社会资本，有利于促进农民工的流动，进而提高劳动生产率。因此本章借此机制进行阐释其中的关系。

二 研究假说与计量模型

（一）研究假说

本章旨在机制上就农民工城镇化融合对于劳动生产率的实际影响

进行稳健性地因果推断，并进行实证性因果效应测度。

依据研究设想，本章有两个假说：

H1. 农民工城镇化融合对专用性人力资本有着正向的影响；

H2. 专用性人力资本对农民工劳动生产率等工作绩效有着正向的影响。

因此，本章的计量模型设定分别从农民工城镇化融合对于合作交流专用性人力资本的影响、合作交流专用性人力资本对农民工工作绩效的影响等两个维度进行展开。我们采用了控制行业、地区的双重固定效应 OLS 回归模型最为实证检验的基本模型。通过上述不可观测的双重固定效应控制，可较好地解决遗漏变量问题。考虑稳态条件下长期经济增长模型的一般性设定要求，除了虚拟变量之外，计量模型中其他变量均取自然对数值。具体设定如下：

1. 农民工城镇化融合对于合作交流专用性人力资本的影响

基于现有文献，本章构建了一个农民工城镇化融合与合作交流能力的专用性人力资本的 OLS 模型，具体的模型如式（6-1）所示：

$$\ln special\_human\_capital_{ijd} = \alpha_0 + \alpha_1 \ln living\_year_{ijd} \\ + X'_{ijd}\alpha_2 + D_j + D_d + \varepsilon_{ijd} \quad (6-1)$$

2. 合作交流专用性人力资本对于劳动生产率的影响

同上，具体模型如式（5-2）所示：

$$\ln hourly\_wage_{ijd} = a_0 + a_1 \ln special\_human\_capital_{ijd} \\ + X'_{ijd}\alpha_2 + D_j + D_d + \varepsilon_{ijd} \quad (6-2)$$

其中，式（6-1）因变量分别为以农民工合作能力（cooperation_ability）和交流能力（communication_ability）为代理变量的专用性人力资本（special_human_capital）的自然对数值。核心自变量为以农民工居留意愿做代理变量的城镇化融合度，根据问卷设计内容，本章选取农民工在城市生活的时间（living_year）作为其具体代理变量进行计算，也将其同样设定为自然对数值。式（6-2）因变量为农民工的劳动生产率，根据现有文献的通常做法，本章选取员工的小时工资①（hourly_wage）的自然对数值作为其代理变量。核心揭示变量为专用性人力资本，分别对农民工合作、交流能力进行具体分析。X'_{ijd} 为一系列控制变量，根据现有文献的通用做法，分别涵盖农民工的年龄、婚姻、受教育年限、BMI 及其平方项、上一份工作结束和开始时的工资收入。此外，式（5-1）中下标 i 代表第 i 位受访的农民工个体，下标 j 和 t 则分别表示基于一维行业代码（GB4754-2011）划分的行业类型（$j=1,2,3,4$），d 标示该调查样本所属的地区调查单元。D_j 和 D_d 分别表示行业、地区的双重固定效应。

（二）两阶段最小二乘法（2SLS）模型

农民工城镇化融合（$\ln living\_year_{ijd}$）与合作交流能力专用性人力资本（$\ln special\_human\_capital_{ijd}$）之间可能存在内生性问题，即对于合作能力和交流能力越高的农民工而言，其农民工城市居留意愿以及融入城市的优势往往更强，从而基于合作能力和交流能力专用性人力资本所反映的城镇化融合度也更高。因此，若仅采用简单最小二乘（OLS）的单方程模型，则有可能由于农民工城镇化融合和合作交流能力专用性人力资本之间存在相互影响、相互作用而出现内生性问题，从而导致参数估计值即使在大样本条件下也难以满足一致性的理想假设，我们则很难完整有效地将农民工城镇化融合与劳动生产率的非线性关系的因果效应测度出来。为有效规避内生性问题对于参数估计值的干扰，我们采用工具变量法（IV）对农民工城镇化融合对于合作交流能力专用性人力资本的因果关系进行测度。根据工具变量须同时满足与内生变量（$living\_year_{ijd}$）相关且与第二阶段回归的随机误差项（ε_{ijd}）正交的假定要求，我们引入是否与配偶同住（$spouse\_dummy$）、16 岁以前是否居住在本省但非本市（$mother\_$

---

① 小时工资的算法：员工上月工资与上月工作时间（含加班时间）的比值。

town）两个变量作为农民工城镇化融合的工具变量。上述两个变量分别代表了农民工个人的居住现状和基于农民工成长过程中的居住地，因而对于内生变量具有较强的解释力。此外，是否与配偶同住、16岁以前是否居住在本省但非本市与农民工个体特征关系较大，而与其专用性人力资本形成的直接关联较小，也能较好地满足工具变量的外生性假定。在稳健性回归条件下，如果工具变量（*spouse_ dummy*、*mother_ town*）满足弱工具变量检验的经验法则（*the rule of thumb*）并不拒绝过度识别检验 Hansen J 统计量的原假设要求，并且第二阶段回归结果中农民工城镇化融合（*living_ year*$_{ijd}$）对于农民工合作、交流能力专用性人力资本（ln*special_ human_ capital*$_{ijd}$）的影响系数具有统计显著性，我们则可推断：农民工城镇化融合对于农民工合作交流能力的专用性人力资本具有因果效应。同时，考虑到工具变量有可能存在难以完全通过弱工具变量的经验法则要求，我们在相同的工具变量和模型设定条件下，进一步使用对弱工具变量更不敏感的"有限信息极大似然估计法"（Limited Information Maximum Likelihood Estimation，LIML）对上述影响关系进行实证检验。在大样本条件下，有限信息极大似然的估计结果与基于二阶段最小二乘（2SLS）的工具变量估计结果是渐近等价的；但在弱工具变量情况下，有限信息极大似然估计的小样本性质更优。

同理，农民工合作、交流能力（ln*cooperation_ ability*$_{ijd}$；ln*communication_ ability*$_{ijd}$）与劳动生产率（ln*hourly_ wage*$_{ijd}$）的影响同样可能存在内生性问题。我们引入是否离婚（*divorce_ dummy*）、配偶户口类型是否为农业户口（*spouse_ hukou*）以及配偶受教育年限的自然对数值（ln*spouse_ education*）三个变量作为农民工专用性人力资本的工具变量。

具体做法上，本章分别将农民工城镇化融合、专用性人力资本以及劳动生产率的自然对数值均视作内生变量，除将 OLS 基本模型式（6-1）、式（6-2）作为待估方程外，进一步引入农民工城镇化融合、专用性人力资本的待估方程，使用是否与配偶同住、16岁以前是否居住在本省但非本市作为式（6-1）的核心工具变量，使用农民工是否离婚、配偶户口类型是否为农业户口以及配偶受教育年限的自然对数值作为式（6-2）的工具变量。在工具变量（IV）回归下，如果第二阶段回归中式（6-1）核心解释变量（ln$living\_year$）对于专用性人力资本（ln$special\_human\_capital$）的影响系数、式（6-2）核心解释变量（ln$special\_human\_capital$）对于劳动生产率（ln$hourly\_wage$）均显著为正，则我们可以做出如下统计推断：农民工城镇化融合通过提高专用性人力资本（合作、交流能力）对于劳动生产率的提升具有正向影响，并且这种实证关系满足因果推断的统计要求。

三 农民工人力资本质量与生产效率的统计分析

本章选择2015年"中国企业—员工匹配调查"（CEES）就农民工城镇化融合对专用性人力资本的因果效应、专用性人力资本对于劳动生产率的影响等问题进行实证检验。本次调查由武汉大学联合香港科技、清华大学和中国社科院等其他三家学术机构开展，选择我国经济规模最大、地区发展差异较为显著的广东省作为调查区域，采取等距抽样方式选取广东省13个地级市的19个区（县）作为调查单元，完整覆盖珠三角、粤东和粤西等不同经济发展水平的地区，从而保证调查数据具有充分的样本代表性和地区异质性。与现有文献多采用居民入户调查数据不同的是，本次调查采用入企访问的方式，有效弥补了居民入户调查所存在的样本选择性偏误较大、统计误差较明显和工资收入信息不全面等缺陷，并最终成功回收570份有效企业问卷、4988份员工问卷，共计5559份有效问卷。根据最小二乘法（OLS）、工具变量法（IV）的识别策略要求，用于本章研究的有效员工样本共计 3322 个。

表 6.1 和表 6.2 分别列举了本章主要变量以及主要工具变量的描述性统计。图 6.1—图 6.3 分别列举了基于分位数划分的合作能力与交流能力分布，合作能力与劳动生产率的分布以及交流能力与劳动生产率的分布情况。图 6.1 显示了合作能力和交流能力都呈上升趋势。但是在 75% 以下的区间内，合作能力要普遍高于交流能力；75% 分位以上，交流能力超过了合作能力。由图 6.2 图 6.3 可得，合作能力、交流能力与劳动生产率整体上呈现出上升的趋势。其中，合作能力、交流能力在 50%—75% 时劳动生产率都达到了最大，其值分别为 20.841、21.563。

图 6.4—图 6.7 分别给出了城镇化融合对合作能力、交流能力的弹性系数，以及合作能力、交流能力对劳动生产率的弹性系数。从图中可以看出，其系数分别为 0.0352，0.0545，0.195，0.191。说明城镇化融合可能对合作能力、交流能力有显著的正向影响。合作能力、交流能力也可能对劳动生产率产生正向的影响。进而我们推断城镇化融合通过合作、交流能的人力资本机制对劳动生产率有着明显的促进作用。

本章遵循 Nunnaly（1978）的数据有效性和可靠性检验方法对全部调查数据进行了信度和效度检验，总体数据的 Cronbach 系数为 0.875，表明本次调查企业—员工数据具有良好的匹配性。

表 6.1　　　　　　　　主要变量的描述性统计

变量名	样本量	均值	标准差	最小值	最大值
lnhourly_wage	3,176	2.779	0.519	0.837	6.110
lncooperation_ability	3,307	1.152	0.388	0.000	1.386
lncommunication_ability	3,313	1.162	0.363	0.000	1.386
lnliving_year	2,485	1.901	0.869	-2.303	4.007

第六章　农民工人力资本质量与生产效率的提高　/　189

续表

变量名	样本量	均　值	标准差	最小值	最大值
lnage	3,315	3.515	0.257	2.773	4.248
female	3,322	0.445	0.497	0.000	1.000
marriage	3,314	0.752	0.432	0.000	1.000
lneducation	3,322	2.383	0.347	0.000	2.944
lnbmi	3,292	3.084	0.135	2.630	3.778
lnbmi_square	3,292	9.530	0.840	6.915	14.277
lnend_wage	2,343	7.643	0.746	0.000	11.918
lnstart_wage	2,276	7.432	0.883	0.000	11.513

注：根据Stata14.0计算并整理。

表6.2　　　　　　　工具变量（IV）的描述性统计

变量名	样本量	均　值	标准差	最小值	最大值
spouse_dummy	3,322	0.610	0.488	0.000	1.000
mother_town	3,322	0.429	0.495	0.000	1.000
divorce_dummy	3,322	0.015	0.122	0.000	1.000
spouse_hukou	3,322	0.513	0.500	0.000	1.000
lnspouse_education	2374	2.353	0.350	0.000	3.091

注：根据Stata14.0计算并整理。

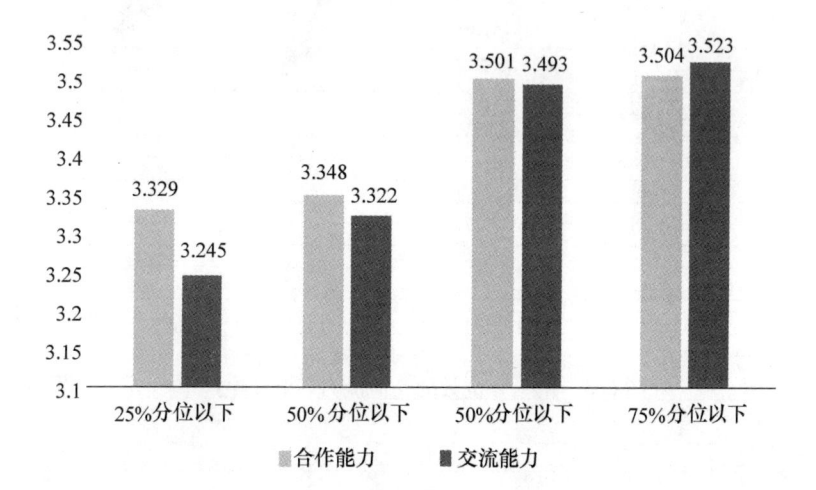

图6.1　基于分位数的合作、交流能力分布

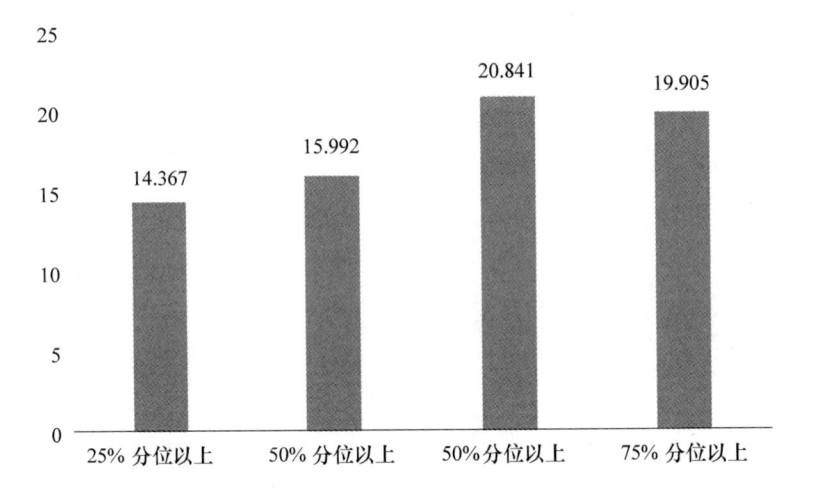

图 6.2　基于分位数的合作能力与劳动生产率

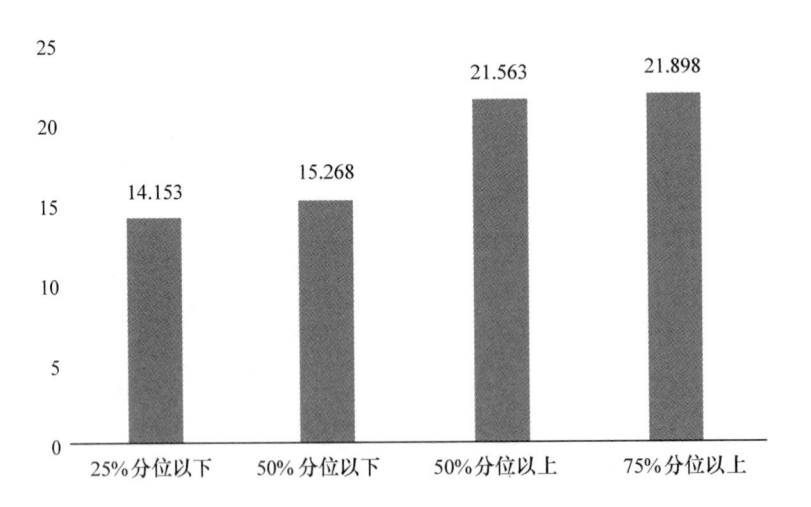

图 6.3　基于分位数的交流能力与劳动生产率

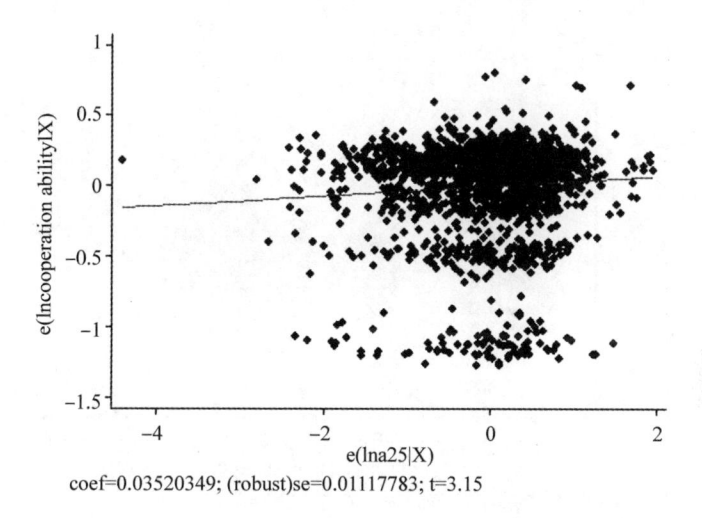

coef=0.03520349; (robust)se=0.01117783; t=3.15

图 6.4　城镇化融合对合作能力的弹性系数（OLS）

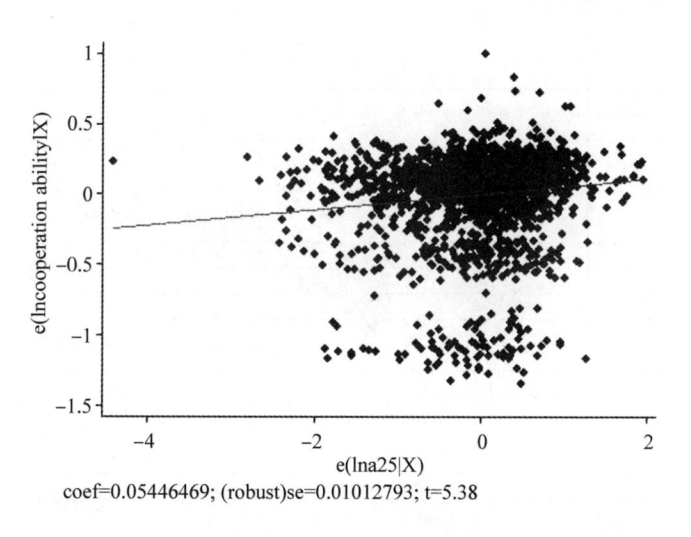

coef=0.05446469; (robust)se=0.01012793; t=5.38

图 6.5　城镇化融合对交流能力的弹性系数（OLS）

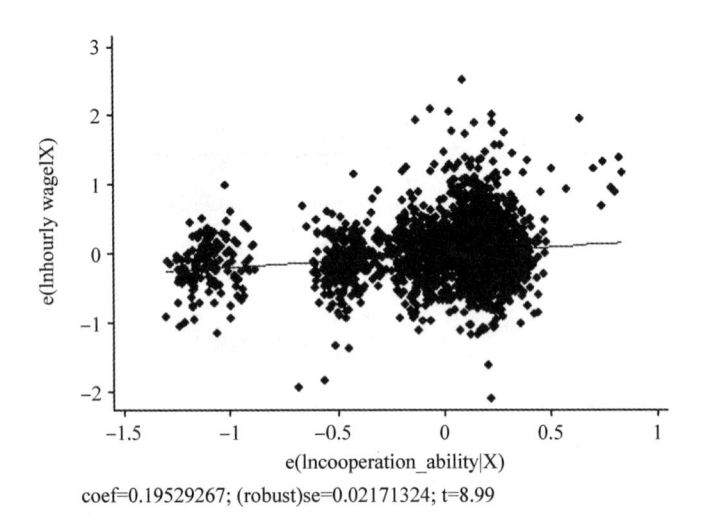

coef=0.19529267; (robust)se=0.02171324; t=8.99

图 6.6 合作能力对劳动生产率的弹性系数（OLS）

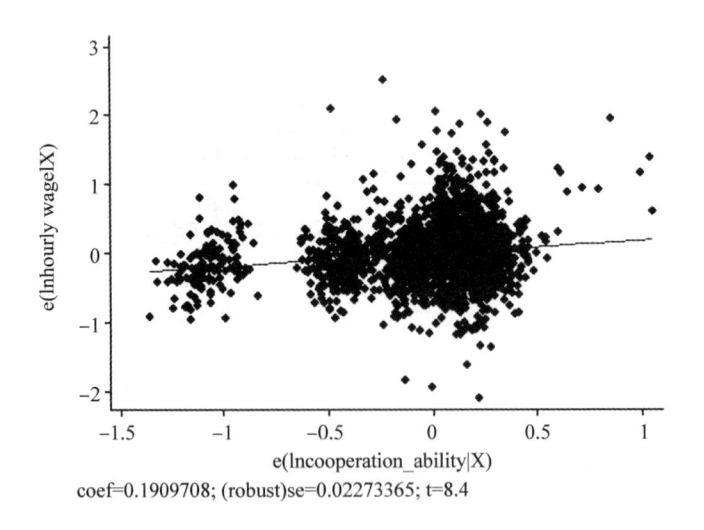

coef=0.1909708; (robust)se=0.02273365; t=8.4

图 6.7 交流能力对劳动生产率的弹性系数（OLS）

四 因果效应检验

(一) OLS 估计结果

根据式 (6-1)、式 (6-2), 本章对农民工城镇化融合与合作、交流能力人力资本以及合作、交流能力人力资本与劳动生产率进行了 OLS 估计。如表 6.3—表 6.6 所示, 根据研究需要, 本章构建了 4 个模型, 通过逐步引入控制变量, 分别检验农民工城镇化融合与合作、交流能力人力资本以及合作、交流能力人力资本与劳动生产率的相关性。模型 1 为在不控制任何其他变量的情形下的 OLS 估计结果。模型 2 为增加了年龄、性别、婚姻、受教育年限、bmi 健康指数及其平方项等控制变量后的估计结果。模型 3 在模型 2 的基础上加入上一份工作结束时的工资收入控制变量后的估计结果。模型 4 为引入所有控制变量后的估计结果。从表中可以看出, 4 个模型的估计结果都显著。当引入所有控制变量后, 城镇化融合与合作、交流能力人力资本、合作、交流能力人力资本与劳动生产率依然存在显著的正向影响, 弹性系数分别为 0.0352、0.0545、0.195、0.191, 说明农民工城市居住年限每提升 1 个百分点, 合作能力、交流能力人力资本将分别提升 3.52、5.45 个百分点。而合作能力、交流能力每提升 1 个百分点, 劳动生产率将分别提升 19.5、19.1 个百分点。数据分析结果表明, 城镇化融合对农民工合作、交流能力的人力资本具有显著的正向影响, 农民工合作、交流能力对劳动生产率的提升存在正向促进作用。说明当农民工城镇化程度越高, 越有利于促进农民工合作交流能力的提升, 进而扩大农民工的社会资本, 加大其工作流动性, 促进劳动生产率的提高。

表 6.3　　城镇化融合与合作能力的 OLS 估计结果

	模型 1	模型 2	模型 3	模型 4
lnliving_year	0.0330***	0.0331***	0.0376***	0.0352***
	(4.056)	(3.451)	(3.403)	(3.149)
lnage	—	-0.0705*	-0.0319	-0.0442
		(-1.722)	(-0.666)	(-0.907)
female	—	-0.0531***	-0.0343**	-0.0376**
		(-3.600)	(-1.991)	(-2.162)
marriage	—	0.0365*	0.00125	-0.00809
		(1.930)	(0.057)	(-0.368)
lneducation	—	0.253***	0.221***	0.215***
		(8.683)	(6.091)	(5.912)
lnbmi	—	0.426	0.834	0.862
		(0.277)	(0.402)	(0.407)
lnbmi_square	—	-0.0540	-0.123	-0.128
		(-0.221)	(-0.373)	(-0.378)
lnend_wage	—	—	0.0323***	0.0319*
			(3.180)	(1.846)
lnstart_wage	—	—	—	-0.00128
				(-0.086)
Industry Dummy	Yes	Yes	Yes	Yes
County Dummy	Yes	Yes	Yes	Yes
Observations	2074	2053	1466	1418
R^2	0.030	0.096	0.088	0.089

注：1. 根据 Stata14.0 计算结果进行整理；2. 括号内数值为稳健标准误（Robust Std. Error）；3. *** 表示 1% 水平显著，** 表示 5% 水平显著，* 表示 10% 水平显著。

表 6.4　　城镇化融合与交流能力的 OLS 估计结果

	模型 1	模型 2	模型 3	模型 4
lnliving_year	0.0524***	0.0606***	0.0544***	0.0545***
	(6.805)	(6.865)	(5.480)	(5.378)

续表

	模型1	模型2	模型3	模型4
lnage	—	-0.171***	-0.142***	-0.163***
		(-4.719)	(-3.279)	(-3.664)
female	—	-0.0691***	-0.0668***	-0.0711***
		(-5.015)	(-4.089)	(-4.292)
marriage	—	0.0520***	0.0471**	0.0453**
		(2.946)	(2.183)	(2.068)
lneducation	—	0.310***	0.320***	0.315***
		(11.368)	(9.729)	(9.559)
lnbmi	—	0.205	1.084	1.020
		(0.145)	(0.571)	(0.520)
lnbmi_square	—	-0.00958	-0.156	-0.148
		(-0.043)	(-0.517)	(-0.476)
lnend_wage	—	—	0.00767	0.0243
			(0.894)	(1.535)
lnstart_wage	—	—	—	-0.0153
				(-1.036)
Industry Dummy	Yes	Yes	Yes	Yes
County Dummy	Yes	Yes	Yes	Yes
Observations	2074	2053	1466	1418
R^2	0.038	0.155	0.152	0.153

注：1. 根据Stata14.0计算结果进行整理；2. 括号内数值为稳健标准误（Robust Std. Error）；3. *** 表示1%水平显著，** 表示5%水平显著，* 表示10%水平显著。

表6.5　　　合作能力与劳动生产率的OLS估计结果

	模型1	模型2	模型3	模型4
lncooperation_ability	0.303***	0.191***	0.197***	0.195***
	(17.012)	(10.238)	(9.268)	(8.994)
lnage	—	0.236***	0.443***	0.441***
		(6.312)	(9.701)	(9.512)

续表

	模型1	模型2	模型3	模型4
female	—	-0.164***	-0.148***	-0.145***
		(-10.883)	(-8.544)	(-8.296)
marriage	—	0.0993***	0.0675***	0.0676***
		(5.587)	(3.238)	(3.213)
lneducation	—	0.492***	0.434***	0.430***
		(12.320)	(9.053)	(8.955)
lnbmi	—	-0.979	-2.961	-2.878
		(-0.609)	(-1.607)	(-1.548)
lnbmi_square	—	0.184	0.496*	0.482
		(0.710)	(1.679)	(1.616)
lnend_wage	—	—	0.174***	0.206***
			(9.863)	(8.403)
lnstart_wage	—	—	—	-0.0257
				(-1.380)
Industry Dummy	Yes	Yes	Yes	Yes
County Dummy	Yes	Yes	Yes	Yes
Observations	2652	2622	1880	1832
R^2	0.141	0.281	0.347	0.351

注：1. 根据Stata14.0计算结果进行整理；2. 括号内数值为稳健标准误（Robust Std. Error）；3. *** 表示1%水平显著，** 表示5%水平显著，* 表示10%水平显著。

表6.6　　交流能力与劳动生产率的OLS估计结果

	模型1	模型2	模型3	模型4
lncommunication_ability	0.343***	0.191***	0.195***	0.191***
	(18.315)	(9.646)	(8.709)	(8.400)
lnage	—	0.235***	0.453***	0.452***
		(6.297)	(9.966)	(9.801)
female	—	-0.162***	-0.143***	-0.141***
		(-10.714)	(-8.245)	(-8.014)

续表

	模型 1	模型 2	模型 3	模型 4
marriage	—	0.0972***	0.0608***	0.0597***
		(5.481)	(2.929)	(2.853)
lneducation	—	0.482***	0.419***	0.416***
		(12.006)	(8.633)	(8.549)
lnbmi	—	−0.889	−2.973	−2.883
		(−0.554)	(−1.611)	(−1.548)
lnbmi_square	—	0.171	0.499*	0.485
		(0.662)	(1.685)	(1.621)
lnend_wage	—	—	0.179***	0.207***
			(10.072)	(8.375)
lnstart_wage	—	—	—	−0.0222
				(−1.185)
Industry Dummy	Yes	Yes	Yes	Yes
County Dummy	Yes	Yes	Yes	Yes
Observations	2652	2622	1880	1832
R^2	0.148	0.279	0.345	0.348

注：1. 根据 Stata14.0 计算结果进行整理；2. 括号内数值为稳健标准误（Robust Std. Error）；3. *** 表示 1% 水平显著，** 表示 5% 水平显著，* 表示 10% 水平显著。

（二）工具变量法（IV）估计结果

本章分别检验的是城镇化融合对农民工合作、交流能力的人力资本的影响，以及农民工合作、交流能力对劳动生产率的影响。如果城镇化融合与人力资本、人力资本与劳动生产率之间存在相互影响，即变量之间存在内生性问题，则会影响 OLS 的估计结果。为此，本章使用工具变量法（IV）分别剥离城镇化融合与人力资本、人力资本与劳动生产率的内生性。本章首先进行 Hausman 检验，判断城镇化融合与合作、交流能力的人力资本，合作、交流的人力资本与劳动生产率之间是否存在内生性。通过 Stata14.0 运算，分别对农民工城镇化融合、合作交流能力的人力资本与劳动生产率进行 Hausman 检验，p 值显示为 0.000，小于 5%，说明本章使用的解释变量在 5% 的显著水平上拒绝了"所有解释变量均为外生"的原假设，解释变量存在内生性问题，能够使用工具变量法（IV）剥离农民工城镇化与合作、交流能力的人力资本以及合作、交流能力的人力资本与劳动生产率的内生性。

为了解决农民工城镇化融合与合作、交流能力的人力资本的内生性问题，本章在现有文献的基础上，选用是否与配偶同住和农民工16 岁以前是否居住在本省但非本市作为城镇化融合的工具变量进行回归运算。如果工具变量（spouse_ dummy、mother_ town）的 Hansen J 统计量的 p 值大于 0.1，则表明工具变量满足了外生性假定，即可以作为计量模型式（6-1）的工具变量。同理，本章选用是否离婚、配偶户口类型是否为农业户口和配偶受教育年限的自然对数值（lnspouse_ education）作为其合作、交流能力人力资本的工具变量进行回归运算。如果工具变量（divorce_ dummy、spouse_ hukou、lnspouse_ education）的 Hansen J 统计量的 p 值大于 0.1，则表明工具变量满足了外生性假定，即可以作为计量模型式（6-2）的工具变量。

根据式（6-1）、式（6-2），本章对表 6.3—表 6.6 的 4 个模型分别进行了 IV 估计，估计结果如表 6.7—表 6.10 所示。4 个模型的 Hansen J 估计量的 p 值均大于 0.1，说明本章选取的是否与配偶同住、16 岁以前是否居住在本省但非本市、是否离婚、配偶户口类型是否为农业户口、配偶受教育年限的自然对数值能够作为模型的工具变量。从估计结果中可以看到，在加入工具变量后，模型 3 和模型 4 依然显著，说明农民工城镇化融合与合作、交流能力的人力资本，以及合作、交流能力的专用性人力资本与劳动生产率等工作绩效存在显著的正向因果效应。

表 6.7　　　城镇化融合与合作能力的工具变量法（IV）估计结果

	模型 1	模型 2	模型 3	模型 4
lnliving_year	0.0668***	0.0707	0.114*	0.117*
	(2.777)	(1.399)	(1.787)	(1.763)
lnage	—	-0.125	-0.130	-0.149
		(-1.501)	(-1.361)	(-1.505)
female	—	-0.0551***	-0.0383**	-0.0425**
		(-3.679)	(-2.187)	(-2.379)
marriage	—	0.0243	-0.0234	-0.0331
		(0.984)	(-0.781)	(-1.109)
lneducation	—	0.245***	0.203***	0.195***
		(8.055)	(5.371)	(5.078)
lnbmi	—	0.541	1.099	1.130
		(0.348)	(0.516)	(0.520)
lnbmi_square	—	-0.0731	-0.167	-0.172
		(-0.295)	(-0.491)	(-0.496)
lnend_wage	—	—	0.0473***	0.0441**
			(2.866)	(2.145)
lnstart_wage	—	—	—	0.00316
				(0.197)
Industry Dummy	Yes	Yes	Yes	Yes
County Dummy	Yes	Yes	Yes	Yes
Observations	2074	2053	1466	1418
Uncentered R2	0.916	0.921	0.923	0.924
Cragg-Donald Wald F statistic	175.725	45.468	27.937	26.119
Hansen J P-val	0.482	0.121	0.694	0.701

注：1. 根据 Stata14.0 计算结果进行整理；2. 括号内数值为稳健标准误（Robust Std. Error）；3. *** 表示 1% 水平显著，** 表示 5% 水平显著，* 表示 10% 水平显著。

表 6.8　城镇化融合与交流能力的工具变量法（IV）估计结果

	模型 1	模型 2	模型 3	模型 4
lnliving_year	0.0962***	0.127***	0.177***	0.184***
	(4.159)	(2.618)	(2.827)	(2.834)
lnage	—	-0.267***	-0.299***	-0.329***
		(-3.420)	(-3.244)	(-3.452)
female	—	-0.0727***	-0.0733***	-0.0787***
		(-5.126)	(-4.255)	(-4.470)
marriage	—	0.0305	0.00755	0.00547
		(1.272)	(0.252)	(0.182)
lneducation	—	0.296***	0.292***	0.283***
		(10.333)	(8.378)	(7.987)
lnbmi	—	0.393	1.480	1.416
		(0.266)	(0.721)	(0.667)
lnbmi_square	—	-0.0408	-0.222	-0.214
		(-0.174)	(-0.677)	(-0.632)
lnend_wage	—	—	0.0316**	0.0436**
			(2.084)	(2.223)
lnstart_wage	—	—	—	-0.00812
				(-0.471)
Industry Dummy	Yes	Yes	Yes	Yes
County Dummy	Yes	Yes	Yes	Yes
Observations	2074	2053	1466	1418
Uncentered R2	0.919	0.929	0.926	0.926
Cragg-Donald Wald F statistic	177.838	45.887	28.303	26.473
Hansen J P-val	0.951	0.175	0.386	0.435

注：1. 根据 Stata14.0 计算结果进行整理；2. 括号内数值为稳健标准误（Robust Std. Error）；3. *** 表示 1% 水平显著，** 表示 5% 水平显著，* 表示 10% 水平显著。

表 6.9　合作能力与劳动生产率的工具变量法（IV）估计结果

	模型 1	模型 2	模型 3	模型 4
lncooperation_ability	2.406***	3.219***	3.379***	3.413***
	(8.716)	(3.774)	(3.044)	(3.008)
lnage	—	0.494***	0.468***	0.483***
		(3.234)	(3.058)	(3.060)
female	—	−0.0210	0.000914	0.0122
		(−0.289)	(0.011)	(0.137)
marriage	—	—	—	—
lneducation	—	−0.184	−0.305	−0.313
		(−0.813)	(−1.043)	(−1.057)
lnbmi	—	−4.441	−4.701	−4.969
		(−0.814)	(−0.707)	(−0.734)
lnbmi_square	—	0.693	0.750	0.787
		(0.803)	(0.710)	(0.732)
lnend_wage	—	—	0.112**	0.147**
			(2.450)	(2.189)
lnstart_wage	—	—	—	−0.0216
				(−0.415)
Industry Dummy	Yes	Yes	Yes	Yes
County Dummy	Yes	Yes	Yes	Yes
Observations	1895	1883	1433	1400
Uncentered R2	0.895	0.828	0.819	0.816
Cragg-Donald Wald F statistic	30.269	6.023	3.231	3.154
Hansen J P-val	0.031	0.699	0.944	0.923

注：1. 根据 Stata14.0 计算结果进行整理；2. 括号内数值为稳健标准误（Robust Std. Error）；3. *** 表示 1% 水平显著，** 表示 5% 水平显著，* 表示 10% 水平显著。

表6.10　　　　交流能力与劳动生产率的工具变量法（IV）估计结果

	模型1	模型2	模型3	模型4
lncommunication_ability	1.746***	1.966***	2.140***	2.167***
	(10.827)	(5.409)	(4.185)	(4.128)
lnage	—	0.392***	0.573***	0.605***
		(4.542)	(5.562)	(5.568)
female	—	-0.0479	0.00772	0.0159
		(-1.055)	(0.129)	(0.257)
marriage	—	—	—	—
lneducation	—	-0.0230	-0.186	-0.196
		(-0.183)	(-1.058)	(-1.098)
lnbmi	—	-4.054	-6.458	-6.968
		(-1.137)	(-1.440)	(-1.520)
lnbmi_square	—	0.652	1.039	1.120
		(1.154)	(1.460)	(1.539)
lnend_wage	—	—	0.180***	0.170***
			(7.410)	(4.287)
lnstart_wage	—	—	—	0.0178
				(0.536)
Industry Dummy	Yes	Yes	Yes	Yes
County Dummy	Yes	Yes	Yes	Yes
Observations	1895	1883	1433	1400
Uncentered R2	0.941	0.932	0.927	0.925
Cragg-Donald Wald F statistic	66.293	18.545	8.316	8.115
Hansen J P-val	0.001	0.145	0.160	0.168

注：1.根据Stata14.0计算结果进行整理；2.括号内数值为稳健标准误（Robust Std. Error）；3.*** 表示1%水平显著，** 表示5%水平显著，* 表示10%水平显著。

（三）有限信息极大似然估计法（LIML）估计结果

本章虽然使用工具变量法（IV）进行估计检验，其结果满足了

Hansen J 估计量的 p 值大于 0.1 的外生性假设，但是 Wald F 统计量大部分小于 10，即不能拒绝"存在弱工具变量"的原假设。本章选取的工具变量可能是弱工具变量，运用弱工具变量进行的估计结果可能会产生偏差。为此，在考虑到弱工具变量情况下，有限信息极大似然估计（LIML）的小样本性质较二阶段最小二乘（2SLS）的工具变量估计更优，并考虑到本章使用工具变量进行回归后有效样本数量出现较大幅度下降的实际情况，我们选择有限信息极大似然估计（LIML）对农民工城镇化融合对于合作、交流能力的人力资本，以及合作、交流能力的人力资本对于劳动生产率的实证关系进行稳健性检验。

表 6.11、表 6.12 给出了有限信息极大似然估计（LIML）的估计结果，工具变量选择与计量模型设定与表 6.9—表 6.10 相同。结果发现，在解释变量得到充分控制（模型 3、模型 4）的情况下，合作、交流能力人力资本对于劳动生产率仍然在至少 1% 的显著性水平上具有显著的正向影响。比较表 6.9—表 6.10 和表 6.11—表 6.12 的估计结果，我们发现：无论基于二阶段最小二乘的工具变量（IV）估计还是有限信息极大似然估计（LIML），合作、交流能力人力资本对于劳动生产率的实证关系在统计显著性、参数估计值的符号方向上均基本一致。并且，结合工具变量（IV）和有限信息极大似然估计（LIML）的回归结果，我们认为农民工城镇化融合对于以劳动生产率为表征的工作绩效基本上具有正向的因果关系。

表 6.11　合作能力与劳动生产率的有限信息极大似然估计法（LIML）估计结果

	模型 1	模型 2	模型 3	模型 4
lncooperation_ability	2.580***	3.340***	3.410***	3.460***
	(8.111)	(3.632)	(3.016)	(2.966)
lnage	—	0.507***	0.468***	0.484***
		(3.161)	(3.035)	(3.027)

续表

	模型1	模型2	模型3	模型4
female	—	-0.0135	0.00263	0.0149
		(-0.175)	(0.030)	(0.164)
marriage	—	—	—	—
lneducation	—	-0.211	-0.312	-0.324
		(-0.874)	(-1.050)	(-1.066)
lnbmi	—	-4.590	-4.722	-5.002
		(-0.813)	(-0.704)	(-0.730)
lnbmi_square	—	0.715	0.754	0.792
		(0.801)	(0.707)	(0.728)
lnend_wage	—	—	0.111**	0.146**
			(2.408)	(2.141)
lnstart_wage	—	—	—	-0.0215
				(-0.408)
Industry Dummy	Yes	Yes	Yes	Yes
County Dummy	Yes	Yes	Yes	Yes
Observations	1895	1883	1433	1400
Wald chi2 (28)	146.35	149.63	155.44	152.72

注：1. 根据Stata14.0计算结果进行整理；2. 括号内数值为稳健标准误（Robust Std. Error）；3. ***表示1%水平显著，**表示5%水平显著，*表示10%水平显著。

表6.12　　交流能力与劳动生产率的有限信息极大似然估计法（LIML）估计结果

	模型1	模型2	模型3	模型4
lncommunication_ability	1.851***	2.085***	2.414***	2.444***
	(10.205)	(5.118)	(3.736)	(3.682)
lnage	—	0.406***	0.593***	0.630***
		(4.430)	(5.131)	(5.118)
female	—	-0.0374	0.0328	0.0417
		(-0.757)	(0.456)	(0.559)

续表

	模型1	模型2	模型3	模型4
marriage	—	—	—	—
lneducation	—	−0.0577	−0.271	−0.282
		(−0.418)	(−1.247)	(−1.274)
lnbmi	—	−4.271	−6.971	−7.527
		(−1.145)	(−1.400)	(−1.474)
lnbmi_square	—	0.685	1.119	1.208
		(1.159)	(1.416)	(1.490)
lnend_wage	—	—	0.179***	0.164***
			(6.917)	(3.730)
lnstart_wage	—	—	—	0.0237
				(0.646)
Industry Dummy	Yes	Yes	Yes	Yes
County Dummy	Yes	Yes	Yes	Yes
Observations	1895	1883	1433	1400
Wald chi2 (28)	256.79	345.43	275.88	275.81

注：1. 根据Stata14.0计算结果进行整理；2. 括号内数值为稳健标准误（Robust Std. Error）；3. *** 表示1%水平显著，** 表示5%水平显著，* 表示10%水平显著。

（四）小结

本章基于2015年"中国企业—员工匹配调查"（CEES）数据，通过对基于员工专用性人力资本角度对农民工城镇化融合对于劳动生产率等工作绩效的影响机制的研究分析，发现制度环境感知可能对人力资本存在正向的相关性，在此基础上运用OLS回归估计、工具变量法（IV）估计以及有限信息极大似然估计法（LIML）估计，在工具变量满足外生性和拒绝"存在弱工具变量"的前提下实证分析发现：制度环境感知与人力资本存在正向的因果效应。从员工专用性人力资本角度对农民工城镇化融合对于工作绩效的影响机制进行了实证性的因果效应测度。实证结果显示，农民工的城镇化融合对专用性人力资本有很重要的影响，专用性人力资本对农民工的工作绩效有着正向的关系，进而我们从机制上验证了农民工城镇化融合对其工作绩效的关系。为此，本章的政策建议是：政府推动新型城镇化建设的关键是促进农民工的城镇化融合进程，提高农民工的居留意愿以及市民化水平。提高农民工的城镇化融合能力，是通过提供培训促进农民工合作交流等专用性人力资本的培养。

第七章
政策建议

在前面章节中，本研究报告对国内外人力资本理论进行了详细的理论回顾，并对新常态下中国人力资本质量、企业全要素生产率的变化趋势进行了定量测算，结果发现：现阶段中国企业的全要素生产率呈现较为明显的"大分化"趋势，对于产能过剩、依靠固定投资和劳动力数量驱动的传统产业而言，近三年来的企业全要素生产率出现了较大程度的下降；而对于重视研发创新、质量要素投入和人力资本质量升级的部分产业而言，其全要素生产率则有效对冲了宏观经济下行压力的不利影响，甚至实现了"逆势上扬"。本研究的实证结论整体表明，能否实现人力资本质量升级，能否有效发挥人力资本质量提升的增长引擎作用，对新常态下我国企业全要素生产率的持续增长具有重要的影响。

在此基础上，运用高质量的"中国企业—员工匹配调查"微观数据，本书选取企业家人力资本质量、专用性人力资本质量、农民工人力资本质量等重要的人力资本质量细分领域为例，就人力资本质量对企业全要素生产率的影响效应进行了更为深入的因果效应测度。结果发现，一方面，企业家人力资本质量对于企业全要素生产率具有显著的因果效应。对于当前占我国企业家数量70%以上、企业工业总产值 85% 以上的 20 世纪六七十年代的企业家而言，其自身的人力资本质量已不能充分适应新常态下经济发展的客观要求，企业家人力资本质量现状与其"中流砥柱"的经济地位并不相称。另一方面，以技能培训为代表的专用性人力资本投资对员工人力资本质量升级具有重要的增进作用，并对企业生产效率的提高具有显著的正向促进效应。进一步检验发现，专用性人力资本投资本身的人力资本回报也具有较大的异质性，对于外语听说技能、管理技能和专业技能等分项专用性人力资本投资而言，其对于人力资本质量升级、全要素生产率增长的促进效应最为明显。然而，调查发现，由于我国企业普遍并未建立现代企业制度，企业对于员工技能培训等专用性人力资本投资的重视程度仍然不足，同时由于缺乏具有足够深度的内部劳动力市场，员工流动程度较高、用工期限短期化，不利于专用性人力资本的有效积累。此外，对于曾经长期支撑中国低成本劳动力比较优势的农民工群体的实证研究表明，城镇化融合度的提升对其劳动生产率的提高和企业全要素生产率的增长具有显著的因果效应，城镇化融合度提高的背后则是一系列人力资本质量的升级过程。其中，农民工群体的合作、交流能力对加快其自身融入城镇，促进生产效率提升具有显著的因果效应。但是，由于缺乏鼓励人力资本市场配置的相关政策体系，农民工的人力资本质量升级、城镇化融合仍然受到城乡二元分割的户籍管理体制的影响。

因此，为促进人力资本质量升级和企业全要素生产率增长，如何通过制度调整、改革以解决企业家创新精神不足、人力资本产权交易不完全、企业治理结构不完善等问题，如何通过针对性的政策设计尽快激发人力资本质量升级的内在活力，已成为在"刘易斯拐点"日趋临近、人口红利日益衰减的条件下保持中国经济内生增长动力而亟待解决的重要问题。

本章给出了笔者关于中国人力资本质量升级的若干政策思考。第一部分，笔者提出了企业家能力升级的政策建议，主要通过企业家能力的转型升级带动企业家人力资本质量升级,弥补目前中国主流企业家所存在的"中年瓶颈"现象。第二部分,笔者提出改革职业技能教育的政策思考,主要通过市场机制的有效发挥,带动人力资本的合理配置,并促进教育内容、人力资本质量真正面向市场一线进行转型升级。最后,笔者对完善现代企业制度、释放专用性人力资本投资活力给出了自己的政策建议。

一 企业家能力升级的政策建议

(一)增强经济换血功能,鼓励企业正常退出

增强经济换血功能,鼓励一批企业家精神严重衰退、经营绩效显著偏低的企业退出市场。现有文献认为,企业退出是市场具有流动性的重要标志。允许缺乏企业家精神、生产效率偏低的企业退出市场,将促进生产要素更快地向具有强烈企业家精神、具有较高技术创新能力和生产效率的企业进行配置,并为新企业的进入留下充足的市场空间。加快企业的正常退出机制,对于构建优胜劣汰的市场竞争机制十分重要(张维迎等,2003;李玉红等,2008;朱克朋等,2012)。本研究的实证结果也表明,目前相当一批企业处于企业家精神不足、经营绩效偏低的困境,并且对宏观经济增速下行也产生了一定程度的影响。因此,建议在坚持简政放权、加快市场主体培育的同时,鼓励一批企业家精神严重衰退、经营绩效显著偏低的企业退出市场,以增强经济换血功能,实现生产要素的健康流动与优化配置。

(二)推动资本市场发展,促进企业治理能力优化

推动资本市场快速发展,通过治理结构建设促进企业家精神提高。现有文献认为,资本市场不仅具有融资功能,对于企业引入现代公司治理制度、改善治理结构同样具有重要作用。资本市场越发达,企业家形成速度越快,企业家的创新精神和创业精神也越强。通过资

本市场建设实现企业家精神提升,已成为推动中国经济增长和社会发展的长效机制(李新春,2011;李延凯等,2011;邵传林,2014)。本研究的实证结果表明,当前企业家精神存在不足,其突出表现在于对技术创新、资源配置和员工激励的重视程度不高。缺乏良好的治理结构是企业家精神存在欠缺的关键。对于样本企业而言,仅有38.18%的企业设立了董事会,高达74.65%的企业在生产、投资和员工工资决策过程并未采用规范的现代管理制度。因此,应加快推动资本市场发展,通过金融创新推动我国企业加快引入股权激励、职业经理人、董事会治理等一系列现代治理制度,实现企业家精神和经营绩效的"双提高"。

(三)避免政府"父爱主义"行为,打破企业家的制度依赖

减少政府过度干预和过度财政补贴,打破现有企业家群体对政府资源的路径依赖。现有文献表明,政府过度干预和财政补贴虽然可在短期内实现稳定生产经营、熨平经济周期的需求管理效果,但在长期会造成要素资源配置扭曲、加剧过度投资和产能过剩现象,并干扰市场主体对于未来市场趋势的理性预期。最终,从供给侧上说,政府过度干预和财政补贴将使企业家群体对政府资源形成路径依赖,不利于创新精神和创业精神的充分释放(庄子银,2007;王文甫等,2014;耿强等,2011)。本次调查数据也表明,当前企业家精神不足与企业对于政府补贴的过度依赖存在一定关系。享受政府各类补贴的企业数量占全部有效样本的27%,平均补贴金额占企业主营业务收入的近10%。通过对财政补贴资金在全部样本企业分配的统计,本研究发现其中83%均投向了60年代企业家所在的企业,而上述企业家群体的企业家精神、企业经营绩效均相对偏低。这表明,现有企业家群体对于政府资源的路径依赖,对企业家精神和经营绩效均产生了一定程度的不利影响。因此,应改善地方政府激励机制,减少其进行政策性补贴的冲动,理顺市场关系,实现企业家精神的有效释放。

(四) 弥补现有企业家群体的能力短板

弥补企业家能力的结构性短板，加快现有企业家群体从制度型企业家向配置型企业家转型。现有文献认为，现有企业家群体偏重于政府关系能力、社会关系能力等制度能力，而在组织能力、战略能力、创新能力等资源配置能力方面存在较为明显的结构性短板（贺小刚等，2005）。本研究的实证结果也表明，目前企业家精神在技术创新、资源配置和员工激励等角度的作用较为弱化。因此，应弥补企业家能力的结构性短板，加快现有企业家群体从制度型企业家向配置型企业家转型。一方面，作为制度供给者，政府要在行政理念中融入企业家精神，加快"服务型、创新型"政府建设，实质性地保护企业家物质资本产权和人力资本产权，建立企业家行为的长期激励机制和长远预期机制，使企业家群体从聚焦于政府关系、社会关系逐渐转向注重组织管理、技术创新。另一方面，作为服务提供者，政府应加大对企业家群体在组织能力、战略能力、创新能力等结构性短板因素方面的培训投入，将企业家培训和企业家能力建设纳入政府采购计划。

(五) 加强企业家"创二代"培育，实现企业家精神代际传承

加强企业家"创二代"培育，实现企业家精神的代际传承与基业长青。现有文献表明，对于占我国 GDP 总量 90% 以上的民营企业而言，目前正处于从"创一代"企业家向"创二代"企业家代际转换的关键期。重视"创二代"培养，将显著减少企业家代际交接过程中的不确定性，缩短新一代企业家继任的不适应期，从而实现基业长青（余向前等，2013）。因此，本研究建议在重视对现有"创一代"企业家能力培训的同时，应加强企业家"创二代"群体的培育。政府应充分发挥职能优势，着力在民营企业"创二代"中培养非公经济代表人士，通过政府采购方式举办针对"创二代"的企业家能力培训，提升"创二代"企业家的组织管理能力和创新意识；组织

"创二代"企业家就企业的传承发展进行专题研讨，为优秀的新一代企业掌门人提供学习、成长的机会；加强国内与国外、内地与港澳台地区"创二代"企业家群体的交流和联络，分享代际传承发展的体会和心得，加快实现企业家精神的代际传承与基业长青。

二 加快职业技术教育改革的政策思考

（一）加快推进教育财政支出向职业技能教育倾斜

调整教育经费侧重于一般性学校教育的配置现状，将教育资金进一步向职业技能应用型学校倾斜，培养新时期的中国工匠。一是，在职业技能学校教师职称评定体系上，要坚决破除以科研课题、研究论文为主要考核指标的评价体系，要将职业技能学校坚决办成面向市场经济一线提供专业技能工匠人才的"黄埔军校"。二是，要大力引进、培养真正具有职业技能的教师团队，鼓励大量在企业具有丰富实际操作经验的技工全职或兼职担任职业技能学校的教师，增强职业技能学校在职业技能培训上的专业性。三是，要加快推动职业技能学校的教学改革与转型，除部分全国知名高校面向学术科研培养人才外，大量的省属院校都应积极转变为应用型高校，成为中国制造实际操作人才的培养摇篮。

具体而言，首先要对职业教育的认识有革命性的变革。应牢固树立"强大的制造业强国需要强大的职业教育体系，强大的职业教育体系需要强大的职业教育文化做根基"的意识。我们不应该仅仅把职业教育看作是服务产业发展的"支撑者"，而且职业教育本身就应该是产业的一部分。在人才培养方面，要实现真正的校企一体化的"融合"，而不只是停留在"合作"的水平上。在行动上，工业4.0的发展浪潮下，智能化的生产模式迫切需要高度复合的专业技术技能人才，这就需要职业教育的人才培养课程与培养模式进行重大的转型。在我国现阶段，还应该将"大众创业，万众创新"贯穿于职业技术技能人才的全过程，在创新理念下培育中国特色现代职业教育文化体系。

（二）适应产业转型升级要求，合理教育资源布局

一方面，人才培养目标要升级。当前企业招不到工与大学生找不到工作现象并存，重要原因是劳动者素质不能适应岗位需求。在调查走访过程中，笔者发现：企业普遍反映，职业技能学校和一般普通高校的毕业生招进来好用，但普遍缺乏后劲。随着经济社会的快速发展，职业需求的变化愈加频繁，劳动分工正由单一工种向复合工作转变，简单职业向综合职业发展，终身职业向多种职业嬗变，这就客观要求高职学生具备跨岗位、跨职业、跨行业的本领，以不断适应职业变化和劳动市场变化。因此，学校教育应主动适应技术进步需求，不仅注重培养学生的职业岗位动手能力、操作能力，还要注重职业适应能力、职业迁移能力和终身学习能力的培养。

另一方面，学校办学定位要升级。职业技能教育只有在科学分析社会需求和学校所处环境的基础上，准确定位，才能找到生存和发展的空间。当前，按照国务院《关于加快发展现代职业教育》的精神，职业技能教育应主动服务经济社会发展，推动专业设置与产业需求对接，课程内容与职业标准对接，教学过程与生产过程对接。特别是经济发达地区职业技能学校应打破围墙的限制，由单一的学历教育向学历与非学历教育并列方向发展，由单一的职前教育向职前与职后教育并存方向发展，服务知识型高技能人才的终身发展，努力成为区域人力资源开发的助力器。同时借鉴国外职业技能教育向本科及更高层次上移的趋势，鼓励部分优质高职院校发展四年制本科，联合培养本科层次应用技术人才。

此外，专业结构布局要升级。近年来，一些职业院校盲目追求热门专业，不结合自身特点和地方需求，导致专业设置不合理，部分专业就业难。职业技能教育自身要瞄准市场，及时关停过剩专业，改造文学类、管理类、教育类等传统专业，设立地方经济社会发展急需的新兴专业，培养新时期的中国工匠。

（三）建立完善的职业教育需求预测体系

自 2001 年以来，欧盟职业培训发展中心就已在欧洲范围内建立起完善的欧洲职业教育需求预测体系，并于 2008 年首次出版了欧盟地区技能需求预测报告。在欧盟《技能供给与需求：2020 中期预测》报告中，对需要大力发展的技能类型、欧洲公民未来应具备的技能、工作岗位的知识性与技能集中性以及准确识别劳动者工作所需技能等问题都作出基于数据分析的量化与质性的研究。这为欧盟职业教育与培训的科学发展奠定了基石，提供了未来发展的目标与方向，实现欧盟人力资本在欧盟经济发展过程中的战略优势。当前，我国劳动力技能需求与供给预测体系尚不完善，对技能人才需求无法做到多维度、全方位的预测。因此，我国各级财政应列支专项建设资金，加快建立起职业教育领域的技能型人才需求预测体系，为职业教育的发展提供科学化的"晴雨表"，引导职业教育向着健康可持续的方向迈进。

三 释放企业专用性人力资本投资活力的政策思考

（一）推动企业实施效率工资，增强专用性人力资本投资积极性

在社会化大生产中，绝大多数人力资本所有者以转让自身人力资本使用权的方式，使自身人力资本与非人力资本结合起来创造财富，从而获得报酬，维持自身的生存和生活。在现代社会，对人力资本所有者进行物质激励十分必要。通过适当提高工资待遇，向人力资本所有者支付超过平均水平的工资，有助于激励其提供超过平均水平的劳动，有助于促进其自身的人力资本积累，从而提高雇主收益。同时，恰当的物质激励也有助于降低雇员向外部劳动力市场流出的意愿，有助于增强员工忠诚度，从而有利于构建长期、稳定的职业发展环境，

为企业人力资本投资营造良好的内部劳动力市场氛围。

高质量的人力资本往往具有更高的市场价格，其产出效率也相应更高。为打破当前我国企业对于"低成本劳动力比较优势"的传统路径依赖，为企业实施高人力资本激励、引进高人力资本质量的专业人才提供充分的经济激励，各级人力资源、财政部门可参照科技人才引进政策，实施"规上企业高质量管理人才引进计划"和"规上企业优秀技能人才引进配套工程"，为我国企业尤其是民营企业引进高质量人力资本提供专项补贴，加快企业人力资本质量的升级步伐。

（二）构建完善的企业内部晋升渠道，减少专用性人力资本流失

企业内部分工形成不同的岗位和职位层次。不同的职位层次具有不同的职能，要求雇员拥有不同层次和特点的人力资本。同时，不同的职位也对应着不同的薪酬和福利。职位层次越高，对雇员的人力资本要求越高，向雇员支付的报酬也越高，同时，职位越高的雇员也越具有成就感。通过构建合理、多层的内部晋升渠道，有助于充分激励雇员使用其人力资本，也能够降低企业的雇用成本。晋升是企业在内部劳动力市场中调配人力资源，节约了到外部劳动力市场中雇用新雇员的成本。企业通过为雇员提供晋升渠道，将优秀的雇员留在企业，降低企业雇员的流失率，从而降低由雇员流失所造成的直接损失。晋升制度的实施，也使人力资本所有者获得了与其人力资本匹配的职位，从而提高了企业的人力资源配置效率。为推动企业建立良好的内部劳动力流动机制，各级政府可开展各类专项的"企业现代创新战略培训"，并组织代表性行业的优秀企业家赴发达地区对口企业进行挂职锻炼，重点学习企业内部人力资源管理模式优化的相关先进经验。

（三）通过企业文化的"隐性契约"建设，释放人力资本投资活力

企业文化，是企业在长期生产经营活动中形成的理想、信念、价

值观、行为准则和道德规范等精神因素的总和。企业文化通过营建具有感召力量的精神信念而在雇主和雇员之间形成较为稳定的心理契约。这种较为稳定的心理契约对雇员具有激励的力量。现实经济生活中，雇主与雇员之间的雇用合同是不完全契约。心理契约则是对雇员合同的补充。心理契约构建了雇主和雇员之间的"理解与默契"，是不成文的"期望"。心理契约中包含着雇主对雇员工作努力程度、业绩、忠诚等的期望，也包含着雇员对雇主在提供劳动条件、奖励、培训、晋升机会等方面的期望。通过营造良好的企业文化氛围，能起到构建稳定的心理契约，促使雇员努力工作，培养雇员对企业的忠诚，打造稳定的雇员团队等作用。因此，企业文化激励也有助于营造长期、稳定、具有广阔空间的完善的内部劳动力市场，是现代企业治理结构建设中不可缺少的重要环节。

为此，各级政府可以工商联企业家组织为抓手，激发企业家就如何提高企业核心竞争力展开广泛的知识分享与创新交流。提高举办"企业家咖啡""宏观经济形势论坛""企业成长高峰论坛"等专业活动，推动我国企业朝"学习型组织"转型，实现企业创新文化氛围的提升。应依托各类企业家协会组织，着力提升企业家素质，引导我国企业尤其是民营企业加强经营管理，推进企业文化建设，提高企业核心竞争力。注重引导企业从自身发展的实际出发，把企业的个性文化与行业文化、社会文化相融合，将之纳入企业整体战略，作为企业发展的基础工程来设计、来实施，以先进的、独具魅力的企业文化教育激励员工，引领推动企业发展。

参考文献

蔡昉:《人口转变、人口红利与刘易斯拐点》,《经济研究》2010年第4期。

蔡昉:《中国经济增长如何转向全要素生产率驱动型》,《中国社会科学》2013年第1期。

蔡禾、王进:《"农民工"永久迁移意愿研究》,《社会学研究》2007年第6期。

蔡麟笔:《我国管理哲学与艺术之演进和发展》,中华企业管理发展中心1984年版。

钞小静、沈坤荣:《城乡收入差距、劳动力质量与中国经济增长》,《经济研究》2014年第6期。

陈椽:《茶业通史》,中国农业出版社2008年版。

陈方正:《继承与叛逆:现代科学为何出现于西方》,生活·读书·新知三联书店2009年版。

陈维涛、王永进、李坤望:《地区出口企业生产率、二元劳动力市场与中国的人力资本积累》,《经济研究》2014年第1期。

陈维涛、王永进、毛劲松:《出口技术复杂度、劳动力市场分割与中国的人力资本投资》,《管理世界》2014年第2期。

陈云凡:《新生代农民工住房状况影响因素分析——基于长沙市25个

社区调查》，《南方人口》2012年第1期。

陈钊、陆铭、金煜：《中国人力资本和教育发展的区域差异：对于面板数据的估算》，《世界经济》2004年第12期。

程虹、陈昕洲、罗连发：《质量强国战略若干重大问题研究》，《宏观质量研究》2013年第3期。

程虹：《我国经济增长从"速度时代"转向"质量时代"》，《宏观质量研究》2014年第3期。

褚世昌：《四书译注》，黑龙江人民出版社2013年版。

戴觅、余淼杰、Madhura Maitra：《中国出口企业生产率之谜：加工贸易的作用》，《经济学（季刊）》2013年第2期。

邓宗豪、甘悦：《城镇化进程中农民工的城市融入问题》，《甘肃社会科学》2014年第6期。

杜鹏、丁志宏、李兵等：《来京人口的就业、权益保障与社会融合》，《人口研究》2005年第4期。

樊嘉禄、方晓阳、吴丹彤：《文房四宝》，大象出版社2009年版。

冯达甫：《老子译注》，上海古籍出版社2007年版。

冯尔康：《中国宗族史》，上海人民出版社2009年版。

冯菲菲、史春林：《农民工利益观念的代际差异》，《广西社会科学》2012年第8期。

冯天瑜：《中国古代文化的类型》，东方出版社1986年版。

冯玉钦、张家治：《中国科学技术史学术讨论会论文集（1991）》，科学技术文献出版社1993年版。

傅景华：《黄帝内经素问译注》，中国人民大学出版社2010年版。

干春晖、郑若谷、余典范：《中国产业结构变迁对经济增长和波动的影响》，《经济研究》2011年第5期。

葛剑雄：《从历史地理看徽商的兴衰》，《安徽史学》2004年第5期。

顾颉刚：《古史辨》，上海古籍出版社1982年版。

《灌县都江堰水利志》编辑组：《灌县都江堰水利志》，内刊本，

1983 年。

郭振香：《徽商的诚信观》，《安徽大学学报》（哲学社会科学版）1997 年第 3 期。

何军：《江苏省农民工城市融入程度的代际差异研究》，《农业经济问题》2012 年第 1 期。

何亦名：《成长效用视角下新生代农民工的人力资本投资行为研究》，《中国人口科学》2014 年第 4 期。

侯样祥：《传统与超越——科学与中国传统文化的对话》，江苏人民出版社 2000 年版。

胡鞍钢、鄢一龙、杨竺松：《关于"十三五"规划基本思路的建议》，《经济研究参考》2013 年第 55 期。

胡浩志、卢现祥：《企业专用性人力资本与员工流动性》，《财经问题研究》2010 年第 6 期。

黄德林、陈永杰：《农民工职业技能培训意愿及影响机理研究——基于武汉市、厦门市、沧州市的实证调查》，《中国软科学》2014 年第 3 期。

黄寿祺、张善文：《周易译注》，上海古籍出版社 2004 年版。

黄祖辉、刘雅萍：《农民工就业代际差异研究——基于杭州市浙江籍农民工就业状况调查》，《农业经济问题》2008 年第 10 期。

贾淑军：《城镇化中农户移居与农民工转户意愿研究——以河北唐山为个案》，《经济管理》2012 年第 11 期。

蒋家东、徐哲：《质量文化研究：维度及模式分析》，《航空标准化与质量》2000 年第 4 期。

兰甲云：《周易古礼研究》，湖南大学出版社 2008 年版。

雷德侯：《万物：中国艺术中的模件化与规模化生产》，生活·读书·新知三联书店 2005 年版。

李春顶：《中国出口企业是否存在"生产率悖论"：基于中国制造业企业数据的检验》，《世界经济》2010 年第 7 期。

李发林:《李发林考古论文集》,中国文联出版社1999年版。

李根蟠:《精耕细作、天人关系和农业现代化》,《古今农业》2004年第3期。

李华瑞:《20世纪中日"唐宋变革"观研究述评》,《史学理论研究》2003年第4期。

李民、王健:《尚书译注》,上海古籍出版社2004年版。

李实、杨修娜:《我国农民工培训效果分析》,《北京师范大学学报》(社会科学版)2015年第6期。

李树茁、王维博、悦中山:《自雇与受雇农民工城市居留意愿差异研究》,《人口与经济》2014年第2期。

李唐、韩笑、余凡:《企业异质性、人力资本质量与全要素生产率——来自2015年广东制造业企业—员工匹配调查的经验证据》,《武汉大学学报》(哲学社会科学版)2016年第1期。

李唐、余红伟、王晓璐、韩笑:《微时代企业质量创新的机制与途径——以奇虎360公司为例》,《宏观质量研究》2015年第1期。

李向东、李南、白俊红、谢忠秋:《高技术产业研发创新效率分析》,《中国软科学》2011年第2期。

梁漱溟:《中国文化要义》,上海人民出版社2005年版。

林文勋、黄纯艳:《中国古代专卖制度与商品经济》,云南大学出版社2003年版。

刘传江、周玲:《社会资本与农民工的城市融合》,《人口研究》2004年第5期。

刘钝、王扬宗:《中国科学与科学革命:李约瑟难题及其相关问题研究论著选》,辽宁教育出版社2002年版。

刘洪银:《以融合居住促进新生代农民工人力资本提升》,《首都经济贸易大学学报》2013年第5期。

刘青、张超、吕若思:《跨国公司在华溢出效应研究:人力资本的视角》,《数量经济技术经济研究》2013年第9期。

刘泉：《外语能力与收入——来自中国城市劳动力市场的证据》，《南开经济研究》2014年第3期。

刘小玄、李双杰：《制造业企业相对效率的度量和比较及其外生决定因素（2000—2004）》，《经济学（季刊）》2008年第3期。

龙登高：《中国传统市场的整合：11—19世纪的历程》，《中国经济史研究》1997年第2期。

卢小君、孟娜：《代际差异视角下的农民工社会融入研究——基于大连市的调查》，《西北农林科技大学学报》（社会科学版）2014年第1期。

鲁晓东、连玉君：《中国工业企业全要素生产率估计：1999—2007》，《经济学（季刊）》2012年第2期。

陆雪琴、文雁兵：《偏向型技术进步、技能结构与溢价逆转——基于中国省级面板数据的经验研究》，《中国工业经济》2013年第10期。

罗楚亮、李实：《人力资本、行业特征与收入差距——基于第一次全国经济普查资料的经验研究》，《管理世界》2007年第10期。

罗勇、王亚、范祚军：《异质型人力资本、地区专业化与收入差距——基于新经济地理学视角》，《中国工业经济》2013年第2期。

马敏：《世博会与近代东亚的参与》，《华中师范大学学报》（人文社会科学版）2010年第3期。

梅村又次：《日本经济史》（第三卷：开港与维新），生活·读书·新知三联书店1998年版。

聂辉华、江艇、杨汝岱：《中国工业企业数据库的使用现状和潜在问题》，《世界经济》2012年第5期。

宁光杰：《自选择与农村剩余劳动力非农就业的地区收入差异——兼论刘易斯转折点是否到来》，《经济研究》2012年第2期。

彭凯翔：《从交易到市场：传统中国民间经济脉络试探》，浙江大学出版社2015年版。

彭南生：《行会制度的近代命运》，人民出版社 2003 年版。

戚迪明、张广胜：《农民工流动与城市定居意愿分析：基于沈阳市农民工的调查》，《农业技术经济》2012 年第 4 期。

钱龙、钱文荣：《"城镇亲近度"留城定居意愿与新生代农民工城市融入》，《财贸研究》2015 年第 6 期。

乔舒亚·安格里斯特、约恩-斯特芬·皮施特：《基本无害的计量经济学：实证研究者指南》，上海三联书店 2012 年版。

全汉升：《中国行会制度史》，百花文艺出版社 2007 年版。

邵伯温、邵博：《邵氏闻见录邵氏闻见后录》，上海古籍出版社 2012 年版。

石贵龙、佘元冠：《质量管理与质量文化——以日、美两国为例》，《北京工商大学学报》（社会科学版）2007 年第 3 期。

司马迁：《史记》，岳麓书社 2011 年版。

斯波义信：《商业在唐宋变革中的作用》，《文史哲》2009 年第 3 期。

宋一明：《茶经译注》，上海古籍出版社 2009 年版。

宋月萍、张涵爱：《应授人以何渔？——农民工职业培训与工资获得的实证分析》，《人口与经济》2015 年第 1 期。

宋正海、孙关龙：《中国传统文化与现代科学技术》，浙江教育出版社 1999 年版。

万君宝、汤超义：《日本质量文化的创新机制研究——兼及日本质量文化的当代困境》，《华中师范大学学报》（人文社会科学版）2011 年第 7 期。

王兵、颜鹏飞：《中国的生产率与效率：1952—2000——基于时间序列的 DEA 分析》，《数量经济技术经济研究》2006 年第 8 期。

王春光：《农村流动人口的"半城市化"问题研究》，《社会学研究》2006 年第 5 期。

王春光：《新生代农村流动人口的社会认同与城乡融合的关系》，《社会学研究》2001 年第 3 期。

王桂新、沈建法、刘建波:《中国城市农民工市民化研究——以上海为例》,《人口与发展》2008年第1期。

王建国、李实:《大城市的农民工工资水平高吗?》,《管理世界(月刊)》2015年第1期。

王炯华:《中国传统文化十二讲》,华中理工大学出版社2001年版。

王立军、胡耀岭、马文秀:《中国劳动质量与投入测算:1982—2050——基于偏好惯性视角的四维测算方法》,《中国人口科学》2015年第3期。

王启才:《〈吕氏春秋〉的生态观》,《江西社会科学》2002年第10期。

王秋实:《人力资本积累的劳动供给效应:结构视角的研究》,浙江大学2013年博士学位论文。

王翔:《近代中国传统丝绸业转型研究》,南开大学出版社2005年版。

王翔:《中日丝绸业近代化比较研究》,河北人民出版社2002年版。

王馨英:《唐代土贡制度探析》,《天中学刊》2012年第5期。

王兴周:《两代农民工群体的代际差异研究》,《中国社会科学》2008年第3期。

王毓铨:《中国经济通史(明代经济卷)》,经济日报出版社2000年版。

韦伯:《新教伦理与资本主义精神》,北京大学出版社2012年版。

闻人军:《考工记译注》,上海古籍出版社2008年版。

吴明隆:《SPSS统计应实务:问卷分析与应用统计》,科学出版社2010年版。

吴延兵、刘霞辉:《人力资本与研发行为——基于民营企业调研数据的分析》,《经济学(季刊)》2009年第4期。

夏良科:《人力资本与R&D如何影响全要素生产率——基于中国大中型工业企业的经验分析》,《数量经济技术经济研究》2010年第

4 期。

夏怡然：《农民工定居地选择意愿及其影响因素分析——基于温州的调查》，《中国农村经济》2010 年第 3 期。

邢海燕、于伟、陈三妹：《两代农民工消费水平与消费结构的比较研究》，《安徽农业科学》2012 年第 25 期。

邢铁：《家产继承史论》，云南大学出版社 2000 年版。

徐舒、左萌、姜凌：《技术扩散、内生技术转化与中国经济波动——一个动态随机一般均衡模型》，《管理世界》2011 年第 3 期。

徐新吾：《江南土布史》，上海社会科学院出版社 1992 年版。

颜鹏飞、王兵：《技术效率、技术进步与生产率增长：基于 DEA 的实证分析》，《经济研究》2004 年第 12 期。

杨千朴：《论〈大学〉的修己治人之道》，《扬州师院学报》（社会科学版）1993 年第 3 期。

杨肖丽、韩洪云、王秋兵：《代际视角下农民工居住环境影响因素研究——基于辽宁省的抽样调查》，《中南财经政法大学学报》2015 年第 4 期。

姚先国、宋文娟、钱雪亚、李江：《居住证制度与城乡劳动力市场整合》，《经济学动态》2015 年第 12 期。

叶鹏飞：《农民工的城市定居意愿研究——基于七省（区）调查数据的实证分析》，《社会》2011 年第 2 期。

叶迎春：《企业文化力量评价指标研究及实证分析》，《江苏企业管理》2000 年第 6 期。

伊曼纽尔·沃勒斯坦：《现代世界体系》第 1 卷，社会科学文献出版社 2013 年版。

余英时：《中国思想传统及现代变迁》，广西师范大学出版社 2004 年版。

袁开洪：《中国制造业发展与劳动力质量优化配置研究》，华中科技大学 2006 年博士学位论文。

袁宣萍、赵丰：《中国丝绸文化史》，山东美术出版社 2009 年版。

张车伟、薛欣欣：《国有部门与非国有部门工资差异及人力资本贡献》，《经济研究》2008 年第 4 期。

张觉：《荀子译注》，上海古籍出版社 1995 年版。

张仁玺：《唐代土贡考略》，《山东师大学报》1992 年第 3 期。

张双棣：《吕氏春秋译注》，北京大学出版社 2011 年版。

张涛、张若雪：《人力资本与技术采用：对珠三角技术进步缓慢的一个解释》，《管理世界》2009 年第 2 期。

张燕婴：《论语译注》，中华书局 2006 年版。

赵海：《教育和培训哪个更重要——对我国农民工人力资本回报率的实证分析》，《农业技术经济》2013 年第 1 期。

赵文斌：《质量春秋》，中国质检出版社 2014 年版。

赵显洲：《人力资本、市场分割与农民工的工资决定》，《农业经济问题（月刊）》2012 年第 4 期。

赵翌辰：《城镇化视角下云南省"农转城"现状及影响因素研究》，《财政研究》2014 年第 1 期。

周娟：《质量文化评价体系与培育途径的研究》，《湖北工业大学学报》2005 年第 10 期。

周绍泉、赵华富：《国际徽学学术讨论会论文集》，安徽大学出版社 2000 年版。

朱万曙、谢欣：《徽商精神》，合肥工业大学出版社 2005 年版。

朱熹：《论语集注》，中国社会出版社 2013 年版。

朱英：《中国近代同业公会与当代行业协会》，中国人民大学出版社 2004 年版。

朱宇：《户籍制度改革与流动人口在流入地的居留意愿及其制约机制》，《南方人口》2004 年第 3 期。

邹琳：《英国专利制度发展史研究》，湘潭大学 2011 年博士学位论文。

Acemoglu Daron, 2002, "Directed Technical Change," *Review of Economic Studies*, 69 (4): 781 –810.

Acemoglu D., Hassan T. A., Robinson James A., "Social Structure and Development: A Legacy of the Holocaust in Russia," *Quaterly Journal of Economics*, 126 (2): 895 –946.

Aghion Philippe and Peter Howitt, 1992, "A Model of Growth through Creative Destruction," *Econometrica*, 60 (2): 323 –351.

Bai Ying, Kung James Kai-sing, 2011, *Diffusion Knowledge While Spreading God's Message: Protestantism and Economic Prosperity in China, 1840—1920*, Hong Kong University of Science and Technology, Mimeo.

Barro Robert and Jong-Wha Lee, 2001, "International Data on Educational Attainment Updates and Implications," *Oxford Economic Papers*, 53 (3): 541 –563.

Barro R., Lee J., "International Data on Educational Attainment Updates and Implications," *Oxford Economic Papers*, 2001, 53 (3): 541 –563.

Bartel A. P., "Training, Wage Growth and Job Performance: Evidence from a Company Database," *Journal of Labor Economics*, 1995, 13 (3): 401 –422.

Bassi L. J., "Estimating the Effect of Training Programs with Non-Random Selection," *The Review of Economics and Statistics*, 1984, 66 (1): 36 –43.

Basu S. and David N. Weil, 1998, "Appropriate Technology and Growth," *Quarterly Journal of Economics*, 113 (4): 1025 –1054.

Becker Sascha O., Woessmann, Ludger, 2009, "Was Weber Wrong? A Human Capital Theory of Protestant Economic History," *Quaterly Journal of Economics*, 124 (2): 531 –596.

Betcherman G., Olivas K., Dar A., "Impact of Active Labor Market Programs: New Evidence from Evaluation with Particular Attention to Developing and Transition Countries," *Work Bank Social Protection Discussion Paper Series*, 2004, No. 0402.

Blackburn M. K., Neumark D., 1992, "Unobserved Ability, Efficiency Wages, and Interindustry Wage Differentials," *Quarterly Journal of Economics*, 107 (4): 1421 - 1436.

Blundell R., Dearden L., Meghir C., Slanesi B., "Human Capital Investment: The Returns from Education and Training to the Individual, the Firm and the Economy," *Fiscal Studies*, 1999, 20 (1): 1 - 23.

Booth A. L., "Job-Related Formal Training: Who Receives It and What Is It Worth?" *Oxford Bulletin of Economics and Statistics*, 1991, 53 (3): 281 - 294.

Brunello G., Comi S. L., Sonedda D., "Training Subsidies and the Wage Returns to Continuing Vocational Training: Evidence from Italian Regions," *Labor Economics*, 2012, 19 (3): 361 - 372.

Chiswick B. R., 1998, "Hebrew Language Usage: Determinants and Effects on Earnings Among Immigrants in Israel," *Journal of Population Economics*, 11 (2): 253 - 271.

Cohen Daniel and Marcello Soto, 2007, "Growth and Human Capital: Good Data, Good Results," *Journal of Economic Growth*, 12 (1): 51 - 76.

Cohen D., Soto M., "Growth and Human Capital: Good Data, Good Results," *Journal of Economic Growth*, 2007, 12 (1): 51 - 76.

Cunha F., Heckman J. J., Schennach S. M. "Estimating the Technology of Cognitive and Noncognitive Skill Formation," *Econometrica*, 2010, 78 (3): 883 - 931.

Cunha F., J. J. Heckman and S. M. Schennach, 2010, "Estimating the Technology of Cognitive and Noncognitive Skill Formation," *Econometrica*, 78 (3): 883 - 931.

Darren P. Smith, Rebecca Higley, "Circuits of Education, Rural Gentrification, and Family Migration from the Global City," *Journal of Rural Studies*, 2012, (28): 49 – 55.

Dell Melissa, 2010, "The Persistent Effects of Peru's Mining Mita, Econometrica," 78 (6): 1863 – 1903.

Dell Melissa, Nathan Lane and Pablo Querubin, 2015, "State Capacity, Local Governance, and Economic Development in Vietnam," *NBER Working Paper*, 1 – 40.

Denison D. R., A. K. Mishra, 1995, "Toward A Theory of Organizational Culture and Effectiveness," *Organization Science*, 6 (2): 204 – 233.

Elsadig Musa Ahmed and Geeta Krishnasamy, 2013, "Are Asian Technology Gaps Due to Human Capital Quality Differences?" *Economic Modelling*, 35 (5): 51 – 58.

Feir Donna, 2013, "The Long Term Effects of Indian Residential Schools on Human and Cultural Capital," *University of British Columbia*, Mimeo.

Fox J. and V. Smeets, 2011, "Does Input Quality Drive Measured Differences in Firm Productivity?" *International Economic Review*, 52 (4): 961 – 989.

Frans Thissen, Joos Droogleever Fortuijn, Dirk Strijker, Tialda Haartsen, "Migration Intentions of Rural Youth in the Westhoek, Flanders, Belgium and the Veenkolonien," *Journal of Rural Studies*, 2010, (4): 428 – 436.

German Cubas, B. Ravikumar and Gustavo Ventura, 2015, "Talent, Labor Quality and Economic Development," *Review of Economic Dynamics*, 20 (1): 15 – 51.

Glaeser Edward L. and Mare David C., 2001, "Cities and Skills," *Journal of Economics*, 19 (2): 316 – 342.

Green F. , Hoskins M. , Montgomery S. , "The Effects of Company Training, Further Education and the Youth Training Scheme on the Earnings of Young Employees," *Oxford Bulletin of Economics and Statistics*, 1996, 58 (3): 469 – 488.

Greenhalgh C. , Stewart M. , "The Effects and Determinants of Training," *Oxford Bulletin of Economics and Statistics*, 1987, 49 (2): 171 – 190.

Hall Robert and Charles Jones, 1999, "Why Do Some Countries Produce So Much More Output per Worker than Others?" *Quaterly Journal of Economics*, 114 (1): 83 – 116.

Hayashi F. , *Econometrics*, Princeton, Princeton University Press, 2000.

Irarrazabal A. , A. Moxnes and K. H. Ulltveit-Moe, 2010, "Heterogeneous Firms or Heterogeneous Workers? Implications for Exporter Premia and the Gains from Trade," *Review of Economics & Statistics*, 95 (3): 839 – 849.

Iyer Lakshmi, 2010, "Direct versus Indirect Colonial Rule in India: Long-term Consequences," *Review of Economics and Statistics*, 92 (4): 693 – 713.

Jancec Matijia, 2012, *Do Less Stable Borders Lead to Lower Levels of Political Trust? Empirical Evidence from Eastern Europe*, University of Maryland at College Park, Mimeo.

Jesper Bagger, Bent Jesper Christensen, and Dale T. Mortensen, 2014, "Wage and Labor Productivity Dispersion: the Roles of Total Factor Productivity, Labor Quality, Capital Intensity and Rent Sharing," *Royal Holloway Discussion Paper*, 1 – 61.

Jones B. F. , 2008, "The Knowledge Trap: Human Capital and Development Reconsidered," *NBER Working Paper*, No. 14138, 1 – 54.

Joseph Needham, 1954, *Science and Civilization in China*, Vol. 1, Cambridge University Press, Cambridge.

Krusell P., L. E. Ohanian and G. L. Violante, 2000, "Capital-skill Complementarity and Inequality: A Macroeconomic Analysis," *Econometrica*, 2000, 68 (5): 1029 – 1053.

Lewis, W. A., "Economics Development with Unlimited Supplies of Labor," *The Manchester School of Economics and Social Studies*, 1954, (22): 139 – 192.

Long M. H., "Maturational Constraints on Language Development," *Studies in Second Language Acquisition*, 1990, 12 (3): 251 – 285.

Loren Brandt, Debin Ma, and Thomas, G. Rawski, 2014, "From Divergence to Convergence: Reevaluating the History Behind China's Economic Boom," *Journal of Economic Literature*, 52 (1): 45 – 123.

Lucas Robert E., 1988, "On the Mechanics of Economic Development," *Journal of Monetary Economics*, 22 (88): 3 – 42.

Matthias Doepke and Fabrizio Zilibotti, 2014, *Chapter One: Culture, Entrepreneurship and Growth*, in Handbook of Economic Growth, Vol. 2A, edited by Philippe Aghion and Steven N. Durlauf, North-Holland.

Mincer J., *Schooling, Experience, and Earnings*, New York: National Bureau of Economic Research, 1974: 64 – 83.

Naritomi Joana, Soares, Rodrigo R., Assuncao, Juliano J., 2012, "Institutional Development and Colonial Heritage within Brazil," *Journal of Economic History*, 72 (2): 393 – 422.

Nathan Nunn, 2014, *Chapter Seven: Historical Development*, in Handbook of Economic Growth, Vol. 2A, edited by Philippe Aghion and Steven N. Durlauf, North-Holland.

Nunnally J. C., *Psychometrics Methods*, New York: McGraw-Hill Company, 1978, 147 – 165.

Nunnally J. C, 1978, *Psychometrics Methods*, New York, McGraw-Hill Company.

Robert C. Allen, Jean-Pascal Bassino, Debin Ma, Christine Moll-Murata, and Jan Lutten Van Zanden, 2011, "Wages, Prices, and Living Standards in China, 1738 – 1925: in comparison with Europe, Japan and India", *Economic History Review*, 64 (S1): 8 – 38.

Romer Paul, 1990, "Endogenous Technological Change," *Journal of Political Economy*, 98 (3): S71 – S102.

Serge Coulombe, Gilles Grenier and Serge Nadeau, 2014, "Human Capital Quality and the Immigrant Wage Gap," *Springer Verlag*, 3 (1): 1 – 22.

Shastry Gauri Kartini and David N. Weil, 2002, "How Much of Cross-Country Income Variation Is Explained by Health?" *Journal of the Eutope Economic Association*, 1 (2 – 3): 387 – 396.

Shastry G. K., Weil D. N., "How Much of Cross-Country Income Variation Is Explained by Health?" *Journal of the Europe Economic Association*, 2002, 1 (2 – 3): 387 – 396.

Stark O. & Bloom D., "The New Economics of Labor Migration," *American Economic Review*, 1985, (2): 173 – 178.

Talor J., "The New Economics of Labor Migration and the Role of Remittances in the MigrationProcess," *International Migration*, 1969, (1): 63 – 88.

Thomas Bolli and Mathias Zurlinden, 2008, "Measuring Growth of Labour Quality and the Quality-Adjusted Unemployment Rate in Switzerland," *Swiss National Bank Working Paper*, 13: 1 – 35.

Todaro M. P., "A Model of Migration and Urban Unemployment in less developed Countries," *American Economic Review*, 1969, (4): 138 – 148.

Waddoups C. J., "Narrowly-Defined Training Classifications and Training-Wage Effects: Evidence from Australia," *Labor & Industry: a Journal of the Social Economic Relations of Work*, 2011, 22 (3): 103 – 116.

Wang Y. and Yao Y. D. , 2003, "Sources of China's Economics Growth 1952 – 1999: Incorporating Human Capital Accumulation," *China Economic Review*, 14 (2): 32 – 52.

Wooldridge J. , 2010, *Econometric Analysis of Cross Section and Panel Data*, Cambridge, MIT Press.

Xiaobei Li, Xin Qin, Kaifeng Jiang, Sanbao Zhang and Fei-Yi Gao, 2015, "Human Resource Practices and Firm Performance in China: the Moderating Roles of Regional Human Capital Quality and Firm Innovation Strategy," *Management and Organization Review*, 11 (2): 237 – 261.

致　　谢

时光荏苒，两年多的博士后研究生涯即将画上句号。回首过去这两年多，感慨万千，从社会工作岗位重新回到校园进行科研工作和教学工作，再一次重新返回武汉大学从事一份教师的工作，个中艰辛，如人饮水、冷暖自知。

首先要感谢我的导师程虹教授，博士后期间所有的科研成果都得到了程虹教授的悉心指导，大到研究方向的确定，小到研究报告的规范性，程老师都一一给出了宝贵意见，并亲自修改订正。程虹教授对科研的执着精神，对中国经济发展质量的敏锐洞察，给我的学术之路提供了重要的指引。

感谢武汉大学政治与公共管理学院公共管理流动站的各位老师对我的悉心帮助。在博士后流动站工作期间，自己作为一个在企业漂泊两年之后重新走入科研工作的年轻学子，对武汉大学教学科研的一切都是从零学起。如果没有邓大松教授、丁煌教授在入站初期对我的提醒，如果没有李霖老师对我博士后科研工作的关心、督促甚至是对科研成果的催促，我想我不会如此之快地找到珞珈山学子的研究感觉，我的研究工作还会更加的坎坷。

十分感谢武汉大学质量发展战略研究院的学术科研氛围。两年博士后生涯，匆匆走来，自己发表的论文累计近 10 篇，其中不乏自己对新方法的尝试与研究的收获。如果没有协同攻关的学术科研机制，如果没有"中国企业—员工匹配调查"数据，仅凭自己单打独斗，是绝不会取得上述点滴进步的。

最后，我要感谢我的家人。妻子欧盈作为一位贤妻良母，在家庭中承担了很多的劳动，如果没有她的悉心照顾与理解，我很难想象我会重新进入武汉大学，也很难想象如何在灯下夜战，完成论文发表与出站报告的写作。小女儿李乐仪给我带来了很多欢乐。每当自己的研究陷入僵局之时，女儿天真无邪的笑容以及发自内心对我的爱，给了我继续前行的执着动力。

由于本人才疏学浅，研究时间较短，本书难免存在不少错漏之处，敬请各位老师批评指正。